人間佛教

悲智願行

星云大师谈当代问题 一

心宽天地宽

星云大师 著

东方出版社
The Oriental Press

目 录

·作者简介

　　星云大师，中国江苏江都人，1927 年生，12 岁于宜兴大觉寺礼志开上人出家。1947 年焦山佛学院毕业；1949 年到台湾，担任《人生》杂志主编、"台湾佛教讲习会"教务主任；1953 年任宜兰念佛会导师；1957 年于台北创办佛教文化服务处；1962 年建设寿山寺，创办寿山佛学院；1967 年开创佛光山，以弘扬"人间佛教"为宗风，树立"以文化弘扬佛法，以教育培养人才，以慈善福利社会，以共修净化人心"之宗旨，致力推动佛教教育、文化、慈善、弘法事业，并融古汇今，手拟规章制度，印行《佛光山徒众手册》，将佛教带往现代化的新里程。

　　在出家一甲子以上的岁月里，大师陆续于世界各地创建 200 余所道场，如西来、南天、南华等寺，分别为北美洲、大洋洲、非洲第一大佛寺；并创办 18 所美术馆、26 所图书馆、12 所书局、50 余所中华学校、16 所佛教丛林学院和智光商工、普门高中、均头中小学等。此外，先后在美国、中国台湾地区、澳大利亚、菲律宾创办西来、佛光、南华、南天、光明等五所大学。2006 年西来大学正式成为美国大学西区联盟（WASC）会员，为美国首座获得该项荣誉的华人创办之大学。

　　1970 年起，相继成立育幼院、佛光精舍、慈悲基金会，设立云水医院、佛光诊所，协助高雄县政府开办老人公寓，并与福慧基金会于大陆捐献建立佛光中小学和佛光医院数十所，育幼养老，扶弱济贫。

1976 年《佛光学报》创刊，翌年成立"佛光大藏经编修委员会"，编纂《佛光大藏经》《佛光大辞典》。1997 年出版《中国佛教白话经典宝藏》《佛光大辞典》光盘版，设立佛光卫视（现更名为人间卫视），并于台中协办广播电台。2000 年创办佛教第一份日报《人间福报》，2001 年将发行二十余年的《普门》杂志转型为《普门学报》论文双月刊；同时成立"法藏文库"，收录海峡两岸有关佛学的硕士、博士论文及世界各地的汉语论文，辑成《中国佛教学术论典》《中国佛教文化论丛》各一百册等。

大师著作等身，撰有《释迦牟尼佛传》《星云大师讲演集》《佛教丛书》《佛光教科书》《往事百语》《佛光祈愿文》《迷悟之间》《当代人心思潮》《人间佛教系列》《人间佛教语录》等，总计近二千万言，并被翻译成英、日、西、葡等十余种文字，流传于世界各地。

大师教化宏广，计有来自世界各地之出家弟子千余人，信众则达数百万之多。大师一生弘扬人间佛教，倡导"地球人"思想，对"欢喜与融和、同体与共生、尊重与包容、平等与和平、自然与生命、圆满与自在、公是与公非、发心与发展、自觉与行佛"等理念多所发扬。1991 年成立国际佛光会，被推为世界总会会长；于五大洲成立 170 余个国家和地区协会，成为全球华人最大的社团，实践"佛光普照三千界，法水长流五大洲"的理想。创会以来，先后在世界各大都市，如洛杉矶、多伦多、巴黎、悉尼等地召开世界会员大会，每次与会代表都在五千人以上。2003 年通过联合国审查肯定，国际佛光会正式加入"联合国非政府组织"（NGO）。

为促进世界和平，大师曾与南传佛教、藏传佛教等各教派领袖交换意见，在国际上亦德风远播，获得各种颁奖和颂扬，举其荦荦大者如：1995 年获全印度佛教大会颁发"佛宝奖"；2000 年在第 21 届世界佛教徒友谊会上，获泰国总理川·立派先生颁赠"佛教最佳贡献奖"，表彰大师对世界佛教的成就；2006 年获香港凤凰卫视颁赠"安定身心奖"，获世界华文作家协会颁赠"终身成就奖"，获美国共和党亚裔总部代表布什总统颁赠"杰出成就奖"。

1978 年起，星云大师先后荣膺美国东方大学、智利圣多玛斯大学、泰国朱拉隆功大学、韩国东国大学、泰国玛古德大学、台湾辅仁大学、澳大利亚格里菲斯大学等校荣誉博士学位。

1988 年，在被誉为"北美洲第一大佛寺"的西来寺落成之际，星云大师传授"万佛三坛大戒"，为西方国家第一次传授三坛大戒；同时主办"世界佛教徒友谊会第 16 届大会"，开启海峡两岸代表同时参加会议之先例，为两岸佛教界首开平等交流之创举。

1998 年 2 月，大师远至印度菩提伽耶传授三坛大戒，多次传授在家五戒、菩萨戒，恢复南传佛教失传千余年的比丘尼戒。2004 年 11 月至澳大利亚南天寺传授三坛大戒，为澳大利亚佛教史上首度传授三坛大戒。

2001 年 10 月，大师前往美国纽约"9·11"事件地点，为罹难者祝祷；回台后，同年 12 月，受邀以"我们未来努力的方向"为题发表演说。2002 年元月，以"星云牵头，联合迎请，共同供奉，绝对安全"为原则，组成"台湾佛教界恭迎佛指舍利委员会"，至西安法门寺迎请舍利莅台供奉 37 日。2003 年 7 月，大师应邀至厦门南普陀寺参加"海峡两岸暨港澳佛教界为降伏'非典'国泰民安世界和平祈福大法会"；同年 11 月，应邀参加"鉴真大师东渡成功 1250 年纪念大会"；随后率领佛光山梵呗赞颂团，应邀首度至北京、上海演出。2004 年 2 月，海峡两岸佛教共同组成"中华佛教音乐展演团"，至台、港、澳、美、加等国家和地区巡回弘法；2006 年 3 月，大师应邀到享有"千年学府"之誉的湖南长沙岳麓书院讲说"中国文化与五乘佛法"，为历史上第一位出家人到此学府讲学；同年 4 月应邀出席于杭州举办的首届"世界佛教论坛"，并发表主题演说"如何建设和谐社会"。

2004 年，大师应聘担任"中华文化复兴运动总会"宗教委员会主任委员，与基督教、天主教、道教等领袖，共同出席"和平音乐祈福大会"，促进宗教交流，发挥宗教净化社会人心之功用；11 月，与瑞典诺贝尔文学奖评委马悦然教授及汉学家罗多弼教授就"佛教与文学""佛教与世界和平"进行交流座谈。

大师自 1989 年访问大陆后，便一直心系祖国的统一，主张"一个中国"。近年回大陆宜兴复兴祖庭大觉寺，并捐建扬州鉴真图书馆，接受苏州寒山寺的赠钟，期能促进两岸统一，带动世界和平。

大师对佛教制度化、现代化、人间化、国际化的发展，可说厥功至伟！

台湾佛光山法堂书记室

·编辑缘起

    《星云大师谈当代问题》系列丛书将大师近年来弘法五大洲，于各地针对不同领域的社会人士所做的讲演、座谈，结集成册，提供大众参酌，从中读出解决现实人生之道。

    佛教是以人为本的宗教，佛陀的说法，皆为针对人的现实困境与心灵需求提出建设性的见解，并给予疗愈，继而启发人之善言、善心、善行。

    《星云大师谈当代问题》系列丛书编辑为三册，内容略述如下：

第一册：社会议题探讨

    此类别收录大师八篇言论。对环保、经济、自杀的防治、女性问题等，大师都提出解决之道。佛教是面向人间、面向人群的，社会议题的探讨必然是为佛教所纳入与关怀的。因此，针对"经济问题"，大师提出：经济是民生的命脉之所系，一个国家要厚植国力就要发展经济，因为经济充裕，国防自然有力量，教育自然会提升，社会生产力自然增加，人民生活自然丰足安定，社会乱象也将因之消除。

    在"女性问题"上，大师鼓励女性们要肯定自我，因为女性的智慧、能力并不亚于男性。女性犹如观世音菩萨，以慈悲来庄严世间，可以参与政治、教育、文化、慈善、社会等各种公众事务，积极扩大服务的机会与层面。

此外，对于自杀、战争与和平等全球关心的议题，大师的观点是：依佛教的包容思想，人们想要拥有世间的一切，不需要用战争来取得，只要大家互相尊重就能拥有。再者，每个人的生命都不是自己的，生命是天地间共生共有的，每个人只有资格把自己奉献给大众，尽力让生命活出意义与价值，没有摧残生命的自由。

大师具有"与时俱进"的现代传教宏观思想，于美国西来大学通过互联网，令"法音宣流"，为加拿大蒙特利尔、温哥华，美国纽约、圣路易斯、奥斯汀、休斯敦、旧金山、费利蒙、圣地亚哥，以及中国台湾等十个地区的学生讲授"佛教对环保问题的看法"。大师强调：真正的环保，除了珍惜大地资源，更应做好个人身心的环保，如：拒绝思想污染、垃圾知识、语言暴力，从净化身、口、意开始，自我觉醒，才能达到心灵环保，建立一个现实生活的"净土"。

第二册：族群伦理探讨

此单元，有大师八篇精彩的论述。大师提出对族群、宗教、人生、家庭、青少年教育，乃至对杀生以及生命教育的看法。族群问题，自古至今无不影响着各个国家及民族间的分与合。要想化干戈为玉帛，最需要的就是要有"同体共生""尊重包容"的国际观，接受同体共生的"地球人"的思想。

佛陀主张"各族入佛，同为佛子"，"四姓出家，同为释种"。这是佛陀具慈悲融和的性格使然。纵观佛教史上，从未有过战争或冲突，乃因佛教包容异己的宽大心量。此单元，对化解族群间及各宗教间的敌意，消除阶级和性别的歧视，倡导人权平等，都提出了一些致力和平的看法。

族群问题或政治人权等，唯有遵循大师倡导的"尊重与融和"，才能消除对立；也唯有尊重，才能和平；唯有包容，才能互助，以佛法的慈悲观，对世界的和谐发展发挥正面的帮助作用。

族群的起点在个人，个人的形成在家庭、在学校。有鉴于此，大师与青年、教师、硕博士等，以座谈会的方式，畅谈佛教对"青少年教育""家庭问题""生命教育""应用管理"等问题的看法，希望社会大众一起来重视"教育"，肯定健全"家庭"。所谓齐家、治国、平天下，家庭伦理的健全，是国家发展的根本，也是世界和平的基石。教育的意义在启发心智，完成人格。

佛光山以文教开始，开山至今办有大慈育幼院、丛林学院、普门中学、宜兰人文"国小"、均头中学、南华大学、佛光大学、西来大学、信徒大学等。佛教是青年的宗教，是朝气蓬勃的宗教，不是暮气沉沉的宗教，是故，佛光山致力于各项教育的推动。

第三册：生死关怀探讨

生死问题是古今人等皆想揭开的谜团。此册辑录大师在世界各地的八篇座谈纪实。在这些对话中，大师以佛陀的言论为出发点，提出个人的体验与看法。从如何看待安乐死、临终关怀、身心疾病等，大师为我们指出一条"希望之路"，如：到成功大学医学院讲演，发表佛教对"器官捐赠"及"临终关怀"的见解与做法；对于"身心疾病"如何治疗的问题，主张需以佛法的慈悲喜舍作为治疗心病的良药；再者，应新加坡国立大学医学院邀请，与多所大学的各科系学生座谈时，对大家所提出的安乐死、堕胎、杀生等问题，大师从佛教、医学、法律、人情等方面，一一提出解说及因应之道。

为化解多数人对"生死"的恐惧，大师在美国西来大学通过远距教学，与全球各地的学员座谈，提出：生死本一如，就像白天和黑夜自然地轮转，人往生后，家人要能为他念佛，并随喜量力为他行善积蓄功德，才是正面地帮助亲友，解除面临死亡的恐惧。

死亡如换衣，如搬家，如出狱，如秋天的叶落。对死亡有正确的认知，我们才能跨越生死的藩篱，悠游人间，自在无碍。大师提出"死亡是新的开始"，像每天早上升起的太阳，让人们摒除死亡是绝望的陈旧观念。

除了对死亡的关怀，大师也从现实生活的层面，探讨了民间信仰的价值、素食问题、修行问题等。

大师对"民间信仰"给予肯定。民间的关公、妈祖及有忠孝节义情操的神明等，他们让民众相信善恶报应，对社会的祥和是有所帮助的。老婆婆虔诚礼拜，虽不懂高深的哲理，但信念之坚真、纯洁、高尚，却是值得赞赏的。信仰当然以"正信"最好。在还未正信时，"迷信"至少比"不信"好，因为，"迷信"的人，还有个善恶因果的言行规范。

皈依后，一定要吃素吗？一般人将素食与信仰佛教划等号，其实素食只是一种生活习惯而已。皈依是终生信奉佛教，不一定要吃素，心中有佛，拥有慈悲心才最重要。对于修行，大师提出很简要的说明：修行即为修正行为，不一定要到深山里去苦思冥想，修行也不一定要眼观鼻、鼻观心地自我静坐独修，甚至修行也不只是诵经、持咒、念佛、参禅。如果天天诵经拜佛，却满心的贪嗔愚痴、自私执着，不如法修行，如何会有如法的结果？

修行，固然需要；修心，更为重要。行正心不正，有外无内，这就叫作修行不修心。如此不能解决根本问题。

《星云大师谈当代问题》三册内容概述如上。编辑此书的缘起，是希望以佛法的观点来探讨并解决社会乱象，以及当代所面临的各类复杂的问题；同时促使更多人来探社会问题与人心问题的究竟，明白佛陀的智慧是跨越时空的，佛法是具有时代性的，即使社会快速变迁，问题千变万化，只要人间远离不了"生老病死"的困惑，佛陀就犹如心灵良医，而佛法则是调和众生身心疾病的良药。

释满济

附套书目录：

心宽天地宽：星云大师谈当代问题（壹）
（社会议题探讨）

心净国土净：星云大师谈当代问题（贰）
（族群伦理探讨）

第六讲　佛教对应用管理的看法
第七讲　佛教对杀生问题的看法
第八讲　佛教对生命教育的看法

心安诸事安：星云大师谈当代问题（叁）
（生死关怀探讨）

第一讲　佛教对安乐死的看法
第二讲　佛教对临终关怀的看法
第三讲　佛教对身心疾病的看法
第四讲　佛教对宇宙人生的看法
第五讲　佛教对修行问题的看法
第六讲　佛教对丧葬习俗的看法
第七讲　佛教对民间信仰的看法
第八讲　佛教对素食问题的看法

佛教对环保问题的看法

　　大自然与动物界之间，原本是和谐共存的。但是，随着人类生活的方便、物质的富裕，这种和谐美好的关系已逐渐被破坏。全球环境的变迁，如气候暖化、空气水质污染、海平面上升、地层下陷、生态系统改变等，对我们的生存与健康都造成极大的威胁。人类对地球的摧残戕害，也自食恶果，引来了地球的反扑！

　　或许有些人不知道，佛教是一个非常重视环保的宗教。自古以来，寺院建筑常与山林融和；僧侣植树造林，不只美化环境，更具水土保持之功；佛门里"同体共生""慈悲护生""勤俭惜福"的观念，应用在生活里，就是最具体的环保行为。

　　星云大师认为，世界上所有的问题都与"人"有关，人类可说是问题的制造者。要处理环保的问题，有赖于每一个人的自我觉醒。因此，除了珍惜大地资源，更应做好个人身心的环保，如拒绝垃圾知识，思想不被污染，就是思想的环保；观念正确，凡事正面思考，就是观念的环保；口业清净，不讲脏话，不两舌，不恶口，就是语言的环保；心中无烦恼、嫉妒、不平、愤恨等情绪，就是心灵的环保。

　　爱护地球，必须"开源节流"。大师更言，"开源"应开佛法之源，开发自己的惭愧心、感恩心、欢喜心、感动心；"节流"是节省金钱用度，节制自己的贪欲嗔心。为了净化心灵，净化社会，多年来，在大师倡导之下，佛光会更陆续发起"把心找回来""七诫运动""慈悲爱心列车""三好运动"等心灵环保的活动。

　　2005年10月，大师在西来大学远距教学时，学员提问许多环保相关问题，大师一一作了独特且精彩的开示。接下来，一年一度的佛学讲座分别于11月、12月在香港、台北举行，以"环保十问"的形式，论述和我们每一个人息息相关的环保问题。以下是三场讲演的问答记录。

◆ "环保"是近代人类关注的问题，每隔一段时间，就会被提出来呼吁和讨论。请问大师，什么是"环保"的真正定义，"环保"的重要性为何？

星云大师： 近代人类有个大进步，就是环保意识的提升。所谓"环保"，从居住环境的保护，到自然生态、整个地球的保护，都属于环保范围。广义而言，更包含了我们的语言、身体、观念、思想等身心上的环保。

地球是我们居住的世界，它是虚空大宇宙中的一个行星，其上自然界的大地山河、森林草原及社会环境的好坏，对我们的生存很重要。我们的身体，则是一个小宇宙，所以讲到环保问题，不仅地球需要环保，身体也要环保。因为地球不加以保护，它会生病；我们的身体不注重保健，也会生病。

一般人对自己身体这个小宇宙比较重视，比较勤于保护。例如我们每天要吃饭、睡觉，要刷牙、盥洗，甚至妇女要化妆、美容养颜，都是注重身体的环保。进而对家居、周围环境的维护，也会注意。但对于生态、宇宙的环保，总觉得与自己的关系遥远而忽视、不在意。

其实这个世界，大宇宙与小宇宙是息息相关的。讲一句话，透过电波可以传遍整个地球；吐一口气，可能成为地球上的一个风暴。所以我们不能认为自己只是一个人，在世界上能拥有多少；地球那么大，虚空那么大，自己哪能关心那么多。目前世界最惊慌恐惧的就是禽流感。禽流感原本只是小动物的一个小感冒，因为我们人体没有抵抗力，就会受到感染，甚至死亡。从这个事例可以说明，现在世界上的很多事是没有国界的，因此，怎么可以说世界的环保对我们不重要呢？

佛教认为宇宙世间一切森罗万象，都是"地、水、火、风"四大元素组合而成。如果没有大地的普载，我们要安住在哪里？没有雨水，我们怎么生活？没有阳光的温度，我们又怎么活下去呢？风，就是空气，对我们的生存更是重要。

我们的身体也是靠四大和合来维持生命，人体的毛、发、爪、齿、皮、骨、筋、肉，是坚硬性的地大；涕、唾、脓、血、痰、泪、津，便是潮湿性的水大；温度、暖气是温暖性的火大；一呼、一吸是流动性的风大。所以佛门里有时见到人会问候："你四大调和否？"同样的，对于我们生存的地球，我们也应该关心它的地水火风四大是否调和？因为不管大宇宙的地球，或小宇宙的身体，如果四大不调，就很麻烦了。

除了有形的、看得见的环保，我们的思想、身体、观念、心灵，也都要环保。有一些人被垃圾知识、不正确的观念所影响而误入歧途，所以佛陀告诉我们要奉行"八正道"。八正道的第一条就是"正见"。正见是远离颠倒邪见的正观，是如实了知世间与出世间因果的智慧。正见好比我们照相，如果光圈、焦距没有调好，照出来的相片就不会清晰好看，所以有正见就是思想的环保。我们常常保持微笑，维持良好风度，讲话得体，不恶口，不两舌，即是做到语言和身体的环保。

心中没有烦恼，没有怨恨、嫉妒等情绪，便是良好的心灵环保。每个人都可能影响社会大众，如有些人语言不清净，行为不正派，常常欺骗别人，让人吃亏上当；由于个人没有重视自己身心的环保，使得家庭、社会都不环保。

地球是我们的大地，大地是我们的母亲，能让万物生存、成长。在中国社会里，一般人对观世音菩萨和地藏王菩萨都觉得很亲切。地藏王菩萨如同大地，地有"能藏""能载""能生"的功能。《菩萨睒子经》说睒子菩萨"履地常恐地痛"，他每走一步路，都不敢用力，怕踩痛了大地；每说一句话都不敢大声，怕吵醒了熟睡的大地；他不敢乱丢一点东西在地上，怕污染了大地。睒子菩萨那么爱护大地，也可以启示佛弟子要重视环保。

为什么要重视环保、爱护大地呢？因为世间的一切都和我们有关。

自私的人只关心自己。如果把爱心稍微扩大，会关心家庭、关心社会、关心国家，甚至关心普世的大众与地球。所以，环保应从"心灵"做起，心灵健全，有慈悲的环保意识，世界就得救了。

◆近年来国际间灾难频传，各种天灾不断，诸如地震、海啸、飓风等造成无数的财产损失与人命伤亡。有人说，这是人类不重视环保，不懂得善待地球，长期过度开发、使用，以致引起大自然反扑的结果。请问大师，您觉得现在举世到底发生了什么样的环保问题呢？

星云大师：我们的身体有生、老、病、死的循环，气候有春、夏、秋、冬的循环，一切事物也有成、住、坏、空的循环。循环是一个自然的现象，所谓环保出了问题，就是宇宙大自然的循环发生了问题。虽然生老病死、成住坏空是自然的定律，但是妥善保养、照顾，就能延长其寿命。

从佛教的观点视之，凡是能动的、活的、有用的，都有其生命与存在的价值。山有生命，水有生命，天地、日月、星辰，乃至一切万物都有生命。像衣服、桌子、椅子，我们爱护它，可以使用十年、二十年；不爱护它，可能两三个月就会破坏了。同样的，自然生态也要靠我们的爱护，它的生命力才会长久。

由于我们的贪婪和不重视环保，违反自然循环的准则，使得地球千疮百孔，严重生病。如几十年来，台湾许多山坡地由于休闲需求及茶叶、果树等种植而滥建、滥垦、滥伐，导致土石流失，造成水库及河川淤积大量泥沙。其他如现代人为了满足口腹之欲，毫无节制地滥捕滥杀，使得许多珍稀动物面临绝种的危机，间接造成严重的生态破坏。还有滥采沙石，造成桥断路危；滥抽地下水，造成地层下陷；任意燃烧有毒废料，废弃物、工业废水、核废料、商业废料等处理不当，造成空气、水质、大地的污染。

而森林的滥伐、焚烧，和燃烧煤炭、柴油、天然气、汽油等所释放的大量二氧化碳，更促成温室效应。这些年全球大幅的持续干旱、水灾、热浪、超级飓风之自然灾害，都是因为温室气体增生，全球温暖化而导致的。根据统计，从 20 世纪以来，每年排放的二氧化碳平均约 70 亿吨，地球温度升高了 0.6 摄氏度。预测到了 2100 年，地球温度将升高 5.8 摄氏度，是 5000 万年以来地球的最高温。

除此，汽车、工厂排放的废气，不只污染空气，还上升到大气层上层，破坏臭氧层；二氧化硫等废气也随着气流向四处溢散，一旦遇雨便成酸雨。酸雨会污染土壤和水质，伤害植物和动物，腐蚀建筑物，严重威胁人类的健康与居住安全。

另外，热带雨林是地球珍贵生态系统之一，虽然只占全球 2% 的面积，但却是全世界一半以上的野生动植物的生息地。雨林能消耗大量二氧化碳，生产氧气，调节全球的气温及空气，对全人类的生存意义重大。过去亚马孙雨林提供了全球 40% 的氧气，因遭滥伐，使得全球增加了 10% 至 30% 的二氧化碳。因此，现在联合国出面保护南美洲的巴西热带雨林，甚至出钱补助，希望人们不要砍伐。但悲哀的是，南美洲的热带雨林也已在大面积减少。

台湾前些年由于种槟榔，滥垦滥伐，于是在"9·21"地震中，整个南投县山体滑坡严重，造成无数人命的伤亡。2005 年，美国的新奥尔良受到卡特里娜飓风横扫，也死了两千多人，间接的原因之一，就是沼泽地过分开发的结果。所以现在环保问题，已经不是哪一个人的问题，而是普世的、全人类的一个重要问题。

美国华德、布朗李两位教授所著的《地球：从诞生到终结》一书中，探讨地球能让生命生存的独特性与珍贵性。从过去地球十次大灭绝的历史中，他们归纳出生命灭绝的原因："太热或太冷，食物或养分不足，水、氧或二氧化碳太少（或太多），过量的辐射，不适当的环境酸度，环境毒素以及其他生物。在这些因素之一出现或有数项结合时，行星上多数的动植物就会灭亡，大灭绝因而发生。"从造成生物死亡的原因里，我们应该警觉："地球是不是已病入膏肓？"平时我们的身体有病就要找医生，我们的地球生病了，也要关心它、挽救它，要为地球医疗，这是居住在地球上的每一个人的责任。

◆**针对刚才大师所讲的种种问题，我们应该如何"亡羊补牢"？如何做好环保工作和加强环保教育呢？请大师开示。**

星云大师：前面提到全球性环境污染和生态破坏所造成的危机，已经威胁到人类的健康和地球的存亡。所以，1992 年 6 月初，联合国在巴西里约热内卢举行地球高峰会议。这个被视为"抢救地球"的会议，主要目标就是要达成保护植物、动物和自然资源的协议。

谈到环保，首重爱护地球。地球能活得长久，我们的子子孙孙才能在地球上安居乐业。过去有人说地球是我们的家，大地是我们的母亲。地球保护我们的生命，提供我们生存的一切条件，我们怎能不尊敬它，不爱护它呢？

世间的问题都是人制造出来的，因此，提倡环保要靠人类自我觉醒。世间万物互相之间都存有因果关系，用怎样的方法对待万物，万物就会用同样的方法对待我们。就像我们面对着高山，大喊一声："啊——"山也会回我们一声："啊——"这是相对的。大自然的资源虽然能为我们所用，但是一旦过度消耗，自然也会反扑。我们看似渺小，但每一个行动都影响着全人类与宇宙间的互动。所以，如果我们要求得生存，就先要让万物求得生存。

如何做好环保工作呢？我想首先要能"惜福"。在中国人的传统道德观念里，一直有着惜福的环保意识。例如我们小时候，父母常跟我们说："一个人，一天只能用七斤四两水。"超过了，福报就透支了！福报犹如银行存款，有储蓄才能支出。唯有珍惜大自然各种资源，资源不匮乏，人类才能在地球上继续存活。

有一位东方的学生到德国念书，他向一位老人租了一间房子，房子里设备齐全，除了床铺、桌椅、电灯之外，还有冷气。这个学生每次外出，电灯、冷气常常不关。房东告诉他："年轻人，你要节约能源，电灯不用时要把它关起来。"这位年轻学生认为自己付钱租的房子，里面的设备自己有权爱怎么用就怎么用，因此很不以为然地说："干你何事？"老人家说："年轻人，这是我们国家的能源，每一位住在德国的人都应该爱护国家的能源，如果大家都不节约能源，你也浪费，他也浪费，我们国家的能源少了，国家会穷，大家的日子会难过。"

另外，一位美国老太太看到一个少年喝完汽水，罐子随便朝地下一丢，老太太就说："年轻人，把罐子捡起来，不要随便乱丢东西。"少年回答："这是大马路，又不是你家，关你何事，我就是不捡起来。"老太太说："怎么不关我的事？这是我们居住的环境，你乱丢东西，垃圾到处留，让我们的环境受到污染，让我们的地价降低，怎么不关我的事呢？"

所以，环境保护需要大家一起来做。世间凡事都要靠各种因缘才能成就，平时我们的生活要靠士农工商共同成就，没有农民种田，我们哪有米饭可吃？没有工人织布，我们哪有衣服可穿？世界万物都在供应我们生活之所需，我们应该好好珍惜。

除了要惜福、惜缘、惜物、惜时以外，还要惜生。世间万物都有生命，我们不能只是爱惜自己的生命，也要爱惜他人的生命。这个世界没有其他人的存在，就没有各种成就我们的因缘，"我"也就难以生存了，所以为了让自己能生存，我们要多多爱惜成就我们生命的各种因缘关系。

这些环保观念必须从教育做起。首先大人要以身作则，做儿童的示范，如父母要教导子女尊重生命，惜福爱物；老师要教导学生尊敬长上，待人有礼等。尤其道德观念的提升、公共环境的维护，都要从教育上加强倡导。

◆诚如大师所说，世间上的问题，都是"人为"制造出来的，尤其人的"贪心"是伤害社会环保的最大根源，因为"贪"而使得社会充斥着暴力、贪污、绑票等乱象，以致现在整个生存环境日益衰败。请问大师，如何才能净化社会呢？

星云大师：环境要靠大家来维护，同样的，社会风气的好坏、生活质量的优劣，也与人脱离不了关系。我们常说要美化家庭、美化环境、净化社会，其实最重要的是净化每一个人的心。

语言是人与人沟通的桥梁，所以，净化社会要先净化语言。有的人口中尽说些不好听的话，甚至说脏话骂人，嘴像厕所、粪桶一样污秽，肮脏不堪。我们每天所说的话，要让人生起欢喜心。《诸法集要经》说："常说利益言，令自他安乐。"又说："常以柔软语，爱念于群生。"对他人要慈悲多说好话，不要吝于赞美，所言须能发人深省，提升道德，增加知识，这就是语言的净化。

有句偈语说："面上无嗔是供养。"世间最美的就是笑容，我们要多给别人笑容，时时以微笑来净化面容。另外，现在社会上流行进修美姿、美仪等课程，以培养行仪举止的优美。除肢体动作的美感之外，更要美化自己的行为，如不乱杀生、不窃盗、不邪淫，都是行为的净化。

除此，衣食住行、举手投足，乃至处事做人，都必须做自我的净化。如饮食三餐，美味可口，为人之所欲，但粗茶淡饭，也能觉得别有滋味；衣服穿着，固然需要庄严整齐，但是即使老旧不光鲜，只要清洁淡雅，也无不好；居住深宅大院的房屋，固然很好，窝在简陋小屋，也能如天堂；出门有汽车代步，快速敏捷，若无车无船，也能安步当车。还有，做事勤劳负责，求全求成；做人诚实正直，求真求圆；交往情真意切，接物至诚恳切。凡此，都是生活上的身心净化。

世间的罪恶，人生的祸患，都是由于心贪无厌而来。苏东坡说："人之所欲无穷，而物之可以足吾欲者有尽。"《出曜经》也说："天雨七宝，犹欲无厌。乐少苦多，觉之为贤。"科技进步、物质文明并不能令人少欲知足。欲望多，痛苦自然也多。能知足感恩的人才是世间最富贵的人。能够知足，不忮不求，就是至上的幸福。

人与人的相处，若能时时怀抱感恩的心情，则仇恨、嫉妒便会消失于无形，是非烦恼自然匿迹于无影。我们能时时以感恩的心来看这个世间，也会觉得这个社会很可爱、很富有。人不能离开社会独立生存，而人与人之间的关系靠"缘"来维持。因此，我们必须懂得结缘。结缘的方法很多，可以用财物结缘，用言语结缘，用力量结缘，用智慧结缘等。身为团体中的一分子，不但应该随众随喜，慈悲助人，广结善缘，还须有智慧，彰明理，并且互相尊重。

人类和大自然要和谐才能生存；家庭里的男、女、老、少，要和谐才能美满幸福；社会上各个机关及士、农、工、商，要和谐才能共生。和谐就像大合唱，虽然是二部合唱、四部合唱，声音的高低强弱、乐器的节拍快慢，一定要互相配合，才能演唱出优美的乐声。我们国际佛光会倡导"三好运动"，身要做好事，口要说好话，心要存好念，每个人身、口、意都善美、净化，就能与宇宙万物和谐。所谓"心净则国土净"，心理能够净化，社会自然就能美化，而呈现一片清净、祥和的风气了。

◆除了"贪"之外，现代人为了满足口腹之欲，毫无节制地滥捕滥杀，使得许多珍稀动物面临绝种的危机，间接造成了严重的生态破坏。甚至根据一项报告指出，以目前人类消耗自然资源的速度和全球人口增长速度来测算，再过 50 年可能需要两个地球才能满足人类对自然资源的需求。这项警讯意味着，我们已面临严重的能源危机问题。请问大师，如何倡导戒杀护生、节约能源等观念，以化解人类未来的危机呢？

星云大师：刚刚提到，再过 50 年，这个地球的资源就会被我们用完。想一想，现在出生的孩子，到了 50 岁就没东西可用，需要第二个地球了。第二个地球在哪里？继续耗费下去，第三个地球又在哪里呢？我觉得美国执政当局很爱护自己的国家，他们现在到国外买汽油、石油，自己国家的石油则留着以备不时之需，或将来能源匮乏时才用。当然最终还是会取用完。

我觉得人类实在辜负宇宙万物，对地球的剥削更是过分。例如一头牛活着时，为我们耕田犁地，负重载物，又提供牛奶给大家喝。到最后年老力衰，没奶了，我们又吃它的肉，还用它的皮做皮鞋、皮带。总之，将它榨取得一点也不剩。有时想想人类真的很自私！所以环保首先要尊重生命，环保是对地球的爱护，护生是对生命的重视。我们总自认人类是万物之灵，其他动物都是应该给我们吃的，假如现在有一只老虎或狮子吃了人，或许它也会说这个人是应该给我们老虎、狮子吃的。这个道理是相通的，不是吗？

曾经有人说："人类的平均寿命越来越长，大自然的寿命越来越短。"因为人的保健有方，加上欲望无尽，大自然的资源却有限有量。根据台湾大学"全球变迁研究中心"的研究统计，地球承载 65 亿的人口，在人类无节制的挥霍下，大气二氧化碳浓度每年增加 1 个 ppm（用来评估水或空气中物质含量的单位），森林面积每年少一个韩国，地球生物每年绝灭 27000 种，每秒钟消耗 1000 桶原油……

过去曾发生过全球性的能源危机，当时大家都很恐慌，但是侥幸度过之后，难保以后就不会再有能源危机。一般家庭、企业公司都会有经济开销，都有所谓的财务预算，也懂得"开源节流"的重要。所谓"开源节流"，不一定只限于金钱、物资，其实人心之贪嗔痴，才是造成生态破坏、能源危机的主要原因。所以，我认为开源节流应该"开佛法之源"。佛法就是我们智慧的源头，有佛法就有慈悲，就有智慧。一个人即使物质生活欠缺，只要他有慈悲、有智慧，生命就会变得充实、富有，也要开发我们的惭愧心、感恩心、欢喜心、感动的心，以及勤劳、诚实等美德。如果人人都有佛法，都能点亮信仰的灯，开启心中的真如佛性，就不会盲目挖掘外在资源，做出损人损物又不利己的事了。

节流，节什么流？要节省我们的用钱，节制我们的贪心。我一生自觉不要钱，也不好买东西，因为我不要钱，不好买，所以才有钱建设佛光山，建设世界。我'以无为有"，淡泊是我的节流，爱惜时间是我的节流，每一个信徒的发心，我都珍惜它、宝贵它，这就是我的节流。

很微妙的是，世界上注重环保、注重心灵修行的，大多是一些贫苦大众，他们总是节约能源，不敢轻易浪费，而最浪费能源的人大都是一些富有的人，他们用钱不在乎，既不惜福，也不环保。所谓"一寸光阴一寸金，寸金难买寸光阴"，古人常提醒我们要爱惜光阴，因为珍惜时间，就是爱惜生命。虽然我们永恒的生命不会死，但是，这一期的生命死了以后，下一期的生命究竟是什么？谁也不知道。既然不知道，就不用多妄想、多计较，将这一生的生命好好爱惜，好好运用，才是最重要！

爱护地球，除了建立节约能源的观念，也要爱惜其他的生命。据说在加拿大，钓鱼的人如果钓到的鱼没有一尺以上，要把它再放回去，让它继续活命、生长。在澳大利亚，规定每天只准钓几条鱼，多了就要受罚，这也是环保的观念。反观中国台湾地区，常常钓鱼不够，还要赶尽杀绝去电鱼。

即使像放生这种好事，实行到后来也往往成为不当的行为。例如为了自己过生日，特地叫商人去捕鱼、抓鸟来放生，结果在一抓、一放之间，动物已死去不少；有的动物放生之后适应不良，也会陆续死去。甚至有人到南美洲，带了很多食人鱼到台湾放生。也有人到佛光山放毒蛇、乌龟、流浪猫、流浪狗等，都是放生却致死，且破坏生态平衡的行为。

其实最好的放生就是"放人"，能给人因缘，能帮助别人，让许多人得到幸福，以及孝顺父母、敦睦邻里、对人尊敬等，都是"戒杀护生"最究竟的环保护生。

◆**确实，每一个人都须建立正确的环保观念。接着请问大师，我们如何在生活中随手做好环保，以期让我们的地球逐渐恢复原来完整的面貌，让大家都能保有优良、健康的生活品质呢？请大师为我们开示。**

星云大师：环保应该从每一个人的日常生活做起。我觉得过去的佛教丛林非常重视环保，出家人的生活也很简单，所谓"衣单二斤半，洗脸两把半，吃饭四句偈，过堂五观想"，是指学道者所拥有的衣物，加起来只能有二斤半重；洗脸所使用的两把水，刚好可以弄湿两次脸，可说极尽俭朴；吃饭前要合掌念四句偈，并且要食存五观，不贪口味，不拣择食物的好坏粗细，只是为办道修业才接受供养。

佛门的观念认为东西越少越好，出门、搬家才不麻烦；饮食吃得少，肠胃没负担，身体才会健康。如清末民初的高僧弘一大师，生活就非常俭朴：一条毛巾用了三五年，已破烂了，他还说可以再用一段时间；中国大陆寒冷，他一顶帽子戴了二三十年，仍舍不得替换。另外，唐代法常禅师，在大梅山下筑有一间简陋茅棚，四周翠松环抱，宁静安详。他写下一首脍炙人口的诗偈："一池荷叶衣无尽，数树松花食有余。刚被世人知住处，又移茅舍入深居。"他于深山无人居住处，以荷叶为美衣，以松子为佳肴，以云岩为居处，以麋鹿为伴侣，不求名闻利养，只恬淡度日，随缘度众。这不就是简单的环保生活吗？

一个人用得太多，不一定很好。例如，几十年前我们看报纸，一份报纸只有两张半，后来增加到三张，觉得满快乐的。但是到现在，暴增到一份有十几张，就觉得很苦恼，因为看不完那么多啊！过去电视只有三个台可看，现在有超过一百家电视台，转到最后，干脆不看。

我们平日使用的东西，如果少一点，思想也会变得清明单纯，例如不花太多时间看电视，省下来的时间可以用在读书、思考或亲近大自然上，我觉得这不但对万物是环保爱护，对自己也是一种"心灵环保"。

常有信众夸我很聪明，我认为我的聪明是从"惜字纸"而来。记得在丛林受教时，一张纸不仅两面都利用，连字里行间的空白处也会挤上几个字，有时还会用色笔在纸上再写上一遍，除非到真没有办法分辨时，才会不舍地丢弃。我确信自己是积了此福报才开智慧变聪明的。所以说，惜福可从"回收废纸"开始。日常生活中，随手一揉，都是在浪费大地资源。在不可避免的消耗下，积极配合"废纸回收"，让可用的资源再生，即是一件功德。种一棵树要花十年的时间，砍一棵树却只要几分钟。根据统计，婴儿从出生到 2 岁，所用的纸尿布，须用掉 20 棵树；每回收 1 吨废纸，可以少砍高 8 米、直径 14 厘米的原木 20 棵；印刷品采用再生纸，每月可以少砍约 40 万棵原木。因此，回收废纸制成再生纸，以循环利用，除了可以减少砍树量，亦可间接涵养水源。

除了资源回收，其他在生活中能落实环保的，例如：

- 吃的、用的，适度即可，多买不用便成垃圾。
- 多用瓷杯、环保碗，少用纸杯及免洗餐具。
- 洗澡不用盆浴，用淋浴方式。
- 不随手乱扔东西，减少制造垃圾。
- 家中照明设备改换成节能灯泡，并养成随手关灯的习惯。
- 调高冷暖气的自动开启温度。
- 回收看过的报纸及机油。
- 买菜或买杂货时，带自己的背袋或购物袋，并选择较少包装的物品。
- 把车子保养好，不让它冒黑烟。
- 经常检查车胎气压，因为充气不足的车胎容易坏又耗油。

- 开车时，尽量少开冷气。汽车冷气是大气层里氟氯碳化合物的来源之一。

- 多走路，多骑自行车。

- 少开车，尽量利用公共交通工具；推行"高乘载"运动。

- 购买可回收材料制成的器材和文具。

- 减少肉食，因为生产谷类、蔬菜、水果所需的资源，只是生产肉类的5%；为了资源保育，尽可能多吃素食。

最近日本有位环保大臣提议男性上班不要穿西装，因为穿了西装，到哪里都要吹冷气，很浪费能源。可见大家都警觉到能源有限，不能再任意浪费。如果每个人都具备环保意识，并于生活中确切落实，我想地球会逐渐养息，逐渐恢复原貌，我们也可以拥有优良健康的生活质量。

◆**我们知道，大师创办的佛光大学，除了发起"百万人兴学"，还有不少信徒以"资源回收"所得来建大学。这件事情很有教育意义，也很令人感动，我们想要进一步了解，能否请大师开示？**

星云大师： 佛光山开山40年了，记得过去许多人来佛光山参观，离开后常常留下不少垃圾、废物。因为垃圾不能随便丢弃，我们请乡公所来处理，乡公所说一个月要收一百多万元（本节的"元"是指新台币）处理费。我心想游客来佛光山留下的这些垃圾丢弃品，竟然要花费一百多万的处理费！这实在划不来。于是我叫两位职事发心做垃圾分类，然后卖给有关的机构作废物再利用。一直到现在，我们不但不用给乡公所一百多万元，"资源回收"所得，一个月平均约有三十万元呢！

说到佛光大学，刚开始我们发起"百万人兴学运动"，就是一个人100元，如此集合100万人的发心和力量，一年就能有几千万，大家一起来办大学。实在很感谢台湾社会大众的支持！当然这些钱是不够的，创建大学不容易，硬件、软件各方面的开支都是非常庞大的。为了筹募佛光大学建校基金，很多人省吃俭用，开着资源回收车，去回收一卡车破旧的坏东西，一整车可能卖不到多少钱，但是他们就这样慢慢地累积。我记得有位太太每天做义工，参与资源回收，花费了时间、体力，衣服也弄得脏兮兮的。她那身份地位很高的先生心中非常不满，问她每天出去像一条龙，回来就像一条虫，到底在做些什么？这位太太就叫先生一起来参加。刚开始先生很勉强，跟着做了几次资源回收之后，他明白这是很有意义的事，也做出兴趣来了。现在夫妻两人都成了佛光大学资源回收最得力的干部。

另外，佛光山在台湾中部有一间道场，名为"福山寺"，是信徒们整整花了十年积累资源回收的款项盖成的。当初任职当地的法师带着信徒在大街小巷设置回收点，不眠不休地从事回收工作。虽然资源回收所得不多，但是聚沙成塔，也一点一滴累积成建寺经费。这是我们善用环保建起来的寺院，原本打算取名为"环保寺"，后来想想寺院的名称要有久远性，还是叫"福山寺"，也符合环保是有"福报如山"之意。

日本有位禅师，他盛了一桶水给师父洗脚。师父没用完，他就把水随意一倒，师父呵斥他："你怎么如此糟蹋万物的价值！一滴水，可以救活生命；一滴水，可以滋润枯渴；一滴水，可以成为海洋；一滴水，可以流于无限。你怎么可以轻易浪费掉呢？"听了师父的训诲，禅师汗流浃背；为了记取师父的教诲，他改名为"滴水"，以志不忘。

古训："一粥一饭，当思来之不易；一丝一缕，恒念物力维艰。"世间，点滴都是因缘，怎能不珍惜呢？

资源回收本身就是一种惜福、环保的行为。以资源回收所得来建寺院、建大学，更具修福修慧的双重意义。我觉得不管是哪一种环保，都必须从教育下手，从观念上改变，然后自己身体力行，不断地倡导环保运动。环保是一个长期的运动，是一个长期的教育，希望我们大家共同勉励。

◆**佛教言"三界唯心，万法唯识"。大师也曾开示指出，我们的心有如工厂，工厂的设备好，则运作正常，产品优良；设备不好，不但产品劣质，连带破坏空气、水源，造成环境污染。请问大师，为了美化身心，我们应当如何做好心灵的环保呢？**

星云大师：一个人要活出高尚的生活，首先必须做好"心灵环保"，也就是要"净化心灵"。《维摩经·佛国品》说："若菩萨欲得净土，当净其心；随其心净，则佛土净。"即是说国土的清净，主要取决于人心的清净。因此，除了注重地球上的环保工作外，内心的环保净化更为重要。平常贪欲、嗔恨、嫉妒、邪见等盘踞我们的内心，污浊我们的心灵，所以我们要把心内的贪欲心改成喜舍心，嗔恨心改成慈悲心，嫉妒心改成包容心，怀恨心改成尊重心。只要能将内心的恶念一改，所见所闻、所接触的事立刻就不一样了。

如何才能把心中的垢秽清理干净呢？所谓"工欲善其事，必先利其器"，平时我们扫地要有扫把，洗衣服要有清洁剂，甚至打仗也要有精良的武器。同样的，要做好心灵环保，也要有工具、武器，如正见、正信、慈悲、智慧、忍耐、勤劳、友爱、奉献、牺牲、惭愧、忏悔等。有了这些工具，心灵就能清朗干净，就能打败心中的烦恼魔军，而所向披靡、攻无不克了。

1992 年，佛光山为提倡环保，在一年一度的信徒香会中，特别举办"佛光山信徒身心环保净化法会"，让大家共同响应身心环保净化运动，希望从内心的清净，来影响心外世界，使之净化。在活动中，我提出力行身心环保的十二大德目：

（一）口中轻声，不制造噪音。　（二）地上清洁，不乱丢垃圾。

（三）手里禁烟，不污染空气。　（四）身心庄严，不行动粗暴。

（五）行动礼让，不侵犯他人。　（六）面上微笑，不出现凶相。

（七）口中软语，不出现恶言。 （八）大家守法，不要求特权。

（九）人人守纪，不违犯纲常。 （十）开支节俭，不任意浪费。

（十一）生活踏实，不空荡虚浮。（十二）凡事善心，不孳生歹意。

每个人做好心灵环保，从自己"身心净化"中建设"净土"，之后再把净土落实在人间，才是最好的社会环保，诸如：

● 实践眼耳鼻舌身的净土。眼露慈光、诚恳倾听、常说爱语、对人关怀、鼓励慰勉、随手帮助等，就是六根的净土。

● 实践行住坐卧的净土。举止端庄、行仪稳重、起居有时、进退有据，一切合乎戒律仪规，就是行住坐卧的净土。

● 实践人际间和谐的净土。与人交往，热忱主动，讲话幽默，待人有礼，常存体谅，心怀感恩，人际和谐，当下净土就在人我之间。

● 实践居家环境的净土。居家环境，保持宁静、整洁，懂得布置、美化，就是居家的净土。

● 实践思想见解上的净土。积极乐观，凡事往好处想，不偏激，不消极，不悲观，具正知正见，常想真善美的好人、好事，如此自能从思想上建立净土。

总之，只要人人心中有佛，听到的都是佛的声音；心中有佛，说的话都是佛的语言；心中有佛，所做的都是慈悲的事情。那么，即使生长在污浊的娑婆世界，也能做好心灵环保，并进而营建一个清净的国土。

◆大师曾说，佛教是个重视环保的宗教，可否请大师为我们开示，佛教在经典、教理上，对于环境维护、生态保育方面有一些什么样的观念？

星云大师：佛教是一个很有环保意识的宗教，主张不仅对人要有爱心，对山河大地也要爱护，所谓"大地众生，皆有佛性""情与无情，同圆种智"。佛教的环保思想，起源于释迦牟尼佛对"缘起"的觉悟。他认为世间万物都是众缘和合所生，都有着相互依存的关系。例如在生活中，我们离不开阳光、空气、水等资源。《毗尼母经》卷五佛陀明示："若比丘为三宝种三种树：一者，果树；二者，花树；三者，叶树。此但有福无过。"在《杂阿含经》里，佛陀也说："种植园果故，林树荫清凉，桥船以济度，造作福德舍。穿井供渴乏，客舍给行旅。如此之功德，日夜常增长。"种植花果树木，除了美化环境，更能净化空气，保护水源和大地，是利人利物的大功德。

阿弥陀佛是佛教有名的环保专家，他在因地修行时，发四十八大愿，为建设清净安乐的世界，历经久远时日，成就了没有污染的西方极乐世界。那里的建设是黄金铺地、七宝楼阁、八功德水，房屋、树木、花草、设施都非常美好。净土中只有公益没有公害，只有美好没有脏乱。尤其在净土世界里，没有三恶道的众生，都是持守净戒的善人；没有空气、水源、噪音、暴力、毒气、核能等各种污染，气候清爽宜人，人人身心健全，寿命无量，是彻底推行环境保护的最佳典范。其他如药师佛的琉璃净土、弥勒佛的兜率净土，以及三世诸佛的清净国土，无不是规划完善的美好居处。

当前的环保问题有内在的心灵环保和外在的生态环保。心灵环保要靠大家净化自己的贪、嗔、痴三毒；生态的环保，比方自然界的保育、空气的净化、水源的清洁、噪音的防治、垃圾的处理及辐射的防止等，则须靠大众的力量来共同维护。在此方面，佛教主张：

（一）**护生**。护生，可以长养慈悲心。现代的人，不论是天上飞禽、地下走兽，或海洋生物，无一不食。任意杀生，不但污染心灵，增加暴戾之气，也会破坏自然生态。佛教提倡不杀生而积极护生。戒杀护生，就是对一切有情生命的尊重，所以佛教的戒律对于动物的保护有着积极的慈悲思想。《六度集经》记载，佛陀在过去世为鹿王时，曾代替母鹿舍身，感动国王建立动物保护区，禁止猎杀；阿育王广植树林，庇荫众生，设立动物医院，规定宫廷御厨不得杀生。凡此都是佛教对于"野生动物保育法"的示范。

护生就是保护自然生态，不单是动物的保护，即使是一株草、一棵树，都必须加以培植、爱护，因为它们对空气的净化和水源的保护，都有不可忽视的功用。甚至护生不只限于动物与植物，大自山河大地，小至日常生活的用品，无一不是我们爱护的对象。

（二）**惜福**。爱物惜福，本是生活的美德，但是现代社会，物质丰裕，许多人已习惯奢侈浪费，饮食、日用无节制，或任意糟蹋丢弃，暴殄天物，不知惜福。有一个故事说，有位富翁，家财万贯，生活奢华，常常将米粒丢弃在水沟里。有位节俭的出家人，每天从水沟里将这些米粒捡起来，洗净晒干，并加以储存。后来富翁沦为乞丐，这位出家人便以富翁过去丢弃的米粒施舍给他，富翁知道后，非常惭愧。

这个故事告诉我们应该"当得有日思无日，莫待无时思有时"，时时提醒自己要勤俭惜福。佛门中，一切日常所需都是檀越所供养。《僧祇律》说："皆是信心檀越减损口腹，为求福故，布施我等，所谓檀信脂膏，行人血汗，若无修行，粒米难消。"因此，古来祖师大德总是提醒弟子，应当心存感恩，要有惜福的心。

有道是"只字必惜，贵之根也；粒米必珍，富之源也；片言必谨，福之基也；微命必护，寿之本也"。滴水如金，丝缕似银。世间无论什么东西，都来之不易，因此要懂得珍惜，乃至金钱、时间、感情，都要爱惜。生活中能减少一点浪费，减少过度消耗，就是爱惜自己的福报。更进一步，我觉得不论与我有关、无关的事物，也要爱惜它，祝福它。像南美洲那么远的地方，如果地动山摇，经济恐慌，必定也会影响到我们；巴西的森林，如果遭砍伐破坏，也会波及全地球的人类，所以万事万物都要珍惜。

佛教认为环保观念的建立，应从人心开始。一般的环保是心外的，心中的清净才是最大的环保。因此，国际佛光会一直积极投入净化人心、教化社会的工作。如过去倡导"七诫运动"，呼吁大家一起"把心找回来"，同时透过环保认知与实际参与，举办植树救水源、保护野生动物、赈灾送温暖、友爱服务、云水义诊等。这些都是有益世道人心，达到环保功效的事业、活动。

◆原来佛教的阿弥陀佛等都是伟大的环保专家！请问大师，除了诸佛以外，佛教历代的祖师大德们，对于环保护生是否也有什么具体的贡献呢？

星云大师： 过去一般人认为佛教只会教人念经、吃素，对社会没有贡献，更遑论有先进的环保思想。其实在世界各国尚未实践环保计划前，佛教早已领先实践环保工作。自古佛教就极为重视保护生态环境，也有着深远的影响。

自古"深山藏古寺"。佛教历史上，许多高僧大德在胼手胝足开山建寺同时，也把荒山秃岭植上各种树木，成为绿荫蔽天、青翠蓊郁的森林，对水土保持的贡献很大。除了维护山林，也常整治河川，修桥铺路，珍惜资源，并于讲经说法时，劝导大众护生放生，提倡素食，培养大众惜福的观念，所以每位僧侣都可说是环保专家。如唐代泗州开元寺明远法师，种植松、杉、楠、桧等数万株，免除淮水与泗水的泛滥。又如唐代东都洛阳道遇法师，劝化善款，与白居易一起消除黄河龙门天险的水患。

唐代百丈禅师在江西百丈山垦山辟田，自立禅院，倡导"一日不作，一日不食"。他的弟子，开创黄檗山的希运禅师也植树栽松，勤于作务。后唐象山县寿圣禅院住持永净法师，曾经开田三百亩，植松十万余株，对地方的水土保持贡献很大。唐代南岳玄泰上座，曾因衡山多有山民斩木烧山种田，危害甚巨，于是作《畲山谣》，远近传播，上达于朝廷，而使皇帝下诏禁止烧山。唐代景岑和尚住在湖南长沙山，因山中松竹常遭人破坏，作了一首《诫人斫松竹偈》，以保护山林。

也有许多不为人知的禅僧、云水僧，到处游方，与大自然为伍，见山地行路困难，就自持铁器，开辟山坡道路，方便路人行走，默默实践利他的菩萨行。自古以来，僧侣植树、护林的善举实在不胜枚举。

另外，《梵网经》菩萨戒云："若见世人杀畜生时，应方便救护，解其苦难，常教化讲说菩萨戒，救度众生。"佛教的戒律思想，对动物的保护，有着积极、平等的慈悲救济观念。如禅宗六祖慧能大师出家前，曾于猎人群中隐居 15 年，时常伺机将猎人捕获的动物放生。永明延寿禅师任华亭镇将时，不时买鱼虾等物放生，有一次因手边无钱，先暂借公款，事发后，被判处死刑，他坦然表示动用库钱纯为护生，自己并未私用一文，终获无罪释放。

明代莲池大师居云栖山时，山里猛虎为患，他广为村民诵经祈福，施食回向。由于至诚所感，长年虎患竟然得以平息。从此当地村民将莲池大师奉为圣灵。他也在云栖山中设立放生处所，专门救赎飞禽走兽，并命众僧减省口粮以蓄养它们，每年约需米粟二百石，并定期为它们宣说警策法语。莲池极力禁戒杀生，提倡放生，著有《戒杀放生文》，警诫世人莫滥杀无辜。

隋朝智者大师曾居住在南方沿海一带，他每天看着渔民撒网数百余里，滥捕无数鱼虾，心中不忍，便以信徒供养的功德款，购买海曲之地辟为放生池。其他，像惠意法师以钵中食物惠养群鼠；晋朝僧群禅师"宁渴而死，不赶挡道的折翅鸭子"；隋朝智凯法师不嫌污秽，收养许多流浪狗，以及隋朝智舜法师"割耳救雉"等，都是让人尊敬的护生行为。

另外，近现代的佛教居士丰子恺著有《护生画集》，内容除戒杀、护生、善行之外，还彰显因果报应、互助互爱的精神。他把佛教的慈悲具体表现出来，让许多人因看了护生画而弃荤茹素。

当初佛陀唯恐雨季僧人外出，会踩杀地面虫类及草树新芽，所以订立结夏安居的制度。佛教寺院为鸟兽缔造良好的生存环境，所以不滥砍树木，不乱摘花果。凡此均与今日护生团体的宗旨、措施不谋而合。而梁武帝颁令禁屠之诏，阿育王立碑明令保护动物，则是国家政府基于佛教"无缘大慈，同体大悲"的精神，大力提倡爱护动物的滥觞。

随着自然环境的恶化，野生动物日益减少，生态均衡受到严重破坏。近几十年来，有心之士纷纷奋起，疾呼环保的重要性。"环保"这个名词，在古时候虽未曾有，但僧侣们的所言所行可以说都是在实践环保的工作。

◆**过去常听到"以自然为师""与大自然和平共存"的观念。大师在国际佛光会的主题演说中，也曾谈过"自然与生命""同体与共生"，可见大师对大地万物、宇宙一切生命的珍惜和尊重。能否请大师开示，我们应该如何与大自然同体共生？**

星云大师："同体共生"是现在这个时代，也是这个世界最开明、最美好的思想。所谓"同体共生"，就是要大家"同中存异、异中求同"，彼此包容、彼此尊重，就如人体的五官，要相互共生，才能共存。好比耳朵和眼睛，一个负责看，一个负责听，彼此分工合作，才能共同生存。如果耳朵嫉妒眼睛，没有眼睛看，走路就会有跌入山谷的危险；眼睛如果讨厌鼻子，没有鼻子来呼吸，可能就会一命呜呼。

因此，佛教讲众缘和合，缘起是宇宙人生不变的真理，是因果的普遍法则。一切法的存在，是因缘而起的。《中论》说："未曾有一法，不从因缘生。"这说明宇宙万有，没有任何一个事物能够独立存在，包括现象界的有情与无情，都是因缘和合所生。《业报差别经》即言："若有众生，于十恶业多修习故，感诸外物，悉不具足。何等为十？一者以其杀生业故，令诸外报，大地咸卤，药草无力；二者以其偷盗业故，感外霜雹、蝗虫等，令世饥馑；三者以其邪淫业故，感恶风雨及诸尘埃；四者以其妄语业故，感生外物，皆悉臭秽。"由此可知，我们如果造了杀生、偷盗、邪淫、妄语、绮语、两舌、恶口、贪欲、嗔恚、邪见等十恶业，不但危害自己和别人的身心世界，也危害世间的国土世界。相反地，行十善业，则可改变生态环境恶化的共业。因此，从人类与动植物的互动关系来看，不论人与人、人与动物、人与植物等，莫不息息相关。这就是所谓"同体与共生"的理念。

佛教认为自然界的林林总总，万事万物的生灭变化，总离不开物质与精神的"色、心"二法。从小至一麻一麦、一微尘、一心念，大至山河大地、须弥法界，总不出色心的范围。自然界的一切物质，都是由一种或多种物质所构成的，其存在的原理也是相互的配合，例如飓风、雷电、火山爆发、地震和冰川等自然力量，会造成许多伤害，但是在其他方面，它们也为大地和人类增加许多养分。

以闪电为例，雷电会造成人类、动物伤亡及财物损失，并引起森林大火。可是从另一个角度来看，如果没有闪电，植物的生存就会受到影响。因为氮元素是植物的主要食粮，但是地球大气中的氮不能溶解于水，对植物毫无用处，必须经过化学变化后，才能被植物吸收。闪电能触发氮元素的化学变化，使气体状态的氮溶于水，变成植物可吸收的氮。假如没有闪电，就没有水溶性的氮，紧接着树木的生长就受到阻碍，人类的生存也会受到影响，因为我们呼吸的空气，是绿色植物将阳光、二氧化碳和水转化为食物，并且生成氧气，补充到空气中，提供给我们人类。

虽然这只是大自然中的一个例子，但也充分说明大地万物都是同体共生，都是相依相待，相互依存的。如《增壹阿含经》所言："犹如钻木求火，以前有对，然后火生；火亦不从木出，亦不离木。若复有人劈木求火，亦不能得，皆由因缘会合，然后有火。"自然界一切事物和现象的生起与变化，都有相对的互存关系及条件，没有永恒固定不变的自体。缘起的理则甚深，譬如因陀罗网交错反映，重重影现，微妙而错综复杂。

慧能大师言："一切万法不离自性。"这真如自性是万有的根源，是自然界的本体。僧肇大师说："天地与我同根，万物与我同体。"凡人总是以见、闻、觉、知来看大自然，但是我们不要忘了，我们本自具足的真如自性能与大自然界互相感应。

自然，就是人心，就是真理，就是天命，就是宇宙的纲常。唐朝太守李翱听说药山禅师是大名鼎鼎的高僧，很想见一见他的庐山真面目。在一个山头的松树下，李翱找到正在禅坐的药山禅师，十分恭敬地请求开示。药山禅师却睬都不睬。李翱等了许久，终于忍不住说："真是闻名不如见面！"说完，正要离开，药山禅师忽然开口迸出一句："你何必贵耳贱目呢！"李翱一听，颇为窘迫，于是问禅师何为"道"。药山禅师就一手指天，一手指着身旁瓶子的水，说："云在青天水在瓶。"李翱当场疑团尽释，写了一首偈："练得身形似鹤形，千株松下两函经；我来问道无余说，云在青天水在瓶。"

一般人之所以有种种痛苦产生，是由于与大自然的事、物、境及他人处于对立、不能调和的状态。大自然，一以言之就是"道"，如云在青天，卷舒自如；如水在瓶中，恬静澄澈。世间事也是一样，合乎自然，就有生命；合乎自然，就能成长；合乎自然，就会形成；合乎自然，就是善美。

如果我们能奉行佛法，借大自然的景物而认识自家的真实面目；或因我们真如自性的本体，而赋予山河大地真实永恒的生命，体悟自他不二、凡圣一如、物我一体、心境合一的道理，就会细心守护大自然，与大自然和平共存，而时时有着"我见青山多妩媚，料青山见我应如是"的美好情境了！

◆所谓"冰冻三尺，非一日之寒"，今日举世面临严重的环保问题，其实并非一夕造成，许多科学家早有预警，可惜大家置若罔闻。现在大家终于意识到环保的重要性，不少环保人士也一再奔走、呼吁。最后再请问大师，我们应该如何具体地来共同参与、响应环保运动呢？

星云大师：每年到了公历 4 月 22 日，总见全球各地展开 "地球日" 的各种庆祝活动。环保团体大声疾呼 "保护地球"，政治人物、企业界则虚应故事地回应几声，一日过后就销声匿迹。难道我们对地球就只是 "一日环保"？

要具体响应、参与环保运动，首先每个人必须具有环保的观念，养成环保的习惯，平时说环保的语言，例如多说好话，促进社会和谐等。此外，举行环保会议，举办环保讲座，撰写环保文章，奖励环保人士等，都能唤醒和激励人们的环保意识。尤其要如前面提到的 "美国老太太" "德国老公公" 那般 "多管闲事"，将周围环境乃至整个国家、地球，都视为 "生命共同体" 来爱惜，能如此，必定绩效显著。

总之，环保要靠大家一起来，而且最重要的是，人人应该从日常生活中力行环保生活。例如：日出而作，日落而息，生活有规律，吃的、用的要适可而止，多了不用就是浪费。平时多到郊外去呼吸自然空气，不要一天到晚待在家中吹冷气、看电视，不但费电，而且无益身体健康。

再者，为了拯救地球，我们必须减少污染，避免使用容易造成污染的产品，如塑料袋、保丽龙（泡沫塑料）和含铅的汽油等，其中尤以塑料造成的公害最大。塑料本身是一种化学合成物，使用时即潜藏危机。用来装盛食物，在高温时，聚合剂析出，人食用后容易造成中毒，导致肝癌和昏睡等病症；使用过后，因其已非大自然的一分子，无法自然分解、腐化，若以火焚烧，还会产生致癌的氯化氢毒气，用土掩埋，则万年不腐。因此，有识之士选用家庭器具和用品时，应当少用塑料制品，尽量选用可回收再利用的制品。

响应环保运动，我们在生活中可以力行的其他具体事情，除了前面所言的家庭用水、用电要节约，不浪费消耗性的物品，如卫生纸等之外，我们购物时，要购买耐久而非随手可丢弃的物品，如瓷制茶杯、餐具，可换刀片的刮胡刀；家庭用品可以到批发商大批购买，或买大箱的洗衣粉、浓缩可稀释的洗洁精，以尽量减少包装的浪费；优先选用可回收的玻璃和金属容器；组织请愿团，要求当地商店、超级市场减少包装及塑料品的使用等。

工作上，尽可能回收办公室的丢弃物，如信件、便条纸、复印纸、报纸、纸箱、铝罐、玻璃瓶罐、塑料、X 光片、电池、铁丝、铅铁铜器等。利用电子邮件以取代信纸，公告或便笺尽可能采用传阅方式，减少复印数量，文件尽量两面复印，以及捐赠废弃的家具、办公设备给需要的机构等，都是一种实际的环保行动。

水，是生命不可缺少的养分，但是饮用水的安全性已是全球严重的问题。其实，地下水的污染大都来自于人类的活动。这些活动包括垃圾掩埋、农作及草地维护、化粪池、地下水池、意外泄漏等。除了工业界，家庭的许多清洁剂如水槽、浴厕之清洁剂、去污剂、除油剂、去漆剂等，也都含有污染性的化学品。有些化学残留物进入地下水，流入饮用水井、厨房水龙头；有些化学残留物连同泥砂被冲到河川，为河流中的幼虫、鱼类食用，鱼类再被其他动物和人类果腹。于是，我们人类制造污染，也自食恶果，受到食物链的残害。所以，关心水资源，我们应尽量减少清洁剂、杀虫剂的使用。

虽然在 1996 年全世界就已禁止使用氟氯碳化物（氟里昂、氟氯烃），但是，大概要等到一百年后，大气层中的氟氯碳化物才会消失。为了拯救臭氧层，不让它继续恶化，我们要避免购买含氟氯碳化物的物品，如保丽龙（泡沫塑料）餐具及其他制品。汽车、冰箱、冷气也都使用有氟氯碳化物，要时常检查其是否有泄漏。

现今，全世界环保团体无不致力于环境维护与保护生态平衡，凡为"地球村"的成员，都有责任关心"地球村"的永续生存。我们人类使用地球，但并不拥有整个地球。一百多年前，美国一位印第安酋长西雅图，曾说了一句震撼世界的名言："地球不属于我们，我们属于地球；我们人类只是蜘蛛网中的一丝一缕罢了。"佛法也明示有情与无情之物都是"此有故彼有，此无故彼无"的同体共生关系。在迁流不息的转变中，即使极小的尘埃都与环境有微妙的关系。我们对于内心的尘垢，固然要努力消除、转化，对于外在的污染，也应唤起群体意识，力行环保，才能重新建立一个身心、内外都清净美好的世界。

佛教对伦理问题的看法

人不能离群而独居，因此免不了要与社会人群相处往来。在人与人互动的过程中，有一些理则必须遵守，群我的关系才能和谐，社会的运作才能井然有序；失去这些理则的规范，社会就会脱序，甚至乱象丛生。规范人我关系与社会秩序的力量，有形的要靠"法律"来约束，无形的就必须借助"伦理"与"道德"来维系。

中国人向来以"礼仪之邦"自诩，十分重视居家"伦理"与社会"道德"，尤其"父子有亲、君臣有义、夫妇有别、长幼有序、朋友有信"等五伦的建立，一直是中国人理想社会的目标，也是伦理道德的核心。

佛教自两千多年前传入中国，在中国生根发展。许多人以为佛教只重视出世的思想，实际上佛教的六度、四摄、四无量心等教义，都在促进群我关系的融和。佛教对世间人际往来的关心，并不亚于儒家。尤其一直在积极弘扬"人间佛教"的星云大师认为："伦理是人与人之间的护持与帮助。无论何时何处，能多为别人着想，不情绪化，权衡轻重，明白事理，人我之间不比较、不计较，如此必能拥有一个欢喜和谐的伦理关系。"

星云大师于2006年3月1日在西来大学主持"远距教学"，在第二天的课程中，特别针对佛教对"伦理问题"的看法，从"伦理"的定义，谈到如何促进家人之间的和谐相处，佛教对"孝顺"有何主张；现在的"人工受孕""试管婴儿""借腹生子"，未来是否会造成乱伦的现象；研究"克隆人"是否违反人间的伦理；佛教的"五戒"与儒家的"五常"，两者有何异同之处；现在社会应建立什么样的新伦理观等问题，一一提出看法。以下是当天的座谈纪实。

◆伦理道德是社会秩序的规范，人的行为一旦违反伦常，社会就会失序。首先可否请大师针对"伦理"的定义作一番说明。

星云大师："伦理"是人与人之间的一种秩序与默契，是依不同场合、身份而共遵的规则。失去伦理的规范，人的行为就会脱轨，社会的运作就会失序，所以"伦理"就是行为的准则。

在中国社会里，一向把"父子有亲，君臣有义，夫妇有别，长幼有序，朋友有信"五种人伦关系，加上"忠、孝、仁、爱、信、义、和、平"八种德目，视为社会共遵的核心价值，不但奉为行为的准则，也是道德的圆满体现。

然而，自古以来中国传统的伦理道德，并非全然绝对的美好，有些还存在着争议性。比方过去所谓"君叫臣死，臣不得不死；父叫子亡，子不得不亡"。其实每一个人的生命都有同等的尊严，应该受到同样的尊重，不论哪一个人都不可以随便左右别人的生死。再如中国重视孝道，"孝"比较容易做到，"顺"则有待商榷。因为历代多少有为青年，就是为了顺从父母之命而断送了大好前途。因此，"伦理"不但要"合法"，而且要"合情""合理"。

话说中国的端午节，家家户户都要包粽子，但是现在的年轻女孩多数不会包粽子。尽管如此，端午节到了，婆婆要媳妇包粽子，做媳妇的不得不勉为其难地听命，手忙脚乱，百般辛苦，好不容易忙了一天，终于把粽子包好。就在煮粽子的时候，听到婆婆打电话给已出嫁的女儿："女儿啊！你有时间吗？赶快回来，你嫂子包的粽子快好了，你回来吃粽子喔！"媳妇一听，整个人的心都凉了，心想："我这么辛苦从早忙到晚，好不容易把粽子包好，你对我一句安慰的话都没有，只知道要赶快打电话给你的女儿回来吃粽子。"一气之下，把围裙一脱，就往娘家跑。才一踏进家门，妈妈一看，很高兴地说："女儿啊！你嫂嫂刚包好了粽子，我正准备打电话叫你回来吃粽子呢！"这时候她忽然明白了一个道理，原来天下的母亲对女儿的心都是一样的！

母亲与女儿有母女的伦理，婆婆对媳妇也有婆媳的关系，我们不能错乱了这种关系。就如结了婚的夫妻，你喊我亲爱的，我喊你亲爱的，一天喊个几百次也没有关系。但是见到别的男女就不能随便喊"亲爱的，亲爱的"，因为彼此的关系不一样。所以，伦理就是人我之间的关系亲疏、尊卑、大小，都应该合乎身份，都要有所规范，才叫作伦理；有伦理，才能长幼有序、尊卑有别，而不致逾矩犯上。

从亲族之间的家庭伦理，继而延伸到社会的群我之间，还有所谓的师生伦理、师徒伦理，乃至工作伦理、专业伦理、医学伦理、经济伦理、政治伦理、法律伦理、科技伦理、媒体伦理、社会伦理、国际伦理等。甚至除了人和人、人和社会的关系以外，还有人和天地的关系、人和自然的关系、人和动植物的关系等。举凡世间一切，都有伦理关系，有伦理，社会就不会失序脱轨。

总之，伦理就是"秩序"，是维持人际关系的道德观念。社会有伦理的维系，才能井然有序地发展；人与人之间有伦理观念，才能长幼有序，彼此相互尊重、相互包容而能和谐相处。国际之间能建立因果观、缘起观、慈悲观、无常观，能有"地球村"的理念，人人都能做个"地球人"，才能"无缘大慈，同体大悲"。如果世界上人人都能有此思想理念，则世界和平不难至之。

◆**请问大师，目前社会上有很多失序现象，诸如婚外情、家庭暴力、逆伦、乱伦、遗弃等，佛教对这些问题是否能够提供一些解决办法？请大师开示。**

星云大师：家庭是社会的基本组织，是人生的避风港。家应该是最安全、最温馨的地方，但是现在"家庭暴力"却成为社会的严重问题之一，其他诸如婚外情、乱伦、逆伦、弃养等家庭问题，也不断衍生出层出不穷的社会问题。

谈到家庭暴力，在一般人的认知里，施暴者大多是男人，女人多数是受害者。但是如果客观地从另一个角度来看，女人对男人施加暴力的例子也不少。例如，有的女性比较爱唠叨、啰唆，经常在丈夫耳边喋喋不休，让男人心生厌恶。唠叨、啰唆也是暴力。甚至有的女人经常怨怪丈夫："你没有出息，没有用，不能赚大钱，不能升官。你看人家张先生、李先生……"说得丈夫信心尽失，对未来毫无希望。这也是暴力！也有的女性比较多疑、小心眼，一点小事就放不下，于是"一哭、二闹、三上吊"，这也是暴力！所以仔细分析起来，家庭暴力事件不是只有男对女，有时候也可能是女对男！

不但家庭暴力男女双方都有责任，甚至讲到婚外情，有时候也不是某一方的问题。婚外情的发生，不外乎：

（一）夫妻沟通不良，彼此没有相互体贴、包容，没有共同的兴趣、嗜好，尤其没有共同的话题，感情自然日趋转淡。

（二）没有建立共识，没有把对方融为一体，彼此同体共生。

（三）有第三者介入。这种情形通常是夫妻之间已有不能令对方满意之处，这时刚好有第三者介入，于是很容易一触就产生火花。

（四）丈夫性好渔色，见异思迁。

（五）妻子所爱不当，太过专注于家务，或只关心孩子，也会让丈夫移情别恋。

（六）双方各有缺陷，包括身体、心理、思想上的，不能让对方满足。

由此观之，发生婚外情的双方都有问题，不能把责任归为任何一方，所以营造一个幸福的家，要靠夫妻同心协力。夫妻之间，如果懂得相互尊重、体谅、包容，尤其要常想："结婚是因为彼此相爱，是为了组织幸福的家庭，而不是为了生气、吵架。"能够时时记着当初相爱的那一颗初心，可能就不会发生婚外情，也不会有家庭暴力的问题了。

家庭不和，是社会问题的根源，而家庭暴力事件，无论夫妻互殴、虐待儿童等，都为社会大众所不容。至于乱伦问题，则是文明社会的一大耻辱。当前社会，甚至不断有弑父、弑母的逆伦事件传出，更为人神所共愤。

从种种的社会乱象，不但看出人性的善恶，也可知现在社会伦理道德观念日渐薄弱，同时更印证这是个"一半一半"的世界：男人一半，女人一半；白天一半，黑夜一半；好的一半，坏的一半；善的一半，恶的一半；甚至佛一半，魔也一半。在这个"一半一半"的世界里，只有用好的一半去影响坏的一半，世界才会变好。所以关于家庭暴力、婚外情等问题，只有合理、合法、合情地"待人好"，这许多问题才能一一解决。

◆**针对刚才大师所说，关于伦理道德观念日渐薄弱的问题，请问大师，我们如何加强家人之间的和谐相处，以改善这种现象呢？**

星云大师：人在世间生活，人际关系很重要。如果人我的关系不调和，人际的交往不顺畅，就会生出许多苦恼忧烦。尤其家人之间，每天生活在一起，如果不懂得调和彼此的关系，就会苦不堪言。

中国人讲"亲兄弟，明算账"，人，总有计较的心理。为了计较"你多我少，我多你少"，不但朋友可能反目成仇，即使至亲骨肉，也都可能对簿公堂，造成不少人间纷扰。

话说有一户人家，父亲逝世时留下了十七头牛，遗嘱上写明分配的方式是：大儿子得二分之一，二儿子得三分之一，小儿子得九分之一。十七头牛的二分之一、三分之一、九分之一，都不是整数，因此三个儿子非常苦恼，甚至天天吵架，问题还是不能解决。邻居有一位长者，看着三兄弟每天吵闹不休，就主动把自己仅有的一头牛送给他们。

十七头牛加上长者的一头，共十八头牛。大儿子应分得的是二分之一，得九头牛；二儿子应分得三分之一，是六头牛；小儿子应得的九分之一，是两头牛。三兄弟所分得的九头、六头、两头，加起来正好是父亲给他们的十七头牛，于是三兄弟又把长者所送的牛还给了他。长者丝毫没有损失，却替三兄弟解决了问题。

人因为害怕吃亏，所以喜欢计较，但是多少不在于物质的数量，而在于本身的心量和道德，尤其一个人能通情达理、明白是非，这才重要。

最近网络上流行一则趣谈。孔子的得意门生颜回有一天到街上办事，看到一家布店门口有两个人在吵架，卖布的要向买布的收取二十四块钱，但买布的说："一尺布三块钱，八尺布应该是二十三块钱，为什么要我付二十四元?"

颜回一听，走到买布的人跟前，说："这位仁兄你错了，三八是二十四，你应该付给人家二十四元才对。"买布的人很不服气，指着颜回说："你有什么资格说话，三八是二十三还是二十四，只有孔夫子有资格评断，咱们找他评理去!"

颜回说："很好，孔子是我的老师，如果他说是你错了，怎么办?"

买布的人说："如果我错了，我就把头给你，但如果是你错了呢?"

颜回说："如果是我错了，我就把头上的冠输给你。"

二人找到了孔子，孔子问明情况，对颜回说："颜回，你输啦，三八就是二十三! 你把冠取下来给他吧!"

颜回从来没有反对过老师，现在听孔子这么一说，他认为老师糊涂了，便不想再跟孔子学习，因此第二天就借口家中有事，想要请假回家。孔子明白颜回的心事，并不说破，只说"事情办完后就早点回来"，并且嘱咐他两句话："千年古树莫存身，不明究竟勿动刀。"颜回应声"记住了"，即刻动身回家。

就在回家的路上，突然乌云密布，雷声大作，于是颜回躲进路边一棵树干中空的古树里，猛然记起孔子的话，赶快从空树干中走出来。说时迟，那时快，一个响雷就把古树劈个粉碎。颜回惊险逃过一劫，连夜赶回家里。他不想惊动熟睡的家人，就用随身佩带的宝剑拨开门栓。进了屋里，发现床上睡了两个人，正遇"奸情"，一时怒从心起，正要举剑砍人，又想起孔子的话"杀人不明勿动手"，于是点灯一看，床上睡的是妻子和他的妹妹。

颜回大惊，不等天明就迫不及待地赶了回去，向老师忏悔，同时感谢老师的话救了自己、妻子及妹妹三个人的命。不过这时候颜回还是忍不住问道："老师，三八到底是二十三，还是二十四呢？"

孔子反问："那么你说，到底是生命重要？还是帽冠重要呢？"

"当然是生命重要了。"

孔子说："这就对了，如果我说三八是二十三，你输的只不过是一顶冠；如果我说三八是二十四，他输的可是一条人命呢！"

佛教讲"一就是多""一即一切"，因为"法无定法"，因此三八可以是"二十四"，也可以是"二十三"，甚至是"无计数"，但其实三八还是"三八"，这就是圣人的智慧。圣人的智慧是圆融而不执着、不呆板的，所以做人要有圆融的智慧，尤其要"明理"。现在的人喜欢说理，但是明理的人很少。说理的人都是站在自己的立场，说自己的理，维护自己的理，一旦别人不服气、不接受，就会产生纷争。

话说有张家李家两户，张家经常吵闹不休，李家却和睦互敬。有一天，张先生问李先生："为什么你们家时时充满欢乐，我们家却天天像个战场一样？"

李先生回答："因为你们家都是好人，我们家都是坏人。"

张先生不解其意，问道："此话怎么讲？"李先生说："譬如，在我们家，如果有人将茶杯打破了，马上就有人认错：'是我不好，我把杯子放得太靠近桌缘了，害你打破茶杯，有没有伤到手啊？'打破的人也会连忙说：'没事，没事，是我不小心，对不起，让你吓着了。'但是，这件事如果发生在你们家，打翻的人会说：'是谁这么没大脑，把杯子放得这么靠边，害我打翻了？'另外一个人会立刻反驳：'是我放的杯子，怎么样？你自己不小心，还要赖到别人身上！'就这样你一言，我一语，大家都不肯'认错'，当然就不得安宁了。"

所以，做人如果肯"严于律己，宽以待人"，处处尊重别人，随时承认自己的错处，尤其要把握好人与人之间的伦理关系，则人际关系就会很和平。因为伦理是人际关系融洽的重要一环，一个家庭里，即使亲如父母、兄弟、姊妹、伯叔、夫妻、妯娌等眷属，也要靠长幼有序、尊卑有别、上慈下爱的伦理关系来维系，才能保障彼此之间的秩序与和谐。

◆俗语说："久病床前无孝子。"现代不少年轻人平常就疏于对父母"晨昏定省"，如果父母生病了，兄弟姊妹之间相互推诿的情况，更是时有所闻。请问大师，子女对于年老尤其身患疾病的父母，应该如何尽孝呢？佛教对"孝顺"，乃至对亲族家人的伦理有何看法与主张吗？请大师开示。

星云大师：孝顺是中国古老的传统美德，孝亲思想维系了社会的伦理道德，促进了家庭的和谐健全。然而随着时代潮流的演变，现代人愈来愈不注重孝道伦理，尤其所谓"代沟"的问题，越发使得现代人的"亲子关系"更为疏远、淡薄，因此社会上有愈来愈多的"独居老人"。这固然是时代变迁等诸多因素所造成，但是传统的孝道观念式微，绝对是当中重要的一环。

父母为了家庭、儿女，一辈子心甘情愿地牺牲奉献，不计较，不嫌苦，然而这份"天下父母心"，有几个儿女能体会？

有一个父亲，三十多岁丧偶，独力抚养六个女儿。在女儿极力反对下，年轻的父亲一直不曾续弦。好不容易十几、二十年过去，小女孩慢慢长大，也各自找到对象结婚，这时她们忽然觉得很愧对父亲，因为自己的自私，让老爸爸孤独一生。

有一个母亲即将过六一大寿，全家集合商量，想要选一个礼物送给母亲。大家想了又想，几十年来每个人都想为母亲添置衣服物品，但是妈妈总是说不要；想要办一桌丰盛的筵席来请母亲，也有人说妈妈不喜欢吃那么多菜。大家研究再三，小弟说："妈妈平时最喜欢吃剩菜了！在妈妈生日的这一天，我们就把留下来的剩菜给妈妈享用好了。"

母亲的六十大寿到了，先生和儿女们笑着对妈妈说："你每次都说最喜欢吃剩菜，因此我们也只有用剩菜来讨你欢喜，为你祝寿。"妈妈含着眼泪对着他们说："数十年来，我就是喜欢吃剩菜。"一句话，包含了多少母爱的光辉。

所谓"有空巢的父母，没有空巢的小鸟"。父母一生守护着儿女，永远都是扮演着"倚门望子归"的角色。但是儿女一旦长大成人，往往只知追寻自己的理想，毫不顾念父母。父母在儿女面前，永远都是付出者，却很少得到儿女的回馈。

例如，父母年轻时，每日接送儿女上下学，日日月月、岁岁年年，无怨无尤；但是父母年老后，儿女偶尔陪父母到医院看病，一次、两次，他们就心不甘、情不愿地嫌烦，正是所谓"久病床前无孝子"的写照。尤其常见各大医院的儿童病房里，每天有不少爱子的父母进进出出；老年人的病房里，则少有孝子贤孙探视。儿女不但平时难得到医院探望父母，更别说在病榻前的关怀、照顾了。

在一个家庭里，一对父母可以照顾七子八女，但是十个儿女却照顾不了一双年老的父母！家庭是每个人的生活重心，孝顺则是人伦之始，是伦理道德实践的根本。人而不孝，何以为人？所以在家庭的人伦眷属关系当中，佛教首重"孝道"的提倡。佛教认为，孝顺父母，报答亲恩，是上报"四重恩"之一；反之，弑父弑母，则是不通忏悔的"五逆大罪"。

在佛门中的孝亲事迹不胜枚举，例如佛陀为父担棺、升天为母说法；目犍连救母于幽冥之苦；舍利弗入灭前，特地返回故乡，向母辞别，以报亲恩；民国时的虚云和尚用三年时间以三步一拜的方式朝礼五台山，以报父母深恩。在《缁门崇行录》里，孝亲的懿行更是不可胜数，例如敬脱大师的荷母听学、道丕大师的诚感父骨、师备禅师的悟道报父、道纪禅师的母必亲供等。

中国传统的孝道观念，基本上是可以和佛教的报恩思想相互辉映的。但是世间的孝顺，有人认为"孝"是应该的，"顺"则有待商榷。因为有些父母以他浅陋的知识，要求儿女听从自己的主张，结果儿女为了孝"顺"父母，放弃了自己的理想，荒废了自己一生的前途，殊为可叹。所以，我认为现代儿女真正要尽孝道，不但在某些地方要了解父母的心、顺他们的意，更要引导他们有正确的宗教信仰，让他们对未来老年的生活有所归宿，甚至无惧于死亡，对来生充满希望。能够让父母欢喜、安稳、自在、放下，这就是孝道。

过去儒家主张生养死葬、晨昏定省、和颜悦色、恭敬柔顺，此乃人子孝亲之道。佛教也说："尽心尽寿，供养父母；若不供养，得重罪。"但是，佛教更进一步认为："非饮食及宝，能报父母恩，引导向正法，便为供二亲。"

佛教的孝亲思想超越一般世俗的小孝。如莲池大师把孝顺分为三等："生养死葬"，只是小孝；"荣亲耀祖"，乃是中孝；"导亲脱苦"，才是大孝。前二者是世间的孝道，其利益仅止于一世。再说即使家庭和敬孝悌，子孙承欢膝下，也会有生离死别之苦；家业庞大，功业彪炳，足以让父母享有富贵，万一无常来临，天灾人祸也会使崇高的地位毁于一旦。唯有引导父母正信，不但给予父母精神上的济度，增长菩提智慧，而且使他们永断恶道，甚至了生脱死，其福德广大难量，这才是最高的孝道。因此，希望现代的父母与子女之间，都能建立一些新的孝道思想与伦理观念！

◆**科技发达，无形中对人类的伦理道德造成极大的冲击。例如目前有愈来愈多不孕的妇女，通过"人工受孕""试管婴儿"或"借腹生子"的方法来生儿育女，但有不少卫道人士对此感到忧心忡忡，认为未来可能造成乱伦等诸多社会问题，请问大师如何看待这个问题？**

星云大师："传宗接代"是中国人根深蒂固的观念，所谓"不孝有三，无后为大"，为了不致背负"绝后"的罪名，一些无法正常受孕的夫妻，于是借助"人工受孕""试管婴儿""借腹生子"等各种方法，以达到生儿育女的目的。

人工受孕、试管婴儿，乃至借腹生子等，都是由于医学、科学的发展所衍生出来的新现象，对现代社会道德、家庭伦理都会产生一定的冲击和挑战，尤其不少卫道人士担心未来可能会产生乱伦的问题。

其实，尽管社会不断地演进，制度不断地革新，在相关的制度、价值观尚未建立之际，贸然尝试，必然会带来许多后遗症。这也不是当事人本身所能想象的。要解决这些问题，必然有一定的困难度，但是社会有了问题，总要想方法解决；根本解决之道，可以从改变观念做起。例如，不能正常受孕，借助人工；不能自己生育，借人之腹，其实这与"收养"有何不一样？如果能把心量、眼界放宽，能把爱心广被天下人，则亲生、收养又有何不同呢？甚至国家民族江山代有伟人出，何必只顾及一家、一己之私呢？

再说，如果从佛教的"三世因果观"来看，业道众生在生死轮回中，其实彼此都曾互为眷属。如《法华经》说，从久远劫以来，多少亿光年前到现在，众生在五趣流转、六道轮回中，没有一个人不曾做过我们的父母或兄弟姐妹，所以说"一切男子是我父，一切女人是我母"，只是碍于众生有"隔阴之迷"，因此看不到这层关系。

志公禅师有一首偈语说："众生真是苦，孙子娶祖母，牛羊席上坐，六亲锅里煮。"这是说一个有天眼通的志公禅师看到一个结婚典礼的场合，发现新娘其实是新郎的祖母所转世；准备宴客而在锅里煮的牛、羊，则是去世的亲朋好友投胎而来；与会参加宴席的亲朋好友，过去世也曾经沦为牛、羊。然而众生认不清这一切，所以说轮回真是苦。

人之所以会忘掉过去的事，是因为有"隔阴之迷"。"阴"指的是"中阴身"，也就是我们的身体死之后，至再次受生前的识身（灵魂）称为"中阴身"。中阴身隔开了前生与今世，但也联系了今世与前生。由于"中阴身"的隔离，我们忘记前生的种种造作，不知身为何道众生。

也许有人会很遗憾地说，多可惜！如果我们有宿命通，没有"隔阴之迷"，能够知道自己的过去、未来，人生不是很惬意自在吗？其实，人类果真有了神通就很快乐吗？譬如我们能够测知过去，当我们知道自己过去堕为牛羊猪马的畜生道，那时将情何以堪呢？当我们预知自己只剩下三年的生命，还能悠游度日、逍遥生活吗？有了他心通，看到对方美丽的笑容里面却包藏祸心、口蜜腹剑，能不痛心疾首，能不觳觫愤恨吗？没有神通，日日是好日，处处是好处，多么洒脱自在！因此宇宙人生的发展，有它自然的轨则，各安其位。遵循它的变化秩序，才能得其所哉。众生由于"隔阴之迷"，换了个好身体，忘记了不好的过去，何尝不是很美好的事呢？

也有一些年轻人不相信来生。然而，一粒黄豆种子、一粒西瓜种子，只要播种，就可以再发芽、生长、结果；一粒种子都有来生，为什么人反而不相信自己有来生，不相信生命有轮回呢？不相信轮回，不相信来生，就没有希望。人生最大的意义，就在于对未来有希望，所以要相信轮回。

因为生命有轮回，因此我们对伦理亲情的看法，不一定局限在现世的父母、兄弟、姐妹。能与一切众生"一体同观"，共生、共存，就不会有亲疏的分别，继而把小我的生命融入到大我里，让自己活得欢喜，活得自在。这才是生命的价值。

◆**延续上面的问题，现在科技发达，人类已开始研究"克隆人"。请问大师同意这项研究吗？依佛教的看法，"克隆人"有违反人间的伦理吗？**

星云大师："克隆人"与"试管婴儿"一样，同是科技发达的产物。自1997年英国成功地复制出小羊"多利"，紧接着克隆牛、克隆猪、克隆老鼠也相继诞生。甚至美国的科学家表示，他们不但克隆动物，而且同时还可以更改动物的基因，利用基因重组技术，克隆出对疯牛症具有免疫力的克隆牛。

此外，一个进行人类遗传学研究的国际科学家小组更说，未来克隆人类可能比克隆动物来得更为容易，因此一名意大利医生已经打算开始克隆人类，用来帮助不孕的夫妻。

尽管科学发达，未来或许真有可能诞生出克隆人，但是以佛教的观点来看，科学家所克隆的是有机体，心灵的能量无法复制。也就是说，克隆品只是形体上的，身体六根可以复制，但生命的精神与意志无法复制，生命要用生命才能克隆，一切都不离"因果"。例如，用花、草、树木，不能克隆牛、羊、人。牛还是牛的基因，羊还是羊的基因，人还是人的基因，生命不能凭空克隆，更不能错乱因果。

由于宇宙万有都是从因缘而生，缘起缘灭，世间任何一法都不能离开因缘果报的定律。因此尽管现代科技发达，日新月异，但还是无法发明生命。未来不论尖端科技以无性生殖方式克隆动物，或是"人工授精""试管婴儿""借腹生子"等，以佛法的观点来看，他们的基因也都是由业力所润生。生命不能复制，心识不能复制，真如佛性更无法复制。生命的基因正如佛教所说的业力，仍然是维系生命的主因。

从这个观点来看，父母生儿育女不也是在"复制人"吗？每一个人本来就是父母所复制的啊！因为"复制人"基本上还是离不开"基因"，还是离不开"因缘果报"，还是要有生命的种子、因缘才能复制。

至于现在科学上所谓的"克隆人"，未来能否让大家所认同？能不能成为社会的主流？我想都还需要有一段时间来试验。

◆曾听大师开示，佛教的"五戒"等同儒家的"五常"，可否请大师进一步说明其意。

星云大师：一般人谈到学佛，就会联想到持戒，佛教也一再强调"以戒为师""戒住则僧住"。戒是一切善法的根本，也是世间一切道德行为的总归。佛教的"五戒"更是做人的根本，能把五戒持好，才算完成人格。

五戒就是"不杀生、不偷盗、不邪淫、不妄语、不饮酒"，虽然分别为五，但其根本精神只有一个，就是"不侵犯"。不侵犯而尊重别人，便能自由。因此五戒中，不杀生，就是对别人的生命不侵犯；不偷盗，就是对别人的财产不侵犯；不邪淫，就是对别人的名节不侵犯；不妄语，就是对别人的信誉不侵犯；不饮酒，就是对自己的理智不伤害，从而不去侵犯别人。

一般人的认知里，总以为受戒是增加束缚，因此有人说何必受戒，自找束缚！其实，持戒是自由，犯戒才是束缚。持戒也非佛教徒的专利，持戒就如国民守法一样，人人都要持戒，不持戒就会触犯刑法。我们看社会上，凡是身陷牢狱失去自由的人，探究其原因，都是触犯了五戒。譬如：杀人、伤害、毁容、迫害，是犯了杀生戒；贪污、侵占、窃盗、勒索、抢劫、绑票，是犯了偷盗戒；强暴、拐骗、重婚、妨碍风化，是犯了邪淫戒；毁谤、背信、伪证、恐吓、造谣、仿冒，是犯了妄语戒；贩毒、吸毒、运毒、醉酒等，是犯了吸毒戒（由星云大师编著的《佛学教科书·戒律》提到，佛陀虽未制定吸毒戒，但佛教中有饮酒戒，五戒中的"不饮酒"，就是拒绝刺激性及会覆盖清明神智的物品，以现代角度诠释，不饮酒就是不吸毒，吸毒就是犯五戒中的饮酒戒。

由于犯了五戒，于是身系囹圄，失去自由，所以持戒不但是守法，而且不会失去自由。佛教的"五戒"与儒家的"五常"，有其相通之处。五常就是仁、义、礼、智、信，若以五戒配五常，即：不杀生曰"仁"，不偷盗曰"义"，不邪淫曰"礼"，不妄语曰"信"，不吸毒曰"智"。只是儒家的五常仅止于勉人律己，而佛教的五戒，则从消极的持守不犯，进而积极的尊重利他，因此是自利且利人。

例如，不杀生而保护众生，自然能获得健康长寿；不偷盗而布施喜舍，自然能发财而享受富贵；不邪淫而尊重他人的名节，自然家庭和谐美满；不妄语而赞叹他人，自然能获得善名美誉；不吸毒饮酒而远离毒品的诱惑，自然身体健康，智慧清明。

曾经有人质疑，佛教对国家社会有什么贡献？其实光是一个"五戒"就足以安邦定国。庐山慧远大师说："释氏之化，无所不可适。道固自教源，济俗亦为要务……何者？百家之乡，十人持五戒，则十人淳谨矣；千室之邑，百人修十善，则百人和厚矣；传此风训，以遍宇内，编户千万，则仁人百万矣……夫能行一善，则去一恶；一恶既去，则息一刑；一刑息于家，则万刑息于国……即陛下所谓坐致太平者也。"

因此，五戒是净化人心的良药，一人受持，一人得益；万人受持，万人得益。如果全国人民共同受持五戒，即如同人人都奉行三纲五常，则大同世界、和谐社会的建设，必然指日可待。

◆在大师弘法 50 周年特辑《云水三千》里，看到大师的"生涯规划"八个时期中，提到"人间佛教"要有人间的性格、人间的伦理。请问大师，人间的伦理是什么？现在的社会是否应该建立一些新伦理观？

星云大师：谈到人间佛教的伦理观，我曾把自己的一生，以每十年为一个时期，规划出"成长、学习、参学、文学、历史、哲学、伦理、佛学"等人生八个时期。

在最初的"成长"以及"学习""参学"期间，我一直很庆幸自己能在丛林里接受严格的教育，在大众里努力学习，并且多方面吸收各种知识。

到了第四个十年开始，我有感于生命的内涵必须有"文学"的情感来充实，因此不但大量阅读各种历史小说、言情小说、侦探小说，乃至东西方武侠小说都看了很多，觉得很够味。平时自己也尝试舞文弄墨，写诗、写小说、写各种文学作品，所以我把这个时期定为"文学"时期。

之后进入第五个十年为"历史"时期，因为我觉得每个人都要用自己的生命为社会人类留下"立功、立德、立言"的事业，生命才有意义，因此发愿为佛教写"历史"。随着年岁的增长，到了第六个十年，我忽然觉得生命要有"哲学"的思想，才能超越世间的表相；凡事要懂得逆向思考，才能超越一切对待（的事物），所以定为"哲学"时期。

有了哲学的思想，还要落实到现实生活中，过着"伦理"的人生。所谓伦理，就是"次序"，有伦理、次序，才能将世间的一切差别对待融合在一起。所以到了60岁的时候，我忽然感觉到我个人应该不是个人了，我应该比别人有更多的兄弟姐妹、更多的父母、更多的亲人眷属。也就从这个时候开始，佛光山定期举办亲属会，让徒众的父母、家人到佛光山来聚会，我甚至发心愿意代所有的徒众来孝顺父母，帮助家人。这就是"人间佛教"的伦理关系。

尤其，我一生不喜欢过生日，每逢母难日都有不同的心情，但是在60岁那一年，我很欢喜地集合了1350位60岁的同龄老人在佛光山过生日。从此我更感受到，佛法对于建立人间的伦理道德观念，对于和谐人间的伦理关系，至为重要。

之后一直到八十岁，我才真正把一切回归到"佛法"，在佛法的"一真法界"里，圆满生命。

所以，所谓"人间佛教"的新伦理观，就是要建立"怨亲平等""（众）生佛一如""物我无间""人我互换""天下一家"的平等观与慈悲观。

佛教主张"人人皆有佛性"，所以"我不敢轻视汝等，汝等皆当作佛"，甚至"一切男子是我父，一切女人是我母"。有了这种"人人皆当成佛""人人互为眷属"的平等观与同体观，就能"怨亲平等"，就容易有"人我互换"的慈悲心。人我之间只要能换个立场替对方着想，"假如我是你，假如你是我"，人际关系就会更和谐。

所以，我认为"人间佛教"的理念，就是建设一个"天下为公、世界大同"的社会，建立一个没有仇恨，只有感恩，没有打击，只有帮助的"人间佛国"。总之，"人间佛教"就是美好的世界，是极乐净土的人间化，而这种美好的世界，首须建立人间的伦理道德。如果人我之间都能相互尊重、包容，则和谐就不困难了。

◆国际之间，国与国的建交、断交，反复无常，一切都以本国的利益为考虑，完全漠视对方的立场、感受。请问大师对国际伦理有何看法？国际之间是否也应该建立起一套大家共遵的邦交伦理呢？

星云大师：生活在世界上，每个人都需要财富、幸福与欢喜，但当人与人、人与社会、人与世界接触时，最需要的就是融和与和平。因为家庭融和，家人才会幸福；世界和平，国家民族才能相安无事。

"人我融和、世界和平"的实践，首先必须建立一套举世共遵的伦理道德观。例如：

（一）种族之间要平等，不可故意挑起族群对立，对少数民族要尊重，对弱势大众要爱护。

（二）人权应该受到尊重，举凡生存、参政、财产、自由、文化、智慧、信仰等，都应受到尊重与保障。

（三）国际之间语言要沟通、文化要交流、种族要平等、经济要互助、物质要互通；所谓"四海之内皆兄弟""天下本一家"，民族之间不应该狭义地分成你和我，大家应该发愿做个"地球人"。

（四）国与国之间要提供移民，开放观光，对于国际人士进出海关受检时，应该给予尊重；旅客也应配合，接受当地的出入境办法规范。

（五）国际间遇有重大灾难，应该本着人道精神，迅速提供救援，彼此相互帮助，要有"人饥己饥，人溺己溺"之"共生共荣"的关怀。

（六）凡是正信宗教之间，应该互相尊重包容。各自的教主不同，彼此要尊重，不可混淆；教义各有所宗，应该各自发挥，彼此"同中存异、异中求同"；教徒之间则可以彼此沟通往来，增进友谊。

此外，重视国际邦交友谊，促进国际经贸往来，举办国际会议交流，尊重国际种族通婚等。总之，世界上有许多不同的国家、文化、种族，彼此要互相包容、尊重。如一个盒子，能盛装不同的东西；如一只茶杯，不管倒入茶水或咖啡，都能容纳。尊重与包容是世间最美好、最高尚的品德。当别人有人格道德不健全时，只有诚心诚意去感化、包容他，才能让对方有改进的机会。如果每个人都能"给人一点空间，给人一点谅解，给人一点尊重，给人一点包容"，则不管对自己，对他人，乃至对整个世界和平的促进，都能发挥很大的作用。

◆**可否请大师再将佛教对伦理的看法，例如僧团伦理、朋友伦理、工作伦理、群己伦理等，多做一些开示，以期对今日社会，乃至人际相处之道，有所参考。**

星云大师：在一般社会上，在家人有在家人的人伦关系；佛门里，僧团也有师徒与师兄弟的关系。如《四分律》说："和尚看弟子，当如儿意；弟子看和尚，当如父意。展转相敬，重相瞻视，如是正法便得久住。"《太平御览·道部》也说："师者，发蒙之基。学者有师，亦如树之有根也。"

所谓"道成乃知师恩"，佛教里，师徒之间的情谊有时更甚于世间的亲情。如晋朝昙印罹病危笃，弟子法旷七日七夜为其虔诚礼忏；元朝印简遇兵难，犹一如平常，侍奉其师中观沼公，深受元兵敬重；布毛侍者依止鸟窠禅师 16 年，方受点拨，了悟自家面目；宋朝怀志谨遵老师真净克文的遗训，坚拒住持领众，抛名利于脑后等。

此外，也有的师徒之间教学相长，互为师表。例如道真长老接受做住持的徒弟之命令，甘之如饴地为客人倒茶，切水果。如果今日社会大众都能学习老和尚这种"老做小"的精神，必能消除许多"老少问题"与"代沟问题"。

至于朋友伦理方面，所谓"在家靠父母，出外靠朋友"，一般人都期盼伯牙与钟子期的情宜，修道者也羡慕舍利弗与目犍连的法爱。"朋友"成为人与人之间支持互动的力量。经典里比喻，有的朋友如花、如秤，只重视地位、权力，完全以利相交；但也有的朋友像高山、大地，以广阔的心承载、包容，是一种道义之交。另外，经典中也记载善友是在急难时给予帮助，有过错时给予规劝；恶友则是面善心恶，饮酒作乐，不顾朋友的生死。

如何才能获得善友？佛陀教授七种方法：难予能予、难作能作、难忍能忍、密事相语、不揭彼过、遭苦不舍、贫贱不轻。佛陀并以兰园、鲍肆比喻朋友习气的相互影响，或熏其香，或闻其臭，端赖自己正见选择。

谈到工作伦理，工作是人们生活的依靠之一。有人借此养家活口，有人从中实践自我，有人只是得过且过，敷衍了事，也有人尽心尽力，努力完成。若要事业有一番成就，除了广结善缘、节俭勤奋、乐于喜舍之外，工作伦理也是不可忽视的条件。身为上司者，在与员工相处时，应该做到：关怀员工工作，不使其过分劳累；关怀员工饮食起居，了解其待遇是否足够养家生活；培养员工正当的休闲活动；关心员工的健康；各种福利与员工分享。

身为主管者，是领导部门的中心，除了爱护部属、员工以外，也要健全自己。例如：包容的心胸、承担的勇气、决断的智慧、主动的精神，不看轻后学，不推卸责任，不疑心猜忌，不争相领导等。以此为行事准则，必能获得大众的拥护。

另一方面，员工与主管相处之道有：被怪不生气，工作不拖延，指示不违逆，凡事不隐瞒，处众不特权，敬业不偷懒，积极不懈怠，往来不投机，做人不孤僻，做事不呆板，思想不陈旧，处世不极端。

工作让人开发生命的潜力，展现生命的价值。只有发挥热忱，尊重工作伦理，用心投入工作，人生才会更有意义。

关于群己的伦理，人类是群居的，无论衣、食、住、行，所受用物皆是大众相互成就而有，尤其在资讯发达的现代，人人更离不开大众而独自生活。所以早在两千多年前，佛陀就殷勤教导弟子与人相处要礼貌。例如：能谦恭，知次第，不论余事，悉心聆听，信受奉行等。尤其佛教讲"同体共生"，人生彼此都是相关一体的，都是因缘关系的相互存在。每一个人都只是世间的一半，甚至是三分之一，"我"以外还有一个"你"，你以外还有一个"他"，你我他之外，还有周围接触的各种人等。

人与人之间之所以会有纷争、不平，就是因为"你""我"的关系不协调。因此，要想获得和谐融洽的人际关系，唯有把"你"当作"我"，你我一体，你我不二，能够将心比心，彼此互换立场，才是群我和谐相处之道。

◆**刚才谈到，现代人的伦理道德观念日益薄弱。请问大师，这是否与现在是个功利主义挂帅的时代，各国的大学教育普遍偏重资讯、**

企管、科技等理工学系，忽略人文思想的重要性，从而直接或间接造成现代年轻人的价值观偏差有关呢？我们应该如何来改善这种现象呢？

星云大师：随着工业科技的高度发展，现代社会的确充斥着功利主义，尤其在升学压力下，学校教育普遍看重知识的传授，忽视生活教育、思想教育、人文教育的重要性。而青年学子在这样的教育体制下，也把读书当成是考上一流学校，或是求取专业知识，以便将来毕业后能找到一份好职业、赚取高薪、享受丰厚物质生活的途径。

由于社会价值观的偏差、误导，现代青年普遍见识短浅，缺乏理想，凡事向"钱"看齐，造成社会物欲横流，脱序、乱象丛生。要改变这种现象，当务之急应该提倡"人学"。因为世间除了"物"以外，还有"人"的存在，"人"才是世间最重要的学问，人与人之间若能相亲相爱，宇宙何其宽广？

记得 1994 年 11 月，我出席在佛光山台北道场举行的海峡两岸学术会议，席中有一位教授说，目前中国大陆有一批学者专门研究"人学"，他就是其中之一。我觉得这是一个大进步。不过我认为光是在表面上研究"人"还是不够，重要的是研究我们的"心"，因为人是色与心和合所成，必须将物质与精神调和，才能彻底将"人"做好。

做人最重要的就是要有理想，有理想就有志愿，就有抱负，就有热力，就有成就。理想就是正当的希望，希望可以引导我们走上正途，希望可以指示我们达到目标。所谓"哀莫大于心死"，人生最悲哀的事，就是没有希望。没有希望的人生，前途一片灰色，黯淡无光。

人生有了理想，才有奋斗的力量；有了理想，才有生机；有了理想，才有生命。没有理想的人生，好比干涸的泉水，不能长养生机；没有理想的人生，好比荒凉的沙漠，无法孕育生命。

动物中，就算猫狗也希望有美好的三餐；植物界，就算花草也希望有朝露的滋润；自诩为万物之灵的人类，怎么能没有正当的希望，怎么能没有崇高的理想呢？

有鉴于人文精神的重要，当初佛光大学创校时，我就立定要办一所以"人文精神"为依归的精致型大学，希望师生朝向师徒式的关系发展，学生不只是追求知识，而是在师生共同生活中，学习如何待人处事，并且养成高尚的道德情操，期能为国家社会培育出品学兼优的下一代。

因此，针对当前教育缺失所产生的价值观偏差、道德沦丧等问题，希望举世在现有的正规教育以外，能够同时重视人文精神修养的宗教教育，以宗教的精神净化社会人心，敦厚社会风气，去除人民暴戾之气，使国家成为富而有礼的乐邦，使世界迈向同体共生的地球村时代。

◆现代社会科技发达，高科技跟电脑代替了人力，所以很多公司行号不得不大量裁员。如此发展下去，请问未来的世界人类应该何去何从？是否在工业革命之后又会发生一次高科技革命，人要如何求生存？请大师开示。

星云大师：人类的历史，从最初靠打猎为生，进而到游牧时代，接着进入畜牧时代，之后进步到农业社会，到了现在的工业社会，甚至高科技时代，未来人类继续往前发展，将会进步到一个什么样的时代，这是"未来学"所要研究的课题。

然而，尽管科学的发展一日千里，科技不断在变、变、变，不过人应该比科学更高明，人也会变、变、变。所谓"上有政策、下有对策"，未来不管科学发展到什么样的阶段，人类为了生存，一定也会有因应的对策。

例如，现在社会失业率很高，但是我常说，一个人如果能够放下身段，随便摆个小面摊也能生活；家中有一块地，种菜也能自食其力；甚至未来电脑科技发达，人慢慢就不会写字，就是帮人书写，也能赚钱。总之，人只要肯自力更生，就有很多路可以走；人只要自己有办法，就能够活下去。

我一生没有被人录用过，也没有拿过一份薪水，虽然曾在几所大学教书，也有薪水可拿，但我都是悉数捐出作为奖学金。现在我也不接受信徒的红包供养，因为人生不是有钱就富有。我认为知足常乐、安贫乐道才是富有。

人，有时不会自我调适，遇到一点困难，就觉得到处行不通，被境界束缚得紧紧的，每天坐困愁城，在框框里不能解脱，这是人生最大的懦弱，也是最大的无知。

人生的路上，当你走到前头无路，即将碰壁的时候，需要转弯。观念一转，可能就会"柳暗花明又一村"。就如吃东西的时候，太咸太淡、太酸太辣，如果懂得用一些配料加以调和，可能就会适合你的口味。

所以，因应时代发展，未来人类生存下去的对策，绝对不是靠天、靠地、靠电脑、靠科技，重要的还是要靠自己。例如增加自己的勇气、增加自己的能力、增加自己的信心，尤其有信心就有力量，就如我们信仰宗教，不管信哪个宗教，只要有信仰，就会有力量。力量不是靠别人给予，所以不要一味向外追求，应该发掘自己本身具有的能源、动力。例如智慧就是力量，忍耐就是力量，慈悲就是力量，看破放下就是力量。有力量，就能在这个世界上生存下去。所谓"天无绝人之路"，不要杞人忧天，任何事情，只要懂得转弯，只要能够自我调适，世界上就没有解决不了的困难。

第三讲

佛教对社会问题的看法

随着科技与物质文明的繁荣发展，现代人的物质生活愈来愈丰富，但是相对的，人心并未因为物质丰厚而获得满足与提升，反而愈来愈贫乏、空虚，甚至感到不安、恐惧。尤其社会结构变迁、人际关系疏离、道德沦丧、价值观产生偏差等，致使人人活在不安定当中，继而衍生出层出不穷的社会问题，因此经常有人慨叹说："我们的社会生病了。"

我们的社会到底生了什么病？社会到底发生了哪些问题？2006年3月1日，星云大师在西来大学主持远距教学课程中，针对现今社会发生的诸多问题，如"高龄化社会"（人口老化）、"家庭少子化"（人口减少），以及"忧郁症""自杀""色情""乱伦""家暴""虐待儿童""青少年流连网吧""卡奴族以债养债""网络犯罪""环保""传媒""治安"等问题，分别从佛教的观点加以分析、探讨，同时提出解决之道。

大师表示，很多社会问题都是大家所共同遭遇的困难，虽然有的问题一时没有办法究竟解决，但是大家要自许成为一朵净莲，要能出污泥而不染，千万不要与社会的诸多问题共舞，更不要成为制造问题的一分子。

由于当天正逢西来大学为全校的植物花草施肥，大师开场白第一句话就说："肥料的气味不好闻，这也是环保问题。不过，施肥以后，对植物未来的生长有所帮助，乃至生活环境也会随着植物的成长而改变。这是我们种植花草的目的。"由于大师探讨问题，都是从正面与积极面提供看法，因此总能带给人无限的希望。诚如大师所说："尽管这个社会像污泥，只要大家能做一朵净莲就好了。"以下是当天的座谈纪实。

◆佛教重视"心法"，强调"心地用功夫"，然而现在是个信息发达、科技文明一日千里的高科技时代，由于新道德尚未建立，旧道德不被重视，所谓人心不古，导致社会问题层出不穷。因此，想请大师先从佛教的观点来为社会把脉，看看现在举世到底发生了一些什么样的社会问题？请大师开示。

星云大师：现在社会到底发生了哪些问题？总的来说，由于社会变动太快，所谓"人心不古"，导致社会道德一直向下沉沦，整个社会的价值观产生了偏差，对生命的意义与价值之认知也产生了问题，因此不但个人有个人的问题，家庭有家庭的问题，机关团体或者大家共处的小区也有各种问题，甚至国家有政治、经济、军事、治安上的问题，乃至随着医学科技及医疗保健的进步，人类寿命不断延长，银发族的增加不但是全球普遍的趋势，"人口老化"与"家庭少子化"造成人口结构变迁，更是未来举世共同面临而亟待解决的重要课题之一。总之，这个世界好像到处都有问题，今天我们就是针对"社会问题"来讨论，看看究竟这个社会有哪些问题跟我们有关系，需要我们一起来关心。

首先，人打从出生接触到这个世间以后，第一个所要面临的就是安全问题。在家庭里有父母保护我们，进了学校有师长教育我们，但是一旦入了社会，社会的安全问题则是我们所最关心的。现在的社会治安败坏，杀人、抢劫、诈欺、绑票，乃至现在的恐怖主义猖獗，宗教间的对立、种族间的冲突，这些人为的灾难，都直接对我们的生存造成很大的威胁。

除了人为的灾难以外，大自然还有天灾，诸如地震、海啸、火山爆发、风灾、水灾、泥石流等。不管天灾还是人祸，其实都是源于人心的问题。例如，社会大众缺乏环保观念，使得山川大地饱受污染与噪音的侵害，国土已开始生病了；现代人类被功利与虚荣冲昏了头，导致世风奢靡，暴力连连，时代也罹患重病了；为人师长者不知道关怀下一代，或滥用体罚，或纵容恶行，久而久之，教育就百病丛生了；爱的观念偏差，方法不对，对象错误，感情也会发生病变，于是网络援交、一夜情，甚至网络犯罪、网络相约自杀等问题——浮现。

此外，现代青年男女"不立、不婚、不生"，导致人口减少、男女失衡、单亲家庭、不婚生子、隔代教养等问题丛生。尤其现在人际关系疏离，很多人得了忧郁症，甚至自杀；青少年迷恋网吧、盲目追星、崇拜名牌、吸毒、乱伦、色情、家暴等，也都成了社会问题。

近年来台湾地区还有信用卡问题：刷卡容易，还钱却不容易，于是不少卡奴族为债所苦。尤其现在政党恶斗，选风败坏，每到选举时，都会出现诸如买票、贿选、抹黑、互揭疮疤等问题，甚至媒体报道失真，隐善扬恶，报坏不报好，没有是非，只有立场等。可以说现在的社会问题之多，弄得整个社会治安混乱，因此现代人的痛苦指数不断上升。

照理讲，这个时代科支发达，物质丰富，人们应该生活得很快乐才对，但是却有越来越多的人觉得心里不快乐，不安稳。这种心理问题没有解决，也将造成层出不穷的社会问题。所以面对当前的诸多社会问题，包括价值观偏差、风气败坏、道德沦丧、舆论不公、公权力不彰、正义难伸、公理不明、缺乏道德勇气等，凡此都是源自有病的心灵，所以现在最需要解决的问题，就是从"心"开始。

佛教之于世间，最重要的任务就是净化人心、改善社会风气。虽然一般人认为佛教应该从事社会服务，甚至把佛教定位为"慈善救济"，但其实这不是宗教的最大任务，因为救济人人能做，社会上任何一个团体、机关都可以从事慈善事业，唯有宣扬教义、净化人心、改善社会风气，是宗教界当仁不让的，尤其佛教更应该担负起这个任务。

总之，社会问题就是大家的问题，需要全民一起来关心。世间无论再怎么困难的问题，只要唤起大家的关心，问题都会减少，甚至根绝。

◆如大师所说，拜医学科技发达之赐，现代人愈来愈长寿，因此形成高龄化社会。高龄化的社会，不但照顾老人是一大问题，社会的医疗成本也随之提高，而另一方面老人太多，生产力自然降低，这都是国家的沉重负担。请问大师，面对高龄化社会，政府与人民应该采取些什么措施？我们要如何才能帮助老人安度晚年呢？

星云大师：所谓"高龄化社会"，根据联合国卫生组织（WHO）的定义，当一个国家65岁以上的老人人口占全体人口7%以上时，称为"高龄化社会"（Ageing Society）；当比例超过14%时，则称为"高龄社会"（Aged Society）。

谈到老人问题，"老人是宝"，老人的体力、眼力等各方面功能虽然退化，但老人拥有丰富的人生阅历，可以作为后代学习的榜样，可以把智慧、经验传承给后代，所以"家有一老，如有一宝"，老人实在不能轻视。

在佛教里有一则"弃老国"的故事。有一个国的国王认为老人只会消耗粮食，对国家的发展毫无帮助，因此下令全国人民要把老人赶离国境，如果家中藏有老人，一旦被查获，将会受到重罚。

有一位大臣不忍心把年老的父亲遗弃，于是把父亲藏在地窖中。有一天，敌国送来一份挑战书，使用的文字全国无人能懂，后来国王昭告全国，哪一个人能认识这种文字，将有重赏。结果就是靠着这位大臣的老父亲读懂挑战书的内容，并把文中的问题一一解答，化解了国家的危机。这时国王才发现，老人是国家之宝，不是负担，也不是累赘。

不久前，我在网络上看到一则故事，台湾话叫作"欧巴桑救台湾"，就是"老婆婆救台湾"。话说在一辆公共汽车里，一个中学生赶着上学，急急忙忙下了车。座位上留下一个便当没带走。同车的许多年轻人看到，只"啊"一声没有任何行动，只有一个老太太不顾旁人怎么看她，大叫："囡仔啊！你的便当喔！"这个动作、声音当然引起了大家对她的侧目，但是她不管那么多，还是继续叫："囡仔啊！你的便当喔！"当然还是没有人问起，中学生也继续往前走着。

这时候，对街的一个老婆婆发现，很是关心，她远远地就说："耶！你讲什么啊？"车上的老婆婆就说："便当啦！那个囡仔的！"街上的老太婆一听，说了一声"喔"，随即赶了过去。于是车上的老婆婆把便当丢给她，她快步迎头去追赶那个孩子。一瞬间，公交车已经开动了！

在这个故事里，老婆婆对社会的爱心、关怀，有时候更甚于年轻人。所以，上了年纪的人，尤其是退休的老人，对自己要有信心，要让自己越老越有雄心壮志，要想方设法创造自己生命的第二度春天。例如：组织"松柏联谊会"，交友往来；成立"银发族俱乐部"，让身心有所寄托；参加旅游活动，促进身体健康；倘若手脚动作还算敏捷，不妨做些手工艺，让身心有所寄托。

我自己到现在还没有感受到老人问题的严重，原因是我从小研究佛法、喜欢看书，凭着一点佛法的功夫，年轻人也能与我和谐相处。也就是说，人一定要勤于读书，要有智慧，即便将来老了，由于自己的智慧不老，一般人还是需要你。或者在年轻时候，能够广结善缘，为人服务，有了善名美誉，结的缘多，帮助的人广，到了老来的时候，自然也会有人帮助你。

老人本身最需要的是亲人的关怀与精神上的支持，家人应多陪同老人说话，而不只是定时提供足够的饮食物品。过去中国家庭有所谓三代同堂，甚至五代同堂，但是由于社会变迁，慢慢地演变成小家庭。现在新加坡反而提倡三代同堂，鼓励儿女跟老人住在一起，因为老病时，最需要、最希望的就是有亲人陪伴。

佛教讲的地狱里有一种叫"孤独地狱"。所谓"孤独"，就是身旁没有因缘，没有人喜欢跟他在一起，太孤单，太孤独，也会如同生活在地狱一般。因此，如果我们让一个老人独自住在一栋房子里，虽然每天按时供应三餐，不也如同生活在牢狱中一样吗？现代父母辛苦养育儿女成人，但是儿女长大之后，都像小鸟一样离巢而去，鸟窝里没有小鸟，老鸟当然会有忽然失去一切的感觉。所以，对于老人，不能只是供给物质，还要丰富他的精神生活。

现在社会上有幼儿园、托儿所，看起来今后社会要解决老人问题，也要成立"托老所"。人老的时候，喜欢讲话，喜欢分享过去的经历，所以最好有个聚会所，然后再有一些义工来听老人讲话，这也是一种发心！我在年轻初出道弘法的时候，有一个自己觉得很好的习惯，就是喜欢听老人讲话，听老人家眉飞色舞地讲述过去。你只要点头、称赞，就可以交到很多老人朋友。

其实，一般家庭都会面临老人问题，即使暂时没有老人问题，自己也会有老的时候，所以年轻时就要想到老年，要懂得未雨绸缪。好比我们现在的社会保险，主要就是防备年老以后，没有人孝养，因此年轻时缴税，日后国家就会帮助你。

另外，针对老人问题，目前举世对老人的医疗保健、社会福利、关怀照顾等，都在积极推行，就是一般民间也有很多慈善团体、公益团体投入关怀老人的行列，尤其针对独居老人进行居家访视、居家服务等。

佛光山目前在全世界办有许多老人中心、老人院、老人公寓、老人学校等，平时指导老人做一些简单的运动，促进身体健康，同时安排有下棋、打麻将等活动，还有各种才艺班，帮助老人通过学习，充实晚年生活。此外，佛光山的慈悲基金会还设有友爱服务队，定期或不定期地为孤苦无依的老人服务，内容包括居住环境的清理，为老人盥洗、洗头、剪指甲、缝补衣服、增添日用物品，尤其教他们念佛修行。

中国过去有"养儿防老""积谷防饥"的说法，现在看来不一定行得通。养儿不一定能防老，自己应该要有一些储蓄！另外，老人要注意运动，要多走路，一天能走一万步，那是最幸福不过的事，尤其要培养自己广阔的心胸，要能看到未来，甚至看到自己老、病死后的未来，让生命充满希望。

所以，关于如何养老，第四等的老人靠子孙养老，第三等的老人靠储蓄养老，第二等的老人靠缘分养老，第一等的老人靠学问智慧来养老，最高等的老人，则是靠信仰养老。

一个人如果从年轻时就有信仰，老来自己可以看经、念佛、禅坐、冥想，一样可以在生活中"以佛为伴，以法为用，以僧为友"，甚至跟自己同样信仰的老友必定会很亲，所以有信仰的老人不会孤单寂寞，有信仰的老人一样可以活得怡然自得、丰富多彩。

总之，老人要自我肯定，要做自己的主人。只要自己有条件，现在的老人还是有很多生存之道的。

◆现代社会的另一个大隐忧，就是罹患忧郁症的人愈来愈多，因忧郁而自杀的人数也不断增加。有人认为现代人工作压力大是造成忧郁症的主要原因，请问大师对此有何看法？佛教在防患忧郁症及治疗心病方面是否有什么有效的方法呢？

星云大师：近年来，"忧郁症"好像流行病一般在社会上流行开来。有人说，之所以罹患忧郁症，是因为社会带给人的压力太多、太大了。但是我认为不全然如此，回想我在童年到青少年的时期，在接受近乎专制、独裁的教育下，天天被老师打骂，所受到的委屈、压力才真的是大，但是我受到的压力越大，却是越健康。

现在的青少年可以说要风有风，要雨有雨，怎么会得忧郁症呢？分析忧郁症的产生，虽然不排除生理因素，但是绝大多数是由于心理不健康，比方多疑、嫉妒、见不得人好、比较、计较、看不开、想不通，乃至自我闭塞、孤僻、偏激、执着等。这些心理毛病很容易造成精神异常的现象。

也就是说，现代人之所以有忧郁症，不是因为压力太大，而是不愿接受压力挑战，禁不起各项考验，尤其希望一夕成名。一旦欲求不遂，就自我闭塞，甚至愤愤不平、愤世嫉俗等。这些都是造成忧郁症的因素。

总说忧郁症产生的原因，跟现代人普遍生活富裕，日子过得太平顺，平时没有受过困难、挫折的磨炼，因此经不起压力有很大的关系。所以我认为现在的父母，从小就要培养孩子勇于接受困难、挫折等逆境考验的毅力，才能增强他的抗压性。

日本知名的企业家松下幸之助，有一次他的公司招考高级职员，预定录取十名，结果几千个人前来报名。考试的门槛很高，一关又一关，花了好几天，最后终于录取了十个人。这当中，松下幸之助很早就注意到一个年轻人，觉得他很优秀，但结果这名青年却落选了。松下幸之助心想："好奇怪，为什么那么优秀的年轻人没有考取呢？"于是他把考试的资料调来一看，发现是分数算错了。原来这位没有被录取的年轻人应该是第二名，由于分数算错才会落榜。松下幸之助赶紧叫人通知那个落榜的年轻人来上班，结果回话说："那个人因为落榜，已经上吊自杀了！"大家一听："唉！真可惜啊！"松下幸之助说："不可惜，经不起一点压力就要上吊的人，还是早一点死了比较好。"

另外也是一则关于求职的故事。有一家公司招考员工，一位东京大学毕业的高材生前去应考。董事长问他："你有替爸爸、妈妈擦过澡，捶过背吗？"青年说："小时候有，长大后就不曾做过了。"董事长说："好，你今天回去先替他们擦背、捶背，明天再来考试。"青年心想："爸爸很早就往生了，妈妈每天在外面赚钱给我念书，平时跟妈妈互动不多，现在要我跟她说'我替你擦背'，怎么说得出口呢？"

不过年轻人还是很聪明，等到晚上妈妈回家，他就跟母亲说："妈妈，我替你洗脚。"母亲一听，非常惊讶，问道："今天怎么突然想到要替我洗脚呢？"青年说："我求职的公司主管要我先为您服务。"母亲一听，"喔！既然有这个需要，好吧！就让你洗脚吧！"

就在洗脚的时候，年轻人发现母亲的脚上长了好多的硬茧，甚至还有冻伤、龟裂的伤痕，心里非常不忍，这时他忽然体会到："原来妈妈赚钱供我读书，都是她辛苦用血汗、健康换取得来的啊！"

第二天到公司见了老板，他说："老板，我今天不是为了求你录取我而来的，我只是来感谢你，因为你昨天叫我回去替父母服务，让我学到人生最大的学问。你为我上了人生最宝贵的一堂课，使我终身受用不尽。这样已经足够了！我已不介意你录不录取我了。"董事长一听，说道："你已经被录取了，你就来上班吧！"

人不能自私，不要凡事只想到自己，要能够敞开心胸，多为别人着想。一个心中有人，而且知恩报恩的人，才不会容易得忧郁症。因此，当我们看到家人、朋友面临事情想不通、想不开或者孤僻的时候，应该主动协助他融入到大众里。尤其，平时若能为自己制造一些压力来源，勇于接受挑战，就能从中健全自己，让自己不断成长，就能与忧郁绝缘。

◆青年是国家的栋梁，然而现在不少青少年因流连网吧而荒废课业，甚至沉迷网络的虚拟世界，造成人格与价值观的偏差，不但爱慕虚荣，注重吃喝玩乐，生活起居不正常，尤其上网交友不慎而误入歧途的案例也时有所闻。面对这个问题，家庭、学校、社会似乎都难以防范，甚至束手无策。请问大师，佛教有什么办法可以解决青少年的问题吗？

星云大师：现在的青少年，有两个状况如果处理不好，将会影响到他的未来。第一是好奇心，第二是欲望。

好奇心和欲望都是人的本能，不能不随顺发展。但是由于青少年的人生阅历浅，自制能力不够，往往因为好奇心的驱使，加上不良朋友的引诱，容易误入歧途。例如，因为好奇而抽烟、赌博，甚至吸毒等。尤其现在很多青少年迷恋网吧，沉溺在网络的虚拟世界里，以致荒废学业，引发种种问题，所以身为老师或家长，要能培养小孩子正当的兴趣，以纠正他的好奇心与欲望。

多年前，蒋经国先生在台湾倡导青年团，让青年利用寒暑假的空档参与团队活动，到户外接触大自然，从事正当的娱乐活动。当时青少年的问题明显比现在少很多。

除了提倡正当娱乐之外，建立健全的家庭，营造家的温暖，也能把青少年从网吧乃至一些不良场所抢救回来。现在的小孩子教育不好，行为偏差，父母也有责任。举一个例子，有一个小孩子到寺庙里，见了法师就说："师父！我捡到十块钱，我要添油香。"法师一看，很亲切地赞美他："你拾金不昧，真是一个乖孩子！"第二天，他又到寺庙里，告诉法师："我又捡到十块钱，我还要添油香。"法师说："你运气真好，又捡到了十块钱，真是太好了。"第三天小孩子又如法炮制，再到寺院添油香。法师觉得奇怪，怎么你运气这么好，每天都能捡到十块钱？小孩这时从口袋里掏出一把钱来，说："师父！我跟你说实话，其实我家里很有钱，但是我不快乐，因为爸爸妈妈几乎天天吵架，吵了架就骂我，而且骂得很难听。但是我到寺院里来，你都赞美我，说我很乖、很好，你讲的话很好听，所以我来添油香，就是为了要听你讲好话。"

人活在世上，最大的欲望就是希望过幸福快乐的生活，但是有很多家庭因为父母不和，或者管教不当，儿女在家庭里得不到快乐，所以就会往外发展，希望从外面寻找刺激，获得快乐。

尤其一般年轻人，一心追求的大多以爱情为重。只是爱情往往是无常变化的，万一情海生波，一时经不起，很容易就被情感打倒，有的消极颓唐，自暴自弃，甚至闹自杀。我曾经遇到一个年轻人，失恋后准备跳水自杀。我把他救起来以后就问他："为什么要自杀？"他说："就是失恋啊！"我说："天上的星星千万颗，地上的人儿比星多！你真是傻瓜，为什么自杀只为她一个呢？"每一个人都有父母、兄弟、朋友，为什么只为一个人自杀呢？所以年轻人有时会钻牛角尖，做父母或老师的，应该给予其教育，在他们童年乃至少年时期，就要预备这方面的知识，要知道事情随时会有变化，"无常"随时可能发生。

另外，有的年轻人希望有钱，可是有钱也可能会被骗、被抢；有的人想要有名，可是有名的人，爬得高也跌得重！所以，世间"五欲"：财、色、名、食、睡，这里面的快乐与痛苦，究竟何者为多？实在难有定论！不过能够肯定的是，以有限的物质，想要满足人类无穷的欲望，这是不可能的。

20 年前，中国大陆人人都梦想能有一部脚踏车，但是改革开放以后，脚踏车不能满足大家的需求，又希望能有摩托车；有了摩托车，又希望能有小汽车。有了汽车，就满足了吗？没有。看到人家的进口车，心想如果我也有一部就好了！当拥有了进口车，就真的会快乐吗？还是不快乐，因为"我还没坐飞机"呢！所以，人生在物质上追求快乐，永远不能满足。我觉得人生最大的财富，就是知足、明理、懂因果，当有则有，当无则无，不要做无谓的妄求。

佛教有所谓的"八正道"，主张人要有正常的经济、正当的职业、正见的思想、正命的生活。过去中国的礼义廉耻、忠孝仁爱、信义和平，一般称作"旧道德"。现代的年轻人可以有新思想，但是为了保身立命，"旧道德"还是很重要的。尤其人"宁可正而不足，也不要斜而有余"，因此行走"正道"，才是人生最平坦的道路！

◆**刚才大师提到，"环保"也是现代社会问题之一，现在举世经常发生天灾人祸，例如2005年卡特里娜飓风横扫美国的新奥尔良，乃至前年南亚地区因海啸造成20万人死亡等，都引起世界的关注，纷纷**

加入救灾行列。请问大师，发生这种世界性的大灾难，是否乃人类的共业所造成？自信"人定胜天"的人类有办法防止这类天灾的发生吗？

星云大师：佛教讲，"苦"是人生的实相，所谓"天堂地狱有时尽，人间苦难无尽期"。你和我不协调，很苦；金钱、物质、爱情求不到，很苦；不喜欢的人赶不走，很苦；身体上有老、病、死，很苦；心理上有贪嗔、愚痴、邪见，很苦。社会上的诈骗、欺压、拐骗、冤枉、委屈，都会让我痛苦；人言、是非、利衰、毁誉，给我痛苦；刀兵、战争、政治压迫，给我痛苦；自然界的地震、台风、水火等等，让我不安全，很痛苦。

痛苦究竟从哪里来？它是从"我"来的，我欲、我贪、我私，只想到个人，所以有很多的苦。苦，是由"业力"引生而来，也就是我的所作所为不同，所感的果报就有不同。因此要想解决世间所谓的"三灾八难"，一定要全人类自省、自觉，还要自修。

所谓"善有善报，恶有恶报"，业力是"自作自受"，没有人能代替我们受报。有一个小孩子正要写作业，母亲对他说："你去睡觉，妈妈替你做。""你去看电视，妈妈来替你写字！"有一次，小孩子不小心被刀子割破了手，大喊："好痛喔！好痛喔！妈妈，请你代我痛一下嘛！"有很多事情是别人不能代替的，所以说"祸福无门，唯人自招"。

佛教有一部《观世音菩萨普门品》，记述观世音菩萨救苦救难的精神。里面说到"救三毒"，也就是观世音菩萨可以解除我们内心的贪、嗔、痴三毒；能"救七难"，即火难、水难、罗刹难、盗难、风难、鬼难、囚难等；观世音菩萨也能满足人"求男得男、求女得女"的愿望；甚至观世音菩萨能变成各种不同身份来度化众生。

举个例子，若人陷入大火，称念观世音菩萨名号，火不能烧；遇到风灾，风不能吹。真是这样神奇吗？我们点个火，把手摆到火上烧，然后称念观世音菩萨名号，火烧不烧？会烧死啊！那怎么说称念观世音菩萨名号，火就不能烧呢？有些事情不能单从事相上来论，有时候要从理上去做深入了解。

从理上来说，当一个人心头起了仇恨的火、无明的火，想要杀死某一个人、打死某一个人，到了观世音菩萨的面前，合掌称念"南无大慈大悲观世音菩萨"，这对心里不但不会有"杀死他""打死他"的念头，反而会想："算了吧！算了吧！"这就是观世音菩萨的功德力。你称念观世音菩萨，无明火自然会熄灭，无明风也会自然停息，所以诸佛菩萨或者其他宗教的灵感，都含有一些理论和意义。不过，我们遇到什么灾难，除了他力的救助，还是要靠自力，所谓求人不如求己，自助才有人助！

总之，世间上的灾难是一定有的，然而有福德的人自然会消灾免难。有了灾难，寄望别人或是祈求神明，都不一定有用。甚至事后救灾，不如事前防范，所以只要自己行善积德，培植福德因缘，善因自然会有善果。

◆宗教旨在引导人类追求真善美的生活，然而有一些宗教彼此互相对立，经常引发冲突，造成部分社会人士对宗教产生反感，甚至有人倡言"人类不需要宗教"。请问大师对此有何看法？

星云大师：世界上无论哪一个宗教，都不是宗教自己本身想要怎样就怎样，而是各种不同的人会需要不同的宗教。

宗教信仰是发乎自然、出乎本性的精神力。宗教的发展，也是随着民智的开展与人生的需要而有不同的进程。例如，过去民智未开的时候，人们对大自然不了解，遇到刮风，就认为有风神；下雨了，有雨神；闪电了，有电神；乃至有山神、海神等。由于对自然界的不了解，因而产生敬畏自然的"自然宗教"。

随着民智渐开，英雄人物不断出现，于是崇拜自然的宗教就渐渐进化为崇拜英雄的宗教。譬如，关云长赤胆忠义、岳武穆精忠报国，值得人们效法学习，因此大家就把他们奉为神明来崇拜。

之后，人类的思想再发展下去，慢慢发觉不能只是个人英雄的崇拜，而要信仰真理，所以有了"真理的宗教"。所谓"真理"，一定要合乎宇宙人生的定律，比方要有普遍性、平等性、本来性、永恒性，也就是要世人普遍所共同认定，而且合乎自然的法则，才是真理，而不是公说公有理，婆说婆有理。

宗教的产生是基于人的需要，因此尽管有人说："我什么宗教都不信！"但是当他遇到重病、苦难、挫折、失意，一时找不到救援的时候，总会脱口而出："佛祖呀、神明呀、上帝呀，你来救我啊！"可见他还是需要宗教。可以说，人只要有生死问题，便离开不了宗教。宗教的重要，在于能领导生命的大方向，能将生命之流的过去、现在、未来衔接，所以人有了宗教信仰，生命才有规范与目标。

宗教的发展，有其合乎人性需要的必然性，但是也衍生出一些现代的社会问题，例如邪教的出现。如多年前美国的"戴维教派（大卫教派）"，教主弗农·豪威尔自称是上帝所派，能在死后三天复活，造成八十多名的教徒被活活烧死。日本的"奥姆真理教"，教主麻原以基督自居，要求教徒膜拜他的肖像，花数十万日币买他的洗澡水，谓之"神水"，借此加强功力。由于麻原的心理扭曲，最后造成有五千多人死伤的东京地铁毒气事件。

因此，信仰最怕"邪信"，若是邪信，不如"不信"。但是不信也不好，不信不如"迷信"，不信任何宗教，对于生从何处来，死归何处去，完全不想探讨，人生犹如无根的浮萍。有些人虽然"迷信"，但他信得很虔诚，凭着一片纯真的心，对于防非止恶也能产生很大的功效。

当然，最好、最高尚的信仰就是"正信"，能够信仰于史有据、道德高尚、戒行清净、正法圆满、智慧超然的正信宗教，才能帮助我们升华人格，解脱烦恼。

信仰除了有正邪的问题之外，有时宗教本身也会因为教派不同，而有互相内斗的问题。就如政治人物，为了实现理想，当别人与我的目标、理念不同，尤其彼此利益冲突时，自然就会有政争，这就是"我执"作祟，因为我的"执着"而互相排斥。有人说这是"宗教的排他性"。

其实，我觉得一个好的宗教只有包容性，而没有排他性。因为每个宗教信仰的对象或有不同，但是不管是信仰天主、上帝、阿拉、佛陀，乃至地方性的各种神祇等，其实都是信者自己心中所规画出来的"本尊"，名称虽有不同，意义却是一样。

由于各人心中各有本尊，所以不管耶稣、穆罕默德、孔子、上帝、关公，认定就好，不要互相排斥，也不要以自己心中的本尊去要求别人。所以大家要和平共存，你信你的耶稣，我信我的佛陀，各信各的。就如世间的学问，有人喜欢医学，有人喜欢哲学，有人喜欢数学、文学等。学科很多，各有所爱，何必要互相排斥呢？

再说，宗教一向倡导世界和平，如果宗教徒彼此互相内斗、互相排斥，自己都没有和平，世界怎么能和平呢？所以宗教之间应该互相尊重、包容，才不会失去宗教追求真善美的本质。

总之，人是需要宗教的，除了物质的需求之外，还要有精神的、心灵的、艺术的、信仰的生活等需求。尤其人一定要有宗教信仰，因为有信仰，人生才有目标，心才有主。因此，不管在家庭还是学校里，父母、老师都应该灌输孩子正当的信仰观念，免得长大后因为对宗教没有正确的认识而乱信。

◆从历史上看，流行病对人类造成的伤亡极为惨重，例如瘟疫，乃至 SARS、禽流感等，都曾对人类的生存造成威胁，尤其现在的艾滋病被认为是 21 世纪的黑死病，是世纪的公敌。请问大师，佛教对各种流行病的看法如何？有什么办法可以防范吗？

星云大师：天灾人祸，在历史的长河里经常发生，尤其瘟疫的流行，翻开历史的长卷，更是时有记载。其中较为严重的，例如，1348年到1351年，欧洲有三分之一的人口死于鼠疫；1832年，伦敦万余人感染霍乱，半数死亡；1918年，一种新型的流行性感冒几乎传遍全球，世界人口一半以上受到袭击，死亡人数比第一次世界大战死于炮火的人数还多。乃至2003年的SARS流行，一时举世人心惶惶，尤其现在艾滋病的传染，更是让人"闻滋色变"。传染病的流行，可以说比起洪水猛兽更为可怕。

自古以来，中国人一向有"敬天畏神"的观念，尤其要求身居高位的人要修德、修身，自我省悟；要养廉、养众，利益群生。一旦遇到全民失去良知美德，那么瘟疫的流行、洪水的泛滥、蝗虫的肆虐、山石的流变等世间种种奇异的现象就会接踵而至，不断发生。

瘟疫等各种传染病的流行，对有情世界来说，就是苦空无常的写照，同时也印证了佛教所说共业与不共业的问题。人生在世，不管幸与不幸，都是自己的业力造作所成的，也就是佛教所说的"业"。

业，就是人的行为，包括身、口、意的造作。从古到今，由于众生杀业的造作，瘟疫就会悄悄跟进。当然，这当中也有个别的善男善女，行持修善，也会挽救灾变，使之减少。如《观音经》所说：一切贪嗔愚痴，自有定数；一切慈悲喜舍，自会功不唐捐。

所以，当2003年SARS流行时，我曾经发表一篇《为SARS疫情祈愿文》，说明SARS的流行，如果仅止于某一人、某一行政机构的应变、努力，都缓不济急。只有唤起全体人民的觉醒，大家共体时艰，人人修德净心，改善社会风气，净化全民人心，才能转化共业。

其实，不管SARS还是各种瘟疫的流行，都是人类的共业，要靠全民净化身心来改善。因此，要想杜绝各种流行病的发生，重要武器就是净化身心。只要人人做好事、说好话、存好心，内心有了善的力量，即能消除恶业；只要人人心中有佛法的慈悲智慧，自能得到好的果报。这就是所谓"有光明就能去除黑暗，有佛法就能求得平安"，所以消灾、消业比祈福重要。

总的来说，很多天灾都是源于人祸，乃至人的贪嗔愚昧也是可怕的流行病，所以能够借助宗教信仰，以及伦理道德的倡导，人先从"正常"做起最好。尤其现在被视为可能让人类灭种的艾滋病之传染，虽然患者不一定都是由于行为不检点所致，例如有的护理人员在工作时被感染，或是因为遗传而来，但是不可讳言的，艾滋病的感染，多数是因为不正常的性行为造成的。佛教的"五戒"，主要就是对治人的不正常。如果人人都能持守戒律，相信必能杜绝艾滋病、SARS，以及各种瘟疫等流行病的传染。

◆ **"器官移植"是近代医学科技的一大突破，捐赠器官在欧美国家也早就蔚成风气，但中国人一向有保全尸体及死后八小时不能动的老旧观念，因此尚不能普遍地推行。请问大师对此有何看法？在这些旧有的观念下如何推动"器官捐赠"的运动？**

星云大师："器官移植"是近代医学科技的一大成就，"器官捐赠"在佛教看来，是内财的布施，是资源的再利用，是生命的延续，也是同体共生的体现。

佛教认为身体不是"我"的，乃"四大假合"而有，人死后器官都会腐烂败坏，与其弃置无用，不如"废物利用"，在临终前立言捐赠给他人，遗爱人间。

佛教里有一则寓言：有一个旅人，错过了住宿的旅店，于是在荒郊野外的土地庙歇脚。岂料半夜三更，忽然见一小鬼背着一具死尸进来。旅人大惊：我遇到鬼了！就在此时，又见一个大鬼走来，指着小鬼说："你怎么把我的尸体背来？"小鬼说："这是我的，怎么可以说是你的！"两鬼争论不休，旅人惊恐觳觫，小鬼一见："哟，神桌底下还有一人！"当下就把旅人叫出来说："不要怕，你来为我们做个见证，看看这个死尸究竟是谁的？"旅人心想，看来今日难逃一劫，横竖会死，不如说句真话。于是说："这个尸体是小鬼的！"大鬼一听，大怒，即刻上前把旅人的左手折断，三口两口吃入肚内。小鬼一看，此人助我，怎可不管？即刻从尸体上扳下左手接上。大鬼仍然生气，再把旅人的右手三口两口吃完，小鬼又将死尸的右手接回旅人的身上。总之，大鬼吃了旅人的手，小鬼就从尸体接回手；大鬼吃了旅人的脚，小鬼就从尸体接回脚。一阵恶作剧之后，二鬼呼啸而去，留下旅人茫然自问："我是谁？"

这是佛经中的一则寓言故事，主旨虽然是在阐述"四大本空，五蕴非我"，但是故事的情节不就是今日的器官移植吗？

器官移植让许多生命垂危的人得以延续躯体生命，也让捐赠者的慈悲精神得以传世。

根据报载，美国前总统老布什夫妇早就立下遗嘱，愿意在逝世后，将身上任何器官捐作科学实验之用。在佛光山，也有不少弟子随我立下捐赠器官的遗嘱。捐赠器官，不仅能带给别人生机，也是自我生命的延续。试想，当你捐出一个眼角膜，就能把光明带给别人；当你捐他一个心脏，就能给他生命的动力；当你捐赠骨髓，就是把生命之流，流入他人的生命之中。所以，器官捐赠可以让生命的价值得以再延续，是非常有意义的。

然而，中国人向来有"全尸"的观念，甚至认为人往生后八小时内不能触碰、移动，否则痛苦难耐，若嗔心生起，恐怕堕入恶道，因此"器官捐赠"的活动一直很难普遍被接受。

其实，一个人如果生前就发慈悲心，立菩提愿，希望遗爱在人间，那么愿力胜过一切，摘除器官时应该不会感到痛苦。纵有痛苦，"难行能行，难忍能忍"，正是菩萨道的实践。

至于人死要保持"全尸"的看法，其实人生在世都有缺陷，何必要求死后一定要"全尸"呢？佛经里记载，释迦牟尼佛在因地修行时，就有"割肉喂鹰""舍身饲虎"的义行，可见佛教并未标榜"全尸"的观念。相反的，能够全心喜舍，全愿助人，这才是佛教所提倡的真理。

所以，只要有愿心，人人都可捐赠器官。器官捐赠打破了人我的界限，破除了全尸的迷信，实践了慈悲的胸怀，体现了同体共生的生命观。通过器官移植，可以让我们把慈悲、爱心，无限的延续、流传。因此，我赞成器官捐赠，因为与其让身体被虫蛀、腐烂，不如将有用的器官加以移植，让别人的生命能够再延续。

◆现代人对婚姻的态度日趋开放，"结婚"已不再是人生必然的选择，所以有很多"不婚族"乐于当单身贵族，也有人以"同居"来试婚，请问大师对不婚或同居有何看法？

星云大师：家是社会的基本单位，婚姻则是组织家庭的基础。一对成年男女，经过正常而公开的结婚仪式，彼此结为夫妻，从此展开家庭生活，这是人伦之始。

所以，结婚是人生的大事，过去中国人把"男大当婚，女大当嫁"视为理所当然的事。但是随着民风日趋开放，以及女权日渐抬头等多种因素的影响，现代人不但离婚率愈来愈高，甚至有些人抱持"单身主义"的思想，有愈来愈多的"不婚族"乐于当单身贵族。

不过，有些年轻人其实也想迈向结婚这条路，只是又怕婚姻出现问题，不知道对方适不适合自己，所以先行"试婚""同居"。这种做法显示自己对婚姻没有信心。由于一开始就对婚姻失去信心，接下来在两人的共同生活中，一旦遇到问题，很容易就会选择逃避、放弃，无法真正负起责任，因此衍生很多的后遗症，这种把婚姻当儿戏的心态实在不足取。

例如，同居之后如果有了孩子，万一不适合，还要分开吗？这是不能的，一旦有了下一代，双方就要负起责任。所以结婚一开始就要想到责任问题，要对婚姻有信心，要想办法建立一个健全的家庭，否则就不要轻易尝试。

在"一夫一妻"制的正常家庭里，夫妻是家庭的两大支柱，但是现代社会有很多"双薪"家庭，夫妻分居两地，可能一个在台湾，一个在大陆，或是一个在台北，一个在高雄。对于夫妻分居的情形，在不得已的情况下，短时期还可以，但如果长期如此，又何必要结婚呢？既然结婚，彼此就要履行组成家庭的义务，尽家庭的责任，否则日子久了，对于维系感情真的是一大考验。

很多人在谈恋爱时，对结婚怀着很美的憧憬。结婚应该是组织幸福家庭的开始，但是也有人说："婚姻是爱情的坟墓。"事实上，结婚后夫妻要怎么样共同生活，如何才能维持爱情不会消失，的确是一门很大的学问。

有一个青年结婚后，逢人就说：结婚真好，有个家庭真是幸福。因为每天下班回家，门一打开，太太就拿拖鞋给他穿；进了屋子，小狗就围着他汪汪叫，他觉得有个家，人生真是幸福无比。

一年以后，青年逢人就说结婚很苦，结婚不好。因为现在回到家里，打开门不是太太替他拿拖鞋，而是小狗衔着拖鞋给他穿；进到屋子里，不是小狗围着他汪汪叫，而是太太围着他汪汪叫，嫌他没有升官发财，怪他每个月的薪水不够生活开支等，真是苦不堪言。

旁边有一个老师听到，他说："青年朋友，听了你的话，我觉得你应该继续欢喜才对，因为你现在回家，虽然没有太太拿拖鞋给你穿，有小狗衔拖鞋给你，一样有拖鞋穿嘛！进了屋子里，小狗没有围着你汪汪叫，太太围着你汪汪叫，一样有汪汪叫嘛！"

这个故事的意思是说，我们要求外境永远不变是不可能的，重要的是自己的心不能变。回想当初结婚时，彼此互相体贴、信任、了解的心，这颗心要保持到婚后，要让它散发出更多爱的光辉。所以结婚不是走进坟墓，结婚就如同一朵花，要用心施肥、灌溉，让花朵开放得更加芬芳美丽。这不是一个人的责任，需要两个人共同来营造，因为结婚是两个家庭的结合，不仅是两个人要磨合，还要面对很多现实的问题。

例如，结婚之后要侍奉的不是一对父母，而是两对父母。结婚是两个家庭的延伸，不只夫妻相处要互相尊重、体谅、包容，尤其婆媳之间，乃至家庭中的每个成员，如果都能"待人好"，并且奉行"你对我错，你大我小，你有我无，你乐我苦"的处世哲学，则不管一家也好，两家也好，必能和谐相处，其乐融融。

人就怕自私，如果凡事只想到自己，无视他人的存在，如此即便是再恩爱的夫妻，日久感情也会变质，再好的人也难以相处下去，所以夫妻的感情要建立在相互尊重之上。所谓"敬人者人恒敬之，爱人者人恒爱之"，相敬相爱的婚姻才能维持长久。如果只顾自己要大牌，经常坚持"我要怎么样"，完全不去体谅对方的感受，那么婚姻就可能会亮起了红灯。

◆有人认为治乱世要用重典，但现在在许多国家和地区，包括中国台湾地区的部分人士都主张废除"死刑"，请问大师对这两种主张有何看法？

星云大师：过去我主张政治犯、贪污犯等，罪不及死，可以免除死刑；但是如果杀人犯杀了人，自己却可以免于一死，似乎不合因果。不过现在我又有不一样的想法，我觉得即使是杀人犯，也不一定要判他死刑，有时候他杀了人，自己受到良心的谴责，生不如死，反而比让他死了一了百了的处罚更难堪。

基本上，这个社会需要靠法律来维持秩序，但是道德良知、因果观念，对社会安定还是很重要的。日本有一位楠木正成将军，因受冤枉被判死刑，受刑后在他的衣服上留有"非、理、法、权、天"五个字。意思是告诉我们，无理不能胜过理，理不能胜过法，法不能胜过权，有权力的人可以改变法律，但是权却无法胜过天，天就是因果的法则。

从佛教的观点来看，所谓"如是因，招感如是果"，造因不受果报，这是不对的。因此对于社会上有些人主张废除死刑，死刑一概废止，未必是好；但是如果动不动就杀杀杀，也不能解决问题。基本上，只要不是伤害到别人的生命，例如有的地方贪污罪也要判处死刑，我认为贪污有罪，但罪不及死，可以用别的方法，如改以"终身监禁"来代替死刑等。不过对于有些人权团体，质疑一个人没有权力去剥夺另外一个人的生命，因此主张废除死刑，也值得商榷。

多年来我一直有个愿心，希望到监狱中与死刑犯谈话，不是短暂的会晤，而是长谈。让死刑犯对自己一生的过程有个检讨的机会，并对未来的生命抱持希望与信心，让他们能够死得很安心，同时将忏悔经过记录成书，将来对社会教化必定是很好的教材。

一个社会要长治久安，不能只靠法律的制裁。法律的制裁虽然能恫吓一时，却不能永远杜绝犯罪。唯有持守佛教的戒律，体现慈心不犯、以法摄众、以律自制、因果不爽、忏悔清净等教义，才能切实改善社会风气。因此，有人主张"乱世用重典"，但严刑重罚只能收一时治标之效，正本清源，应该宣扬因缘果报的观念，才是治本之道。

总而言之，死刑是不得已的手段，一个人犯了罪，当然可以用种种的处罚来代替死刑；但是废除死刑，在因果法则上要怎样来看，还有待进一步研究。不过，有关单位对判决死刑要很慎重，如果案情的真相没有办法完全厘清之前，还是应该枪下留人。

◆大师一向很重视教育，并且主张老师对学生要有爱心，应该"以鼓励代替责备""以赞美代替呵斥"，但是有些顽劣不受教的学生，老师在无法可施的情况下，不得不施以"体罚"，不知大师对此有何看法？

星云大师： 教育是人类传递和开展文明的方法，人要受教育，不但要接受家庭教育、学校教育、社会教育等传递学问的知识教育，而且还要接受道德教育、思想教育、生活教育等教育，才能知书达礼，因此每个人都有接受国民教育的义务与权利，父母、师长也都有给予儿女、学生教育的责任与义务。

教育要宽严适度，恩威并济，就如一般寺庙，才到山门口，迎面就有一位胖胖的、笑眯眯的弥勒佛，用慈悲的笑容接受你。弥勒佛身后，常可看到一位威武凛然、手执金刚降魔杵的将军，就是韦陀天将。意思是说：佛教是用大慈悲摄受你，尽量给你欢喜，给你满足，但是，如果依然冥顽不化，只得用力量来度化你。这就等于在一个家庭里，儿女需要父亲严格的教育，也需要母亲慈爱的照顾。严的折服，慈的摄受，同样重要。所以《禅林宝训》有一句话："妁之姁之，春夏所以生育也；霜之雪之，秋冬所以成熟也。"也就是说：春风夏雨，可以使万物生育；秋霜冬雪，也可以助长万物成熟。

世间的一切，从自然界乃至家庭的教育，都需要爱的摄受与力的折服，因此父母、师长对下一代的教育不能溺爱，但也不能让他受到伤害，尤其管教时要维持其尊严，不能动不动就施与体罚。虽然适度的体罚，有时也能收到一些教导的效果，但是严格说起来，只有不懂教学法的人，才会以体罚作为教学手段。所以理想的教育应该以鼓励代替责备，以赞美代替批评，让孩子在健康的环境中，快乐、积极地成长，才能培养出人格健全的下一代。

过去，在佛学院，有的纠察老师罚犯错的学生去拜佛，学生正好趁此机会拜佛修行。我则罚犯错的学生不准拜佛，为的是要激发学生的惭愧心与荣誉感。

人要有荣誉感，有了荣誉感，自然能自动自发地向上、向善。我个人一直深感一味地打骂教育，只能使学生更畏惧、退缩。因此，对于功课不好的学生，要依根机加以辅导；性格顽劣的学童，更要施与爱的教育，没有人是靠打或骂而变聪明的。尤其有的老师处理问题，在事情还没有明白究理时就施加处分，甚至集体处罚，这都容易造成学生心理的不平衡。所以我认为对处罚学生的方法要慎思，不能伤害他的自尊，要用鼓励的方式使其向上，能将"爱的摄受"与"力的折服"相辅相成，才是最好的教育法。

◆现代社会风气日益败坏，道德观念日渐薄弱，诚所谓"世风日下，人心不古"，尤其部分媒体缺乏专业素养，罔顾职业道德，不但报道不实、不公且煽情、暴力，甚至只有立场，没有是非等，无形中都在引导社会向下沉沦。请问大师，如何才能唤起大众的良知、勇气，共同伸张正义、彰显公理，使社会风气获得端正，民风重回淳朴呢？

星云大师：平时我们讲环保，不只是要保护环境，其实心灵的环保、语言的环保、行为的环保等都很重要，尤其媒体更需要重视语言文字的环保。

照理说，在一个文明进步的国家里，媒体应该扮演着传播文化、提升人性的角色，肩负着净化社会、引导大众追求真善美的使命。但是现在部分媒体反而使社会向下沉沦，原因是有些媒体只为抢头条，提高收视率，不顾职业道德，无所不用其极地揭人隐私，挖人疮疤，造成当事人二度伤害。甚至未经查证的爆料新闻满天飞，不但报道的内容不实，而且立场不够超然、客观，有失公允。尤其有的媒体专门报坏不报好，甚至充斥着八卦、桃色、煽情的文字，让人每天打开电视，翻开报纸，都是一些杀盗邪淫、杀人放火的消息与画面。生活在这样的环境里，人的心灵怎么会宁静呢？

有感于媒体报道不当，不但污染了阅听大众的思想、心灵，造成社会风气败坏，道德沦丧，甚至眼看着世风日下，社会治安日益败坏，所以我曾经在一次对媒体记者讲话时说："口中有德可以救自己，笔下有德可以救社会。"并且率先在 2002 年 9 月，由《人间福报》与

"人间卫视"共同发起"媒体环保日，身心零污染"的活动，呼吁媒体奉行"做好事，说好话，存好心"的"三好运动"及"不色情，不暴力，不扭曲"的"三不运动"，希望唤起媒体自律，还给阅听人一个干净的社会。

乃至为了发挥佛教净化人心、改善社会风气的功能，早在1992年国际佛光会成立之后，就不断举办各种大型的"净化人心"的社会运动，诸如"净化人心七诫运动"，通过七诫宣言、街头签名、校园辅导，以推行"诫毒品、诫暴力、诫贪污、诫酗酒、诫色情、诫赌博、诫恶口"为目标，期能净化人心，建立祥和社会。

此外，也曾联合"中华文化复兴运动总会"举办"把心找回来"的公益活动，尤其1997年举办的"慈悲爱心人列车心灵净化之旅"活动，在台湾地区各乡镇街头布教，巡回倡导"心灵净化，道德重整，找回良知，安定社会"之宗旨。并于一个月后，在台北中正纪念堂大会师，共有八万名慈悲爱心人及数十个友教、异教团体共襄盛举，大家以实际行动发挥慈悲爱心，并且推己及人，期能蔚成社会善良风气。

其实，要解决社会的问题，除了通过宗教导人为善的力量以外，加强社会教育，重视职业道德，伸张正义公理，提升公权力量等，都是刻不容缓的事。当然，能够唤起每一个人的自觉、自省，更是重要。

佛教对自杀问题的看法

世间最宝贵的东西是生命，最残忍的行为是杀生。

人为了维持生命，想出种种方法来保健与养生。例如，为了健康，三餐饮食讲究均衡营养之外，还要辅以药补，以及从事种种运动；为了让生命活得洒脱、舒服，更是通过种种方法来修炼身心。但是另一方面，却有不少人想用自杀的方式来结束自己的生命，真是令人百思不解。

自杀的发生，有的是因为情场失意，有的是为了财务困难，有的是久病厌世，有的是为了情仇而自杀杀人，想要同归于尽。自杀是一个人对自己的生命所做最大的伤害，同时也将对家人及社会造成难以估计的损失。

现在几乎所有先进国家都把防范自杀当成重大的议题在处理。例如，联合国世界卫生组织在 1982 年就把降低自杀率定为政策目标之一，同时在 1996 年重申预防自杀的重要性。此外，英国在 1992 年制订目标，希望在 2000 年把自杀率降低到 15%；美国在 1991 年开始设定国家忧郁症筛检日，并于 1997 年把降低自杀率定为国家的重要目标。芬兰、瑞典、丹麦、挪威、比利时、澳大利亚，也都很早就把降低自杀率定为国家政策。

自杀问题俨然已经成为举世共同的隐忧，甚至不但人会自杀，连动物也有自杀的行为。根据澳大利亚联合新闻社报道，澳大利亚有一只袋鼠企图跳海自杀，后来被四名海滩救难队员连哄带骗，费了好一番工夫才把它救上岸。报道幽默指称，这只袋鼠为何要跳海，原因恐怕没有人会知道。

关于自杀的问题，虽然现在世界各国都有研究社会问题的专家在想方设法，希望能遏止自杀风气的蔓延，但是遗憾的是，到目前为止自杀案件显然有与日俱增的趋势。

人为什么要自杀？自杀者的心态为何？如何防范自己萌生短见？以及如何帮助有自杀倾向的人走出自杀的阴影，重新活出生命的希望？

2003 年 7 月 6 日，星云大师在澳大利亚举行一场皈依三宝典礼，共有中澳人士千余人参加。会后应信众之请，针对自杀问题举行了一场座谈会。以下是当天的座谈记录。

◆根据统计，目前不少国家都有自杀人数逐年攀升的隐忧，尤其在中国台湾地区更经常发生父母强带儿女一同自杀的案件。请问大师，佛教对自杀行为与道德问题有何看法？

星云大师： 中国人说"好死不如歹活"，但是有些人觉得自己活得没有意思，所以想要自我了断。他认为这么做又不会伤害到别人，和他人有什么关系，哪有什么道德不道德的问题呢？

其实，在佛教看来，自杀仍然是杀生，是不道德的行为，佛法不允许人自杀。因为一个人的生命，并不是属于个人所有。这具血肉之躯，最初是由父母结合而生养，并且从社会接受种种所需以茁壮成长。一个生命的形成是社会大众的众缘所成就，当然也应该回报于社会大众。因此每一个人都有义务使自己活得更幸福、更有意义，但是没有权力去毁灭任何生命。

希腊三大哲学家苏格拉底、柏拉图及亚里士多德，都反对自杀。前二者是从信仰的角度出发，认为人的生命属于诸神，没有神的谕令，人不可以自杀；而亚里士多德则是出于社会伦理学的考虑，在他看来，自杀是加诸社会之上的一种不义行为，而且常常反映出当事人在道德上的缺乏自制。

此外，中世纪的宗教思想家奥古斯丁认为，人对于自己的生命，只有使用管理权，没有绝对的生死支配权。另一位宗教学家托马斯·阿奎那认为，一切自己杀害自己的行为，都是不容于道德的自我谋杀。

自杀到底合不合乎道德？直到20世纪的西方国家，基本上对于自杀或尝试自杀，都认为是不能宽容的不道德行为，因此有些国家对于自杀未遂者还会判以刑罚。例如英国一直到1961年都是如此。

不过，自杀虽说是不道德的，但也不能一概而论。例如许多圣贤杀身成仁，舍生取义，为国家、为人类的利益而自我牺牲，你能说这不算是伟大的道德吗？如果把一个人害死是不道德的事，那么法官判人死罪，这究竟合不合乎道德呢？法官判处罪犯死刑，目的也是为了维护社会的秩序、公理与正义，你能说这是不道德的行为吗？再如两国交战，一旦战争发生就要杀人。佛教不容许杀生，那么杀敌会不会是犯戒？战争杀敌，合乎道德吗？

其实，如果用嗔恨心去杀人，当然是不道德；如果用慈悲心去杀人而救人，却是大乘菩萨的道德。就像医生，为了医学实验，解剖人体，有时候把这个人的器官移植到他人身体，像这样基于慈悲的救人之行，是合乎道德呢，还是不合乎道德呢？

道德不道德的标准，应该以人心为出发点，于人有益的举止是道德的，于人有害无益的行为是不道德的。也就是说，基于慈悲所做的事，便是究竟的道德；相反的，出发点不是为了慈悲，虽然是好事，仍然是不究竟的道德。就如伦理学家赫宁说，一个国家的间谍如果为了维护重大机密而结束自己的生命，就不算自杀。因为这种行为不是出于自私的动机，而是为了保卫国家的秘密，是为了国家安全。这种为了某种高尚理想而结束小我生命的行为，不是"自杀"，而是"牺牲奉献"。

依照赫宁的观点，只有出于自私的或不道德的动机杀害自己，才叫"自杀"。例如有的人因为情场失意、事业不顺、经济窘困、久病不愈，或因一时承受不了重大打击，而以自杀来逃避责任，却把问题留给人间，留给他人来承受，这就是不道德的行为。

尤其更应谴责的是，现在有些人不但自己自杀，还要别人与他同归于尽。例如父母带着儿女一起死，或者情侣共同自尽殉情，或者与仇家玉石俱焚，可以说都是丧心病狂的行为，令人难以同情。

不久前，台湾彰化有一对中年夫妇因为经济发生困难，一时想不开，夫妻两人先行吞下安眠药，然后带着小孩烧炭，准备一起自杀。所幸后来因为小孩子大声哭叫，被邻居发现而把他们从鬼门关给救了回来。

另外还有一个得忧郁症的离婚妇人，她带着孩子从三楼往下跳，孩子当场死亡，妇人自己却没死，但多处重性骨折，结果造成全身瘫痪，也让自己的未来陷入了万劫不复之地。

自杀，甚至带着别人一起死，这种行为叫愚痴、邪见，也是不道德的。人不可以把自己的痛苦加在别人身上，也不可以把自己的痛苦传染给周围的人。我们看历史上很多有德的君子，纵使自己内心充满了痛苦，在人前也总是强颜欢笑，他要把欢喜带给别人，而不会把痛苦传染给别人。所以我们现在的社会，应该加强生命教育、道德教育、人文教育、宗教教育。尤其人要有正当的宗教信仰，信仰不当，没有正知正见，对世间的真相、真理认识不清，就容易胡作非为。像有些父母就是因为知见错误，认为带着孩子一起死是不忍心留他独自在世间受苦，是为了爱他，是一种解脱。实际上这样的行为不合乎道德，不合乎伦理，是一种罪恶，是无法见容于人的自私行为。

一般说来，自杀的人大都只想到自己，他把所有关注的焦点都放在自己的身上，他想到的只有自己的痛苦、自己的烦恼、自己的解脱。但是如果他的心中有爱，如果他能想到孩子、想到父母、想到亲人、想到朋友，或许他的生命就能得以延展，而不会活得如此没办法。

在日本富士山脚下有一处"青木原树海"，因为经常有人到此自杀，富士吉田警察署因此特别在入口处立了一块告示牌，劝告想要自杀的人："我们的生命是从父母那儿得来的很珍贵的东西，请您静下心来，再一次为您的父母亲、兄弟和孩子们想一想。不要独自一个人苦恼，请您来与我商量一下。"

人的生命要自然地生，也要自然地灭，强求的苟活与自暴自弃的放弃都不对。所以自杀前，请再给自己几分钟思考，想想："人活着才能解决问题，死了怎能解决呢？"只要你有心振作，世界上没有解决不了的问题，何必用自杀来逃避呢？所以为了泯除自杀，我们要增加道德的观念与勇气，心中要有与众人同体共生的想法，要想到问题的解决总有第一、第二、第三方案，何必把自杀想成是解决问题的唯一途径呢？

总之，世间的一切万物，从有情到无情，都有它的生命与生机，我们都应该保护尊重。所谓蝼蚁尚且偷生，何况是人类？所以把自己宝贵的生命结束，或是因此又牵连、伤害到别人的生命，都是不道德的行为，应该加以规范、制止。

◆自杀的人大都因为遇到困难，生活不如意，或对人生感到悲观、失望，觉得生命了无生趣，因此消极地以死来寻求解脱。请问大师，如何帮助有自杀倾向的人建立信心，让他们重新活出希望？

星云大师：俗语说："留得青山在，不怕没柴烧。"自杀其实并不能解决问题，只有徒然留给世间及后人更多、更大的问题与痛苦。所以德国哲学家康德认为，在任何情况下，都不可以自杀，因为这是作为人的一种必要乃至完全的义务。

但是，现在社会上还是有很多人想以自杀来结束自己的生命，为什么呢？根据一项有关"自杀原因"的研究调查，一般人之所以会自杀，除了精神方面有异常、性格方面有问题之外，"遭遇挫折"及"不知道人生的意义是什么"而自杀者，占了很大的比例。因此如何防范自杀，最重要的就是要能活出欢喜、活出希望，尤其活出心中有世界、有众生、有因果、有道理。

就像前面提到，每个人的生命都不是自己的，生命是天地间共生共有的，自己只有资格把自己奉献给大众，只有尽力让生命活出意义与价值，但没有摧残生命的自由。

生命的意义在于服务大众，在于成就别人。每个人活着不能只想到自己的利益，要想到奉献是生命的意义，服务是生命的意义，对社会负责任是生命的意义，造福大众是生命的意义。一个人能建立对自我的责任感、对家庭的责任感、对亲人的责任感、对自己所受恩惠的人，如父母、师长等，你还没有报恩，责任未了，如何能一死了之呢？

我曾经遇到过一位青年，因为情场失意，悲伤难过，想要自杀。当时我去看他，要他冷静一点，并且念了一首报纸副刊上刊载过的小诗给他听：

> 天上的星星千万颗，
>
> 地上的人儿比星多；
>
> 傻人儿！
>
> 为什么自杀只为她一个？

世界上的人这么多，难道都不值得你爱吗？何必苦恼、自杀，只为爱她一个人呢？这样的生命价值不是太有限了吗？

所以，虽然"人生不如意事十之八九"，人生难免会有顺逆境，心情难免有高低起伏的时候。一旦发现自己的情绪陷入了低潮，就要懂得找善知识、好朋友谈谈话，或者自己看看书，听听讲演，都有助于纾解压力与转换心情。

过去我在"中华电视台"每天有一个五分钟的"星云法语"节目，播出期间观众反应非常热烈。曾经有人本来想要自杀，因为看了"法语"而激起了再奋发的信念。也曾有一个家住高雄的初二学生写信给我，说自己不慎交了坏朋友而跟着学坏，原本一些很要好的同学因此不再理他。虽然他已知错想改，但那群坏朋友并不罢休。就在孤独绝望想要自杀的时候，无意间看到《觉世》旬刊所刊载的"星云法语"，给了他很大的鼓舞。他想到自己还年轻，还有很多事没有做，不能如此轻易了断，所以决定要以欢喜的心情从头开始新生活。

也有这么一个故事。有一位失业的青年徘徊在台北火车站前，望着车水马龙的繁华景象发愣，想找一个有钱人的座车撞上去自杀，以便让贫穷的老母亲得到一笔抚恤金过日子。正在他万念俱灰的时候，有一个高贵美丽的小姐经过他面前，对他微微一笑，点了个头。这个青年一高兴，倒忘了寻死。第二天他居然得到了一份工作养家，便不想死了！

曾经在佛光山台北道场发生过一件感人的事。在一个星期六的晚上，法师们正在忙着准备共修的时候，忽然接到一通十万火急的电话。对方说："我要找住持说话！我，我想杀人！"

原来这位先生经营小本生意，不久前小舅子倒了他的钱，导致财务周转不灵，眼看着月底就要到了，公司里几十名员工等着他发薪水，真是又气又急，只想杀了小舅子一泄心头之恨。

住持慈容法师告诉他："您杀了他，自己还得坐牢，仍然不能解决问题啊！"

"那我只有自杀了！"

"自杀了以后，家里的亲人情何以堪？难道要他们为你背债吗？"

"那我怎么办？怎么办呢？"对方的声音沙哑了，想必是在掉眼泪。

慈容法师留下台北道场的地址，请他过来谈话。约莫半个小时后，他依约来到台北道场。慈容法师安慰他："人生难免有起有落，跌倒了，只要自己肯站起来，就有希望。况且人活着，不只是为了自己而已，更要为爱护自己的人着想。杀人、自杀，不过落得亲者痛，仇者快罢了。"

看到他情绪渐渐稳定下来，望望墙上的钟已经 10 点了，慈容法师说："您赶快回家吧！这么晚了，太太一定等得很着急了！"

"唉！"他叹了一口气，接着说："我的太太很贤慧，但是回家看到她，就想到她弟弟，心里更难过！"

慈容法师继续耐心地劝导他。一番恳谈之后，这名男子居然请求住持收留他出家。慈容法师以出家必须知道家庭状况为由，请他填表格，然后按照上面写的信息，偷偷地打电话给他的太太。

"王太太！您请坐。"中年男子听到这句话，吃惊地回过头，只见太太在知客法师的引导下，走进门来，一脸的悲凄。他不禁起身走上前去，与太太相拥而哭。

三个月以后，王先生夫妇二人再度来到台北道场，拜访慈容法师。王先生欢喜地说道："感谢您救了我的一生，也救了我的家庭。"

如何脱离自杀的阴影？如何活出生命的希望？其实光靠外面的帮助是有限的，甚至有的人把自己的未来交付给神明保佑，这也是不够的。人最重要的是靠自己。当然，一个国家的社会福利完善，例如医疗制度健全，道路交通发达，民生饮水、公共路灯等设备都很周全，社会的富乐当然能减少人民一些生活上的不如意。但是尽管外在的朋友、家庭、国家、社会提供给我们帮助，也要自己能接受。有时候别人的好意帮助，不见得当事人都能接受，有些人不但心生怀疑，甚至把别人的好意当成恶意。这种人凡事都往坏处想，别人就是再怎么有心也帮不上忙。

我曾经说过，有的人听了一句不中意听的话以后，旁人即使说再多的好话来解释、相劝，他一句也听不进去。他就只相信一句坏话，不相信一百句好话。其实这是自找麻烦。所以要想消弭自杀问题，必须靠自己有智慧、能明理。想想我为什么要为别人的一句话、一件事、一个眼神就上他的当，为他而苦恼呢？

此外，我觉得每一个人平时要培养各种兴趣，例如读书写作、莳花植草、旅行郊游、参加社团等。多参加一些益智的活动、对身心有帮助的活动，就不会自闭。一个人如果太自闭，就会越来越想不开。今天的社会之开放、广大，每一个人都要走出去，要走入人群大众里，走入朋友圈子里，走进书香学校里，走进社团活动里，走入义工行列里。当然，走到各种正当的宗教信仰里，都是很好的。总之，你要有很多调适生活、纾解压力的管道，尤其多结交一些善友、益友，平时多联谊往来，偶尔相约喝喝茶、谈谈话。有时候别人的一句话，一语点醒梦中人，也可能使你很受益。

人生本来就是苦，人类的苦，有时是因为欲望太高，求不到当然苦；有的是爱嗔太强烈分明，想爱的爱不到，冤家却常相聚守，自然就会感觉很苦；还有老年体衰的苦、疾病缠身的苦，乃至死亡的痛苦等。有时看到别人苦，自己也跟着苦。此外，还有自然界给我们的苦，社会给我们的苦，甚至经济的、家庭的、人际的，各种的苦从四面八方推挤而来，真是苦不堪言。

不过，我们可以转苦为乐，就好像一间房子本来是黑暗的，我们只要点个灯，就可以转暗为明。人生懂得一"转"很重要，转坏为好，转恶为善。懂得转身，退一步想，海阔天空；懂得回头，后面的半个世界，更是无比宽广。

曾经有人问："我们拿念珠是念佛，观世音菩萨也拿念珠，他念什么？""念观世音。"为什么自己要念自己？因为"求人不如求己"。所以佛教讲"自依止、法依止"，皈依自己，相信自己，肯定自己。如果社会上每个人都能发挥自己的力量，不但自立，而且能帮助别人，如此社会才有力量，才会更美好；如果每一个人都希望国家保护我，社会帮忙我，父母养育我，老师教导我，朋友对我好，那我自己来世间是干什么的？所以人要在世间生存，一定要靠自己有力量，要强化自己，发挥自己，才是最重要的。若说要靠哪一个人来救我们，靠哪一个人来帮助我们，总不如自己可靠。

多年前，名作家三毛忽然厌世自杀，引起整个社会都去关心名人为什么要自杀的问题。功成名就的人常有这种情况发生，面对挫折无法承担时，就会想到以死来逃避。其实排遣的方法不外引开对死的注意力，情况就不会如此恶劣。一个人对死都不害怕，世上还有什么可怕的事呢？与其把生命毁于死亡，不如用在更有意义的事情上。所以，对于有自杀倾向，或曾经自杀过的人，以后如何辅导他，就如对受刑人的更生保护一样，需要社会大众一起来关心。

◆萌生自杀念头的人，虽然多数是因为活得不快乐而轻生，但也有人认为死后可以和亲人相聚，或是因为信仰因素而提早结束自己的

生命。**请问大师，佛教对自杀心理，乃至因信仰而自杀的行为，有什么样的看法？**

星云大师：自杀是对生命意义无知的表现。有的人以为自杀是不怕死的勇者，其实那是被苦逼迫到绝路，已经超过对死亡的恐惧，他以为一死就能解决生的痛苦，因而做出了愚蠢行为。这种人连活下去的勇气都没有，怎能说他对死不害怕呢？

谈到生死，其实一般人还是"宁在世上挨，也不要土里埋"。不过也有很多人因为生活、事业、功课、感情等压力过大，或因信仰偏差，乃至受了气、有了委屈，一时忍耐不了而走上自杀之途。不管自杀的原因为何，归纳起来不外乎：第一，不明白生命的意义；第二，没有解决问题的勇气，遇事逃避；第三，不懂得自己的生命与别人的因缘关系；第四，不知道自杀、杀人都是同样的罪业。

总说一句，萌生自杀念头的人，必定是自私，必定是无能、无力、无明，不懂得制造欢乐，不知道营造和他人的同体共生，缺少对生命的认识。生命的意义是生生不息的，这才叫生命。自杀者因为没有看到"生"，只想到"死"，所以他活着，念头里只有自私、灰色、黯淡；他看不到光明，看不到美丽，所以死的阴影就笼罩他，死的魔手就掌握他，因此稍有一些精神恍惚、意志不坚的时候，死亡的绳索就会捆绑他、束缚他。

自杀的意念其实时刻都盘桓在我们的潜意识里，一遇到生命最脆弱的时刻，便容易化为行动，成为事实。日本第一个获得"诺贝尔文学奖"的名作家川端康成，两三岁时父母病故，数年后祖母、姐姐、祖父又相继过世，这种对死亡的体验所造成的恐惧，成为他一生的阴影，终于在荣获诺贝尔文学奖三年后的一天，他在公寓里含煤气管自杀，实践他说过的话："无言的死，就是无限的活。"日本名作家芥川龙之介，正当35岁的壮盛之年，因感"人生比地狱还地狱"，而仰药自杀。另一位同是日本人的知名画家古贺春之江则觉得"再没有比死更高的艺术了"，因而毅然自我了断。虽然他们对死亡思考不同，却都同样选择以自杀来结束自己的璀璨的一生。

"自杀"就是"自己杀害自己"。现代人不仅自杀的方式层出不穷，如服毒、跳楼、悬梁、投河、割腕、刎颈、烧炭等，就是形容自杀的词汇也不在少数，例如"自尽""自裁""自决""自戕""自缢""自刎""自刭"或"自我了断"等。甚至自杀的心态、动机，更是不胜枚举。记得曾在报纸上看到一则新闻，有一个人养了一条狗，人狗相处，日久生情。老狗总免不了死亡，这个养狗的人顿觉了无生趣，几天后就自杀身亡，随着老狗共赴黄泉。

历史上燕太子丹与田光谋刺秦王，田光推荐荆轲，太子丹说："此事关系燕国存亡，务请保密。"田光："是！"回家后立即自杀，用自杀来表示不会泄密。

佛教"三武一宗"法难之一的北周武帝废佛时，佛教所有的经像几遭焚毁殆尽，当时静蔼法师以"毁教报应"力谏武帝，但不被采信，后来遁入终南山，因自愧无益于佛法，乃趺坐石上，自割其肉而死。

宋朝的文天祥领兵抗击蒙古人，失败被俘，元军统帅张弘范及将领李恒每日好酒款待，百般劝降，但文天祥认为，死并不严重，失去名节才是严重的，于是写下脍炙人口的千古绝唱《过零丁洋》一诗："辛苦遭逢起一经，干戈寥落四周星。山河破碎风飘絮，身世浮沉雨打萍。惶恐滩头说惶恐，零丁洋里叹零丁。人生自古谁无死，留取丹心照汗青。"之后，从容就义。

所谓"死有重于泰山，有轻于鸿毛"，世间上的人，有的人为了成全名节，把名节看得比生死重要；有的人为了完成忠烈的志愿，宁可牺牲生命。所以杀身成仁，舍生取义，其意义不能与一般的自杀行为相提并论。乃至为教牺牲，为了信念而死，那就是他的生命，是更超越的生命。

佛世时，佛陀的弟子当中也偶有自杀或计划自杀者。如比丘尼狮子历七年修行，仍未能治其贪欲心，愧愤自己愚痴，遂萌自杀之意；然于森林投缳之际，顿然开悟。比丘萨婆得萨历经 25 年修行，仍未得平安，遂决意自杀；但于抽拔剃刀时，顿然开悟。比丘跋伽利亦曾因此立意自尽，欲跃下山崖，以了生命；就在迈足将纵之际，突然开悟。

另据《杂阿含经》卷三十九所载，比丘瞿低迦曾六度开悟，六度退转。于第七度开悟后，医恐第七度退转，遂欲入灭。瞿低迦于第七度开悟后，已入超越生死之境，心中不再残留任何妄念，佛陀遂听任其自行般涅槃。乃至佛陀在过去世修行时，自己曾"以身饲虎"，阿难尊者 120 岁时因为不想再听世间的邪言杂话而进入涅槃等，以及佛教一些悟道高僧，预知时至，生死自如、坐脱立化等游戏神通，洒脱自在地面对生死，就非一般逃避责任而自杀，不是因信仰错误而导致集体自杀的行径所能相提并论的。

说到信仰，近年来世界各地不时传出一些教徒因为信仰邪教，导致思想偏差而集体自杀的消息。例如，1978 年美国一位患有妄想症的牧师吉姆·琼斯，带领 914 名追随者在圭亚那的琼斯镇集体自杀，这是美国有史以来集体自杀人数最多的一次。1991 年，墨西哥的一位名叫阿尔马桑的政府部长由于信仰上帝走火入魔，率领 29 名追随者在一个教堂中集体自焚；1994 年、1995 年和 1997 年，太阳圣殿教在北美和欧洲制造了三起集体自杀事件，造成超过 100 人死亡；1995 年，53 名越南村民在一个笃信邪教的盲人带领下使用粗劣武器将自己射杀；1997 年，39 名"天门教"教徒认为不明飞行物会把他们带到天堂，因此集体服毒身亡。邪教害人之深，由此可见。

其实在佛教里，根据《成实论》卷十举出，恶有"恶""大恶""恶中恶"三种，其中自杀亦教人杀是为大恶。《梵网经》也说，凡生者皆为我父、我母，故杀生即杀父、杀母。准此而言，自杀亦无异杀父、杀母。再如《大智度论》说，无论如何勤修福德，若未遵守不杀之戒，亦将失其意义。

因此，一般而言，佛教十分重视生命，因此反对任何戕害生命的做法，主张应该在有生之年，发挥生命的光与热，以奉献一己，服务大众，来扩大生命的价值与意义，延续生命的希望与未来，这才是正当的信仰之道，也才是我们面对人生应有的正确态度。

◆决定自杀的人，都有一个共同的心态，就是想以死来摆脱一切。请问大师，人死以后真的就能一了百了吗？

星云大师："人死一了百了"，这种对生命的错误见解，普遍存在于一般人的心里，因此常见有人在遇到无法排解的困难或挫折时，就消极地想要自杀，希望以死来摆脱一切。

其实，人到世间投胎为人，都是带业而来。现世所受的顺逆、好坏境遇，都是自己前世、今生行为造作的结果，应该直下承担，才能随缘消业。如果遇到困难、苦厄，就以自杀来逃避，不但不能消业，而且更造恶业。如此旧业未消，又造新业，人生如何能解脱？如何能一了百了呢？

所以，自杀并不能解决问题！自杀只会增加问题，甚至只会增加痛苦。比方说，我自杀了，即刻就会带给我的家人、朋友、亲戚、同学，乃至认识我的人无比的痛苦，有时还会把一些未了的责任加诸他们，增加他们的负担。再说，国家栽培我，大众成就我，正当能为社会服务的时候，却因故自杀死了，这就是社会成本的浪费。因此，一个人的自杀，不但造成社会的损失，并且拖累了许多人，辜负许多关心他、爱护他的人，真是情何以堪。

再者，自杀也会留下很多后遗症。例如，一个家庭里如果有一个前辈是因自杀而死亡，虽然隔了几代，但后代的子孙仍会觉得不光荣，不但在他们的心里留下拂不去的阴影，有时还会起而仿效。所以我觉得社会上有时候发生凶杀案，被人杀死还可说是不得已的，自杀则是不可原谅的行为。因为遭受外力而死是没有办法抗拒的事，可是自杀则是自己结束自己的生命，这是愚痴，是因为一时想不开所造成。由于自己的愚痴想不开，造成了家庭、社会的损失，所以基本上自杀是不值得同情而令人感到遗憾的事。

尤其，自杀者当时的心情，必定是带着一种心灵的创伤，是在痛苦、哀伤、无助、绝望、焦虑，甚至是愤怒、嗔恨、懊悔的情绪中死去。就凭当下这么一念，死后必定堕入地狱、恶鬼、畜生，这就是《俱舍论》所讲的"业道"。

所谓"业道"，亦即贪、嗔、痴三业，彼此之间由贪生嗔，由嗔生痴，由痴生贪。前者能够成为后者之道，或者互相辗转为道，如此成为六道轮回之通路。也就是说，人造作的业，自然会产生一种力量引生结果。业本身就像道路，随着善业能通向善的地方，随着恶业会通向恶的地方。因此我们不要萌生自杀的念头，就不会有自杀的行为与结果。

人在一生数十年的岁月当中，难免会遇到种种问题，虽然让人感到生活艰苦，但另一方面也可以让我们在思想上、心情上千生万死，从中慢慢进步。千万不要因为一时的困难，就想一死了之。总以为死了就可以解决问题，这是不对的想法。人，只要有信心、有勇气、有慈悲、有智慧，世间其实没有解决不了的事，因此希望社区里的一些有德之士，能够经常举办各种联谊、讲习，发挥守望相助的精神，让邻居之间彼此互相关心、鼓励，从心理上建立起一种积极乐观的人生态度，如此才能防范自杀悲剧的一再发生。

◆请问大师，人在自杀的时候，乃至自杀死后有痛苦吗？

星云大师：有的人一有了烦恼、痛苦，就想要自杀，希望就此一了百了；也有的人在面对困难、挫折的时候，觉得"生不如死"，因此也想以自杀来结束生命，总以为死了就能获得解脱，但是当他自杀死后就会知道，其实"死更不如生"。

根据《醒世千家诗》记载："吴江蒋某，与人争气不胜，服毒自杀。其神识后来附在他的妻子身上向人道：'我不当死而死，罚入枉死城，火床铜柱，惨苦万状。方知在生一日，胜死千年，劝大家宁可气死，切莫自杀，以致后悔无及。'大哭而去。"可见自杀只能逃避一时，但是却因此更增无边的痛苦。

另外根据《认清自杀的真相》一书说，自杀者所感受的痛苦，千百倍于生前所受的苦，非语言所能形容。例如投河窒息而死者，江水急进，肺气外逼，内外交攻，苦痛不堪；自缢而死者，气管闭塞，血流逆行，身如刀割，继而浑身麻痹，痛苦万状；服食农药、盐酸等药品中毒而死者，五脏坏烂，极痛难忍；服食安眠药而死者，头眩气促，五脏翻搅，有时暂时停止呼吸，心脏也停止跳动，与死无异，可是经过一段时间，悠悠醒来，却早已入殓，欲出无门，于是辗转棺木之中，恐惧痛苦而死。

另外也有研究报告指出，开棺检视服食鸦片而亡者，伏者居多，侧者亦常有，唯平仰者甚少。此乃埋葬之后，鸦片毒退，在棺中辗转挣扎而死之故。

从以上记载可知，自杀的方法虽然有种种不同，但自杀者自始至终，痛苦了了在心，而且在将死之时，意识转清，过去和现在的景象，映现分明，因此所感受的痛苦也就更加深刻。

自杀的人，在自杀前想当然一定是感到很痛苦，不痛苦就不会想要自杀。他因为熬不过痛苦，遂想要以自杀求得一死来解决。但是自杀将死未死之际，不管是上吊、服毒、刀割、枪杀、投河、跳楼，或是烧炭等，尽管方法不同，但其结果都是痛苦不堪。就以上吊而言，不是那么一分钟就死了，死前的一刻，呼吸闷绝，有时后悔了，想要自己解救都没有力气，想叫也叫不出来。可以说上吊的过程，真是千百种的痛苦，难以尽述。

自杀者不但在弥留之际要受无量苦痛，而且死后所遭受的痛苦，比临死时还要增加千万倍。甚至死了固然苦，得救了还是苦。现在有愈来愈多的人以"烧炭"来自杀，他们以为烧炭自杀可以安详地在睡梦中离去。不过，马偕医院及高雄长庚医院的医师表示，这类自杀幸存者可能因为急性一氧化碳中毒，造成迟发性神经精神症状，部分甚至无法恢复。曾有患者在获救一个月后出现意识混乱、幻听，甚至有拿抹布洗脸，将电话当成饮水机，大小便失禁，无法自理清洁等症状；有些人则留下反应迟缓、记忆力减退等后遗症。

自杀也是犯了杀生戒，即使如愿自杀成功，死了以后仍免不了要受杀生的业报。杀生乃天地所不容之罪，即使阎王老爷也不会给你好脸色看，所谓"有何面目见江东父老"，自杀者有什么面目见人？所以，自杀并不是解决问题的办法，死，不是痛苦的结束，死并不能"一了百了"，生命是随着个人的善恶业报而一再相续不断的。所以佛教讲"善终"，唯有善终，才能往生善道，才能得到真正的解脱。

◆**有人说，忧郁症是 2 世纪精神疾病中的头号杀手，已经有愈来愈多的人因忧郁而自杀。请问大师，如何防范因忧郁症而萌生自杀心理？**

星云大师：根据世界卫生组织研究报告，忧郁症已经成为全球性的疾病。全世界 15000 万人遭受精神疾病的困扰，平均每四个健康有问题的人，某中就有一个是有精神疾病的。而在所有精神病患者中，忧郁症患者的自杀率最高，已经有愈来愈多的人因忧郁而走上自杀之途。忧郁将是 21 世纪人类的第三大死因。

人为什么会忧郁呢？有一篇名为"卸下忧虑"的文章说："读书人为考试忧虑，年轻人为前途而虑忧，父母为孩子而忧虑，老人为来日不多而忧虑，穷人为钱不够用而忧虑，富人为保持财产而忧虑，病人为疾病而忧虑，忙的人为事情做不完而忧虑，无所事事的人为无聊而忧虑，孤独的人为孤独而忧虑，热闹的人为不能永久热闹而忧虑，未成名的人为默默无闻而忧虑，成了名的为名声不再显赫而忧虑。甚至有的母亲单单为孩子离开去远足几个小时而忧虑流泪。试问天下人，谁无忧虑呢？"所以作者最后得出结论："人无近虑，必有远忧，真是颠扑不破的真理。"他形容："忧虑是人的影子，走到哪里，它一样跟到哪里，不因地方和环境变化而消失。"

诚然，现代人似乎都活得很苦闷，活得很不快乐，尤其功利主义挂帅，人与人之间缺乏互信、互助、互尊、互谅，彼此冷漠，互不关心，造成心灵的疏离感。加上现代年轻人普遍养尊处优，缺乏抵抗压力及接受挫折的能力，所以容易罹患忧郁症。在台湾罹患忧郁症的就有百万人之多，因为忧郁症而自杀的个案也愈来愈多。虽然并非每个自杀的人都是精神病患者，但精神病患自杀比率约20%，比一般人高出2000倍。

根据精神科专科医师郑泰安在1999年发表的一项研究指出，针对台湾东部113位自杀成功的个案的家属进行访谈，了解自杀者生前的生活史及精神状态，结果发现有九成以上的个案都有精神科方面的疾病，其中最多的包含重郁症及轻郁症（约九成），以及酒瘾、药瘾（四成以上）和人格疾患（占六成）。而在国外的研究中，也有类似的结果，83%～100%的个案在自杀前都罹患了某种精神科疾病。

因此，专家表示，降低自杀率的一个可行的方法，应该把自杀当作一种疾病来看待，而不是仅仅把自杀看作是个人意志力薄弱，或是对生命不尊重。他们认为，将有自杀意念的患者当作是"意志力""态度"或是"道德"上有问题，可能会使他们有更强的罪恶感，反而更不愿意向周围的人寻求帮忙。

在台湾，许多忧郁症患者初期时没能及时求诊，或是没有看对科别，失去了向亲友或是医生求助的最好时机，自杀意念高涨，因而导致自杀死亡的比率越来越高。其实有情绪上的困扰时，如果能及早观察、分析并寻求正确的治疗，将可减低自杀的几率。有鉴于此，像台湾新营医院已开办忧郁症特别门诊，并且提供忧郁指数量表，让民众自我检测，降低自杀的意念。

目前世界各国预防自杀的重点，都放在精神疾病需要接受治疗，特别是药物治疗的倡导上。因为许多研究显示，50%～60%以上自杀的人，在死前三个月都曾经看过包括内外妇儿科或家医科的医生。因此20世纪80年代瑞典在哥特兰曾进行一项计划，教导家庭科医师认识并治疗忧郁症，结果的确使得国民的自杀率下降。这可能是目前被证明最有效的方法之一。

忧郁症的产生，一般人认为是外在的生活环境动乱，例如政治不稳定、社会治安不好、经济低靡、失业率高、生活压力大，感觉人生活着只是受苦，干脆以死自我了脱。但是根据专家研究，有的人出生富裕家庭，一生顺遂，无须为生活打拼，照说应该活得很安然，但其实不然，这样的人到了中年以后，往往觉得人生了无生趣，不知生命所为何来，也会患忧郁症而产生自杀的意头。

就以澳大利亚来说，在这里不仅有优美的居住环境，而且还有医疗、养老金、免费上学、失业金等优厚的社会福利。但是此地的人照样忧虑难解，仍然吸毒，自我麻醉，甚至放弃生命，以致此地成为世界自杀率最高的国家之一。

其实现在社会上有很多人吸毒、酗酒，长期戕害自己的生命，也等于是在慢性自杀；有的人冒险玩命，例如有些特技演员经常玩命地表演，乃至于青少年飙车、酒醉开车等，无形中也是在自我谋杀。另外也有人则是活在虚拟的幻境中，例如把情侣自杀殉情认为是很凄美的事，这是一种不正常的心态。也有的时候是一种幻觉，幻想死亡，结果弄假成真。更多的是因为挫折、忧郁而自杀。

因忧郁或者受到挫折想不开而自杀，这都是由于自己没有力量抵抗外在的压力。要抵抗外在的压力、挫折，平常就要增加自己内心的抗拒能力。比方说用欢喜去抗拒，用明理去抗拒，用为人设想去抗拒，不要凡事只为自己着想。也就是平常就要培养很多实力，要开发自己的智慧，要多读书，多亲近善知识，多参加社团活动或是各种宗教活动，在宗教里得到鼓舞。

甚至现在的心理咨询、面谈，乃至通过旅游、运动、药物治疗、音乐治疗、动物疗法、技能训练、人际沟通、培养兴趣、鼓舞信心、找人倾诉、创造希望、融入大众、打开心田、走出去、忙起来等，都是有效的方法。如果在自杀前，或是面临各种压力时，自己能够备妥各种战斗武器，则"兵来将挡，水来土掩"，再也不怕压力的魔鬼打击我们，因为我们都有办法应付、化解。

因此，一个人平时要接受挫折教育，要增强抗压能力。因为从古至今，天地万物要想生存，谁没有挫折？很多成功的伟人，都是从挫折中突围而出，才有成功的一天。所以每一个人从小到大，在成长的过程中，自我一定要有力量，不要因为一件事就烦恼，或是被别人一句话就打倒。很多时候我们听了一句不高兴的话，说的人早已忘记，自己却几天几夜气得睡不着觉，吃不下饭，实在是很吃亏、划不来的事。或者有的人遇到一点不如意，乃至经济陷入困境，就想要自杀。其实总会有办法可以解决，不要一下就闹自杀，实在是不理智。

人除了要有挫折教育，要有抗压能力以外，还要找出自己的人生目标。有目标，路就会走得远，走得长，因此要防范自己萌生自杀念头，唯有找出生命的意义与价值，活出生命的尊严与欢喜。

人的一生只能活一次，每个人都是独一无二的，别人代替不了。所以要正视"生命的一次性"与"不可替代性"，对自己的生命给予重视与尊严。当你懂得尊重生命，知道生命存在的难得与可贵，就会珍惜生命，而不会因一点挫折就自暴自弃，甚至丧失生存的意志而自杀。

虽然专家说，21 世纪将是忧郁肆虐的时代，但是我们不要停留在忧郁的泥淖里，要思考如何超越。例如对佛法真理有深入的认知，能够了解生命的真相，就有力量去忍受、接受、化解。所以，希望想要自杀的人都能勇敢、发心，把生命用来服务、奉献大众，这不是比寻死要好得多吗！

◆根据专家研究，每当国家社会发生重大灾难，例如台湾"9·21"震灾后，灾众常有相继自杀的现象。请问大师，自杀也会成为风气吗？

星云大师： 现在的社会乱象纷陈，不但赌博、吸毒、窃盗、绑票、家暴、性侵害等问题丛生，自杀也成了最严重的社会问题之一。

自杀是全球十大死因之一，以台湾地区为例，根据"卫生署"在2003年的统计，一年共有3053人自杀，平均约每3小时就有1人自杀。其中男性自杀死亡人数约为女性的2倍。若以年龄层来看，24岁以下的青少年自杀死亡率比20世纪90年代增加18.1%，25至44岁增加17.1%，自杀已经成为青壮年人口的第三大死因，仅次于意外死亡和癌症。

另外，一项统计资料显示，大城市的自杀比率远比乡下高，中产阶级自杀者也比其他社会层级的人多。从年龄的分布来看，15至25岁的年轻人以及75岁以上的老年人自杀率也愈来愈高，尤其老年人自杀已遂的比率很大。但近年来小学童自杀的比率也日渐升高。以性别而论，男人自杀成功的几率比女人高出3倍，但是女人尝试自杀的频率却比男人高。

由文化的角度观之，西欧先进国家的自杀率远比伊斯兰教、佛教和印度教的国家和地区高。原因可能包含了人际关系的疏离、宗教的逊位，以及支配自己生命的现代意识高涨等。至于资本主义国家与社会主义国家之间相比较，则是见仁见智，没有定论。不过也有学者认为，前社会主义东欧国家自杀率上升的速度快过西方。例如匈牙利，

1978 年每 10 万人中就有 41.1 人自杀，名列世界之冠。总之，经验统计的结果显示，自杀之分布与年龄、性别、职业等似乎不无关联。

此外，国家社会的发展步调愈快，人民的自杀率也会愈来愈高，这已是不可逆转的趋势，尤其当碰到经济不稳定，或者遭逢剧大变故，都会让自杀率明显上升。如台湾"9·21"地震发生后几年间，南投县的自杀率高居全台湾之冠。

自杀会成为惯性，据美国的一项研究统计，平均每位自杀成功者约尝试自杀 16 次。不仅如此，自杀也会成为风气，因为世间的人都是有样学样，人与人之间，彼此的情绪是会互相感染的，就如瘟疫一样，有传染性。加上媒体对自杀的报道过分渲染，不但给了社会大众负面教育，对当事人更是造成二度伤害。因为自杀已造成身心的伤害，再加以大肆报道，等于又杀了他一次，所以媒体不能推波助澜。

不过，媒体之所以会偏重这种负面的报道，也是为了迎合读者的口味，所以社会不能一味怪罪媒体，观众的心态也要反省，也要学习自制。

有一个故事说：有一天阎罗王在审判人犯，首先对着赵大说："你在世时杀人放火，贪污舞弊，现在判你到地狱受苦 50 年，然后再到人间投胎为人。"接着对王五说："你是个读书人，生前撰文写作、著书立说。可是你写的书都是淫秽书刊，不但造谣生非，而且淫秽人心，对世道人心毫无帮助，现在判你终生在地狱受苦。"王五一听不服，抗议说："阎罗王，这样不公平，赵大生前杀盗淫妄，他的罪也只不过是下地狱 50 年。我只是写写文章，为什么把我的罪判得那么重呢？"

阎罗王说："因为你写的书现在还在世间流传，你的文字对人心造成的伤害还在持续扩散中，必须等你在世间所写的文字影响力消失了，你的罪业才有办法消灭，到时你才能超生。"这个人一听真是大惊失色，想不到自己一时愚痴所造下的罪业，真是无边无量，不知何时才能消除。

因此我就想到，有一次台湾"内政部"在台北国际世贸中心举办一场人生哲学讲座，找我去讲演。记得当时我讲了这样的话："现在我们的社会，每一个人如果笔下有德，就可以救台湾；口中有德，就可以救自己。"我们不要以为自己兴之所至的一句话，随便说说，过去就算了，其实"声是无常"，声音没有了，但是影响力却永远存在，因果业力是不会消失的。所以平时不能逞口舌之能随便说话，也不要逞笔下之能随便造谣，引人学坏。平时说好话、做好事、存好心、写好的文章、报道好人好事，必定可以救自己，也能救国家社会。所以，社会善良的风气，要靠全民一起来营造。

至于说到自杀，其实一个人之所以想要自杀，大都是因为觉得"活得很苦"。为什么会苦？不外乎太自私、太为自己着想，没有能力应付外来的压力。一个人如果天天只想"我"，我想、我要、我爱，就会感到生命很有限。一个人要爱大自然，这么美好的山河大地，为什么你要离开呢？一个人要爱国家、社会、众生，这么有成就的社会，你何以不爱就想离开呢？你能想到家人、朋友，他们不是都爱过你、帮助过你吗？你何以忍心离开大家呢？所以能够活出责任，活出心中有人，自然就不会想要自杀。尤其假如心中有佛法，有"忍"的智慧，由"生忍""法忍"，一直到"无生法忍"的渐次具足，自然能够放下世间的人情冷暖、是非荣辱，进而淡化对心外世界的执着，则内心世界变得宽广、豁达，就能活得踏实、自在，而不致于会有自杀的想法。

总之，如何活出自在，这是教育家的责任，也是媒体的责任，是家庭的责任，也是社会的责任。一旦国家遭逢重大的灾害变故后，如何防治灾民自杀，是需要全民一起来关注的重要课题。

◆宪法明文规定，杀人有罪。那么杀人以外，杀动植物有罪吗？甚至杀人未遂有罪吗？自杀未遂有罪吗？

星云大师：现在是个重视生权的时代，不但法律明文规定不得虐待动物，尤其对于一些保育类的稀有动物更不能猎杀，甚至不准豢养。现在的环保意识高涨，不但全民实行资源回收，而且不得滥垦山坡地，不能滥伐山林树木等。

可以说，现在是已由人权扩展到生权的时代，不只是人才有生命，大地一切众生，有情与无情都有生命，都应该受到尊重与保护。所以佛教虽然是以人为本的宗教，有时不小心伤害虫蚁、蚊蝇等，虽然法律上没有刑责，但于道德有亏。不该伤害的，如山河大地，乃至动植物，都应该善加保护，如果肆意破坏、伤害，都是广义的杀生。

佛教是个严戒杀生的宗教，认为一切众生皆有佛性，未来必当成佛，故当视如父母般供养给侍，岂忍杀之？若杀之，是亦杀未来佛也。佛教的不杀生、不偷盗、不邪淫、不妄语、不饮酒等戒律，又分有自作、教作、见作随喜的犯戒之行。所以"十重波罗提木叉"中的"杀戒"，有谓："佛子不得自杀、教人杀、方便杀、赞叹杀、随喜杀、咒杀、杀因、杀缘、杀法、杀业，乃至一切有生命者，不得故杀。"

佛教不仅严禁自杀、杀人，甚至不准教人方便杀生或赞叹杀生等。有人问：杀人有罪，杀害昆虫动物有罪吗？譬如喷洒农药、DDT，杀害蚊蝇虫蚁，罪孽重不重？一般来说，杀生是有罪业的。有的人听了这样的话也许会说：我是种田的，我是卖农药的，我不要信仰佛教了，因为佛教主张不杀生，不能杀死害虫，我何以维生？其实纵然你不信仰佛教，一旦杀生，还是一样有罪。何况佛教是人本的宗教，同样是杀生，杀戮人类的罪远比杀害其他动物的罪业要来得重。不过话虽如此，我们也不能以此为借口而滥杀生物，即使不得已而杀，也要存着慈心为生物祈福，譬如吃鸡蛋、鸭蛋时，心中默念："我今送你西方去，免在人间受一刀。"当然最好是不去侵犯所有动物的生命，包括杀害自己。

自杀是弱者的行为，自以为逃避责任，事实上所有的痛苦却并不因为自杀就能解决。像现在的青少年自杀，等于花还没有开放就萎谢凋零，这是何等残忍；像青壮年，正当有为的时候，因为情场失意，或因经济周转不灵，也用自杀来逃避。再如老年人虽然久病不愈，但是现在的医疗不但发达，还有保健体系，总有一个延长生命的方法。就算是任何办法都失效了，死亡是很自然的事，是自然的现象，并不需要我们强迫为之，所以不管杀人、自杀，都是同等罪恶的行为。甚至自杀未遂也一样有罪，因为有杀心、杀念，有杀的念头，举心动念就有罪。虽然还没有成为行为，但是念头也是行为的根源，已经进入危险的边缘。

总之，杀害别人有罪，必得受刑法制裁，那么杀害自己有没有罪过呢？在法律上对于自杀虽不加以判决，但是在佛教认为自杀不仅是愚痴的行为，而且是罪恶的行径，因为个体的生命是社会众缘所成就，个人没有权利加以毁灭。若用暴力强制截断自他的生命，都是违反佛教的不杀生戒，自己仍须背负行为的苦果。所以想要自杀的人，应该要有责任感，要有勇气来面对问题，要用智慧来解决问题，千万不要用自杀来逃避问题。

◆有些病人缠绵病榻多年，感到苦不堪言，因此要求安乐死，请问大师，如此也算是自杀吗？再者，妇女堕胎也算杀生吗？

星云大师：安乐死及堕胎的问题，长久以来一直广受讨论，尤其对于安乐死，有些国家和地区已合法化，有些国家和地区一直持保留态度，有些国家和地区则断然否决。

在台湾，关于安乐死的问题，有一半的人说可以，有一半的人觉得不可以。赞成的人认为，当一个人被病魔折磨得不成人形，甚至成为植物人，活得很痛苦，你不让他死，活着的人看了都不忍心。而反对的人则说，上天都有好生之德，为什么要让一个生命提早死去呢？这是不道德的。尤其是中国的儒家思想，更是反对安乐死。只是反对或赞成安乐死都只是一句话，但对于家有亲人长期卧病的人来说，往往一照顾就是几十年，你们这些反对的人有帮过忙吗？

大约四十多年前，台湾的中山女中有一个很优秀的学生叫王晓民，因为车祸成为植物人，当时台湾有很多的官员、卫道人士都不赞成让她安乐死。但是她的妈妈很可怜，一直陪伴她40多年，就为这么一个女儿奉献一生。

另外，有的母亲怀了残障儿，或者被人强暴而怀孕，她不甘愿生下这个孽种，你说不可以堕胎，她就要扶养残障儿几十年，或和她不愿意生的孩子生活在一起，她觉得对不起丈夫，怎么办呢？

其实，安乐死或堕胎问题都不是宗教、道德、法律所能解决，只有爱他的人有权利决定，或是由当事人自己在明白因果业报的道理下，自己愿意担当后果，由当事人自己决定、负责。甚至安乐死到底算不算自杀，或者堕胎有没有构成杀生罪，也很难有定论。只是当一个人生不如死的时候，等于世缘已了，其实也不必再去借助插管、氧气筒等方法来延续，应该让生命回归自然。

不过，有时候一个人即使重病弥留之际，能不能再生，也是很难断言的。譬如在台北，有一位赵老居士，非常热心于电台布教，并且经常往来于监狱，对身系囹圄的犯人说法。多年前，不慎跌了一跤，脑震荡，送到"三军总医院"，医生写上了红字，宣布回天乏术，甚至将他送到太平间，认为已经离开人世。但是赵老居士至今仍然身体健朗，在台北各道场往来走动。

大家听了这个例子一定以为佛教是反对"安乐死"的！事实也不尽然。佛教认为上天虽有好生之德，能够存活的生命当然不应该结束他，但是所谓"安乐死"是在一种已经没有意识的状态下，只是苟延残喘地维持住一时的生命，可是他的内心、精神却痛苦不堪，活不好，也死不了，这种痛苦比死更严重，他自己也希望能早一点死以免除痛苦，求得解脱。这种情形跟自杀不同，自杀是逃避责任，不肯面对问题、解决问题，以死来逃避；安乐死则是在不得已的情况之下，自己不能自主，所以由爱他的人用爱来决定、来衡量要不要安乐死。

安乐死能不能立法通过？堕胎能否合法化？其实世间的事情，没有绝对的可否、好坏、是非、对错。世间有很多问题也不是法律、道德、舆论能够彻底解决的。所以安乐死的问题，应该由最爱他的人用爱的一念来决定。因为人一旦成为植物人，求生不得，求死不能，真是痛苦不堪！在法律上也无法解决这类问题，因为牵涉到"生权"；而医生也不能将他致死，因为这是犯法的。事实上，有很多病人活得很痛苦，对于照顾他的亲属而言，更是沉重的负担。能不能执行安乐死，只有最爱他的人以爱为出发点，基于慈悲来作决定，才能解决麻烦的问题。

同样的，关于堕胎的问题，虽然天主教主张无论在任何状况下都不能堕胎，但是佛教认为堕胎固然是犯杀戒，逃不了业报，但如果已知孩子是残障，或是被强暴而受孕，勉强生下这个孩子，不但是社会的重大负担，母亲一生也会深陷痛苦，因此如果这位母亲愿意承担杀生的业力，就该把决定权交还给母亲，旁人无权置喙。

佛教有种种的法门与方便，而一切的法门与方便，如果不能和大悲心相应的话，都是魔法，因此佛法以慈悲为根本，对于"安乐死"和"堕胎"并不绝对否定它，也不断然肯定它。对于每一个生命，我们都应该本着爱心、慈悲心，让它健康地存在。万一不得已，而施以"安乐死""堕胎"，如果确认是出于慈悲心，不忍病人、亲人受苦，也没有什么不对，关键在于是否以慈悲心为出发点。

◆最近世界各国的自杀年龄层都有逐年降低的趋势，有愈来愈多的儿童有自杀的倾向，请问大师对此有何看法？

星云大师：在一般人的观念里，孩童时代应该是人生中最无忧无虑、最为快乐美好的时光。但随着社会结构及生活形态改变，加上资讯多元而复杂的大环境的熏染，现代儿童普遍思想早熟，在没有获得适当引导的情况下，经常传出中小学童因功课压力、人际受挫、家庭变故等因素而自杀的消息，自杀年龄也有逐年下降的趋势。

例如在台湾，根据阳明大学卫生署福利研究所江宜珍所作的"'国小'学童自杀意念相关因素之研究"指出，台北有26%的小四学生有过自杀念头，多数是因为功课太多、心情不好、家庭支持程度低，或是与同侪间的关系所致，而他们自杀的方法，大都得自媒体的报道。

另外，根据内尔逊的报告，在1980年全美国有2151位儿童和青少年自杀死亡，5～14岁的儿童占其中的12%。在日本的文部省也有一项报告指出，2001年日本有192名6～18岁的学童自杀，比前一年的133名增加44%。其中14%的自杀是牵涉家庭问题，7%是跟在学校遇到的问题有关。

而香港新华社也报道，香港在2001—2003年有自杀倾向或曾企图自杀的学童急遽增加，多达507人。为什么短时间内学童企图自杀的个案会突然上升，原因与传媒广泛报道青少年自杀的个案，令年幼学童争相仿效有关。

因此，香港当局认为，青少年的自杀问题是一个多层面的社会问题，学校、家庭、传媒、社会及政府等各方必须同心协力解决此问题。他们除了呼吁传媒在报道青少年自杀时要更为自律，同时要求教育署为教师、学童、家长及学校提供各项服务，包括：

（一）为在职教师举办短期课程、研讨会及研习班，以提高他们对学童自杀问题的认识，并加强他们的辅导及沟通技巧。同时编纂辅导教材，并设立求助热线服务，使教师获得更多的装备。

（二）在小学课程内增加一门新学科，称为"常识科"，更委聘香港大学心理学系在20多所试点学校推行一项友辈支援计划。

（三）积极成立试点家长中心，为家长、教师会提供额外支持，并进一步加强对家长的教育。

（四）提供学校支援服务，帮助学校采用校本辅导方式，建立一个正面的、关心及吸引学童的学校环境，令受到困扰的学童可以求助。

香港的做法有其值得学习、参考之处。此外，澳大利亚是全球自杀率最高的国家之一，尤其年轻人自杀问题日趋严重。布里斯班的格里菲斯大学着手推动设立全澳大利亚第一个防止自杀的大学课程，借此应对全球最高的自杀率问题。这项名为"防止自杀学"的学科，是专门针对辅导员、警员与处理边缘青少年的社会工作者，指导他们如何防止及处理青少年的自杀行为。

儿童与青少年自杀，这是国家社会的损失，尤其有些德才兼优生因为课业压力而自杀，或者有的孩童出于好奇，因为不知道死亡是什么样子，所以亲身一试，也有的则是因为忧郁症而自杀。这些都是值得关切的严重问题。

一般人活着都有希望，因为对未来有希望，所以能够忍受暂时的不如意。但是对于一个患有忧郁症的孩童而言，明天比今天更灰暗，未来比现在更茫然。因为对未来没有希望，所以容易陷入忧郁的深渊，甚至沉溺于死亡的思考中，尤其是遇到挫折、委屈，或因亲人死亡，都会推波助澜地把孩子推入自杀的边缘。

其实，小孩子所以会自杀，多数是因为缺乏信心，没有安全感。他们内心孤单，渴望得到家庭的温暖及父母亲人的爱。所以父母平时在家庭里的身教很重要，应该多营造家庭的欢喜、和谐，让儿女对生命礼赞，感受生命的可贵。

有这么一则故事。有个小孩要到学校读书，途中都会经过一座寺庙。一天，他走进寺院的佛堂，拿出十块钱给香灯师说要添油香。香灯师问："你这钱是哪里来的？"小孩说："我捡到的。""这么好，你能拾金不昧，不但懂事，而且守规矩。"香灯师讲了很多好话赞美他。

第二天，小孩子又来了，见到香灯师："师父、师父，我今天又捡到十块钱。"香灯师说："你的运气真好，都是你捡到十块钱，而且你又诚实、有礼貌，你真是一个好孩子。"

第三天，他又来了："师父，我又捡到十块钱。"香灯师心想，哪里会这么巧？每天都捡到十块钱？就问他："你说实话，钱是从哪里来的？"小孩从口袋里掏出一包钱对着香灯师说："你看！我家很有钱，只是我不快乐，因为在家里，爸爸妈妈老是吵架。他们吵起架来就骂我，说得好难听。我在家里日子过得很不快乐，不如天天拿十块钱来给您，可以听你讲好听的话。"

所以，父母讲话不要伤害儿童，要顾及他们的尊严。虽然父母为了生活有种种辛苦，赚钱养家，不断努力，为前途奋斗，压力也很大，不过人生就是要能负责任，要有忍耐的力量，否则日子不好过。我们学佛，最主要的就是学习承担的力量、忍耐的力量。所以佛教有一个修行的法门，叫作"忍辱波罗蜜"，佛法中的忍是智慧，生忍、法忍、无生法忍都具足，对世间有透彻的认识，自然对世间的人情冷暖、好好坏坏、是非荣辱，都能放下。当一个人有了忍耐的功力，就会产生很大的力量，遇到问题就会懂得用智慧去解决，而不是以自杀来逃避。

自杀是弱者的行为，是对生命意义无知的表现。每一个生命的陨落，都是社会的损失，因此希望家庭与社会都应该加强儿童与青少年的教育，不要给他们太大的压力，应予以更多的自由空间，了解他们的所思所行，帮助孩子走出困境，让他们认识，生命不是自己一个人的，每个生命都有与别人共同的关系存在。例如，每个生命都与父母有关系，与家人有关系，与学校的老师及成就他的善知识有关系，乃至与国家社会有关系，所以不能认为生命是我自己的，我想要怎么样就怎么样。每个人一定要顾念到父母、家人、朋友。一个人活在世界上，如果完全不顾念别人，这种人活着也没什么价值。

所以，今后我们的教育，希望父母、学校、社会，能多多地在这方面加强教育、倡导，让儿童、青少年养成一种乐观的态度，养成一种开朗的性格，养成一种积极奋斗的人生观。我想这样才能帮助青少年立身于这个社会。

◆刚才说到，一个人之所以会自杀，大多是因为心灵脆弱，缺乏抗压能力。请问大师，我们平时应该如何关照自己的"心"，如何才能增强自己心里的力量呢？

星云大师：佛教讲："佛说一切法，为治一切心；若无一切心，何用一切法。"心是人的主宰，心想好事，自然就能行善；心想坏事，行为自然偏差。一个人的心如果自私自利，每天只想自己，必然会缩小生命的空间。

话说有一位年纪轻轻的小姐，神情沮丧地在河边徘徊，刹那间，鼓起勇气跳入河里，扑通一声，河中溅起了浪花。有个老和尚刚好经过，赶紧将她救起来。谁知小姐非但不感激，而且生气地说："你为什么不让我死，我讨厌你。"

老和尚问："你为什么要自杀呢？"她说："我长得很丑陋，大家都耻笑我、批评我、不喜欢我，我觉得活着也没什么意思，不如死了算了。"

老和尚耐心地开导她："人有两个生命，一个是自私的，只想到我自己，凡事为自己设想。但是那个自私的生命，刚才已经死了。另外，人还有第二个生命，是专为别人着想的，现在我已经把她救回来了。从现在起，你要改变你的思想、行为，随时随地地帮助人，为别人服务。"

丑女听了和尚的话，就开始行善，天天为别人服务，因此她的美名善行就传播乡里。由于大家都赞叹她，无形中她的心情愈来愈开朗，人也愈来愈清秀，最后也找到了如意郎君，结婚了。

丑女投河，由于老法师的一句话——"第一个自私为己的生命已死，第二个利人的生命可以再生"，因而开创自己的第二个生命。因此我们为人不能太自私，不能只想到自己，有时要多为别人想一想，多关怀别人一点。一个人只要能建立信心，发愿为人服务，当自己把生命的光热散发出来，在照亮别人的同时，必然也能点亮自己的心灯。

其实，每一个人从小到大，帮助自己成长的有两种力量。一种是正面的力量，像父母家人的关心、提供受教育的机会，以及社会大众的助缘，让你拥有一份很好的工作等。另外一种是负面的力量，比如有些人看你不顺眼、打压你、讨厌你、抵制你，这种力量往往也会让你奋发向上。就像皮球，压得轻，弹得低；压得重，弹得高。逆境、挫折反而让你发现自己原来可以更坚强。

不过，这种负面的力量很少人能懂。有句话说"少年得志"，其实未必见得是好，反而越早碰到困难，越容易坚强，越容易长大。但是，我们往往看不到这一面，就像台湾"9·21"大地震后，很多人一时没有办法接受这种负面的压力与困境，因此选择自杀。其实只要懂得转化，逆境可以帮助我们成长，可以磨炼我们的意志，让我们更坚强。就等于再好的种子，如果没有肥料，也不能成长。即使是一朵莲花，也要有污泥，才能茁壮成长。

所以，世间很多的不如意，很多的逆境，在一个有作为的人看来，并不是障碍，反而是一种助缘。等于暴风雨过后，经得起考验的树木就会更加青翠，乃至地震、泥石流等一些天灾以后，通过辛勤工作，加上国家帮助等，可以建设更美好的家园。

世间是无常的，地震、台风会摧毁房屋，破坏建设，但只要我们的信心没有被打倒，我心中有信仰，心中有力量，再大的灾难都会过去，明天就会变得更好。因此，每一个人都要成长自己的智慧，成长自己的力量。有了智慧，就能看清世间的真相；有了力量，就可以再奋斗、再出发。

你看，蜜蜂、蚂蚁，或是小鸟，它们筑的窝被风吹倒了、吹掉了，它会再来一次，甚至一次又一次重来。小小的动物都有那种奋斗的毅力，身为万物之灵的人类为什么反而不如它们呢？所以，只要我们有信心，信心里就有无限的宝藏。信心可以产生力量，而且这个力量还可以感染别人，让别人也有力量来成就一切事。所以，人要有克服困难的勇气，自然会有力量。

◆佛教是戒"杀生"的宗教，甚至连"杀心"都不能有。请问大师，"杀生"与"杀心"之间的关系，轻重、区分在哪里？

星云大师：我们的身体、言语、念头所表现出来的行为结果，有善有恶，另外还有一种叫"无记性"，也就是行为的当下没有善恶的念头。

其实，善与恶有时很难断定判别，有些行为有时看起来是凶恶的，细细推究它的情形却是救人的善心；有时看似助人济世的利行，却反而害了对方。譬如杀人本来是犯罪的，但是当一个无恶不作的歹徒被绳之以法，死刑的执行者快刀杀了他，这种行为究竟是善，还是恶的呢？当刽子手在处决犯人的时候，可能也会耿耿于怀："上天也有好生之德，今天我又杀了一个人。"同样的杀人，歹徒的杀人是怀着凶残、暴戾的嗔心而杀人，而死刑的执行者对于死刑犯，没有深仇宿恨，只不过替国家执行一项除暴安良的工作。两者的动机不同，行为的结果自然也会大相径庭。

佛教非常重视心意犯罪的轻重，每一条戒相之中都有开、遮、持、犯的分别，犯同一条戒，因动机、方法、结果等的不同，导致犯罪的轻重与忏悔的方式也不同。如杀人时要具足"是人、人想、杀心、兴方便、前人断命"五个条件，才构成不可悔罪。这与刑法因重视犯意和犯罪事实而制定的犯罪构成要件、阻却违法要件的道理是相同的。但是佛教心意戒的积极意义，在于要求个人自发地观照身、口、意的起心动念，防范不法于念头起时，较世间法更为彻底。

过去有一个小沙弥，夜晚走路时不小心踩死了一只青蛙。师父知道以后责怪小沙弥说："你怎么可以随便踩死生灵呢？阿弥陀佛，这样一来罪孽深重啊！你应该到后山跳悬崖，舍身谢罪。"

小沙弥一听，刹那间犹如五雷轰顶，才知道祸闯大了，只好含泪拜别师父，万分伤心地走到山后悬崖，往下一看，又深又暗，小沙弥心想："跳下去，粉身碎骨，必死无疑；不跳呢，三涂受苦，累世轮回，业报逃不掉，这可怎么办呢？"小沙弥左思右想，真是进退为难，忍不住掩面痛哭起来。就在他哭得伤心的时候，有一个杀猪的屠夫经过，看到小沙弥跪在路旁痛哭，觉得奇怪，上前追问。小沙弥一五一十地把前因后果说了一番，屠夫听了，顿时悲从中来，悔恨万分地说："小师父呀！你只不过是无心踩死一只青蛙，罪孽就这么重，要跳悬崖自杀才能消业。我天天杀猪，屠来宰去的，满手血腥，这罪过岂非无量无边，不知有多深重了。唉！小师父呀！你不要跳崖了，让我跳吧！应该谢罪赴死的是我啊！"

屠夫一念忏悔心生起，毫不迟疑地纵身朝悬崖一跳，正当他随风飞坠，眼看就要命丧深谷时，一朵祥云冉冉从幽谷中升起，不可思议地托住了屠夫的身子，救回了他的生命。

这个"放下屠刀，立地成佛"的事情，正是显示修行忏悔的殊胜。一念的忏悔心有此功德，相对的，一念恶心想要置人于死，有时虽然没有行动，但这一念心就足以构成犯行。

所以，我们平时不要有杀心。例如摔碗筷、摔桌椅、用力关门、冲撞墙壁等毁灭性格，慢慢养成以后，不是杀人就是杀自己。不管自杀、杀他，或是见杀随喜，都会养成不好的习惯。

佛教的杀戒，又称断人命，不仅包括自己亲手杀人，即使唆使他人杀人或劝说别人自杀，也皆犯波罗夷罪。《梵网经》在止恶方面，尤其具体而又严格。以不杀为例，不仅禁止杀人，亦禁止自杀，认为自己结束自己的生命，亦算犯戒；若自己没杀人，亦未自杀，只是鼓励、指使别人去行杀业也不行；若自己没杀，也没指使，但赞扬别人行杀业，如此心有杀生之念，亦应禁止。也就是说，该戒杀不仅要求身业清净，也要求口业、意业清净，不然就是犯戒。

其实，宇宙万有都有生命，有的是肉体上的生命，有的是思想上的生命，有的是事业上的生命，有的是道德上的生命，有的是时间上的生命。其价值虽有不同，但都应该珍惜。例如，一件衣服，你能穿三年，总比穿三个月好；花能开放一个月，假如你把它摘下，一天就枯萎了，这也是伤害生命；桌椅、板凳、沙发，你保护他，能用个几十年，最后甚至还能送到博物馆、古董店里，它的生命就能连续不断。

所以，广义言之，杀生不仅止于用刀杖加害，在日常生活中，恶言厉色也能伤人于无形，也会招致重罪。反之，有时虽有杀生之行，但无杀心，罪业也会比较轻。例如有些地方的居民，因为生活环境使然，必须靠捕鱼为生。他们虽以捕鱼为业，但没有杀心，反能时时提起慈悲心，果报也会有所不同。

另外也有些农药行的商人说："我们开药店，出售消除蚊蝇、蟑螂等害虫的药，有罪过吗？"农夫也问："我们栽种水果，为了收成好，要喷洒农药，驱杀害虫，有罪过吗？"当然，我不能违背佛法，打妄语说这些行为没有罪过。但是根据佛法，驱除蚊虫等，并不是很严重的大问题。因为佛法所说的不杀生，主要是以"人"为对象，以杀人为严重。杀人，这是佛法所不许。但如果为了去除虫害，能够预防当然比杀害来得好。不过以人为本的佛法，为了人生存，虽用农药，并不是很大的罪恶。即使受过戒律的比丘，犯了此过，依佛法上来说，也不过犯了"恶作"而已。"恶作"的行为，是可以用忏悔的力量加以洗除的，并不如杀人那样不通忏悔。

事实上，我们平时在有意无意中杀害生灵的行为，纵使有罪，也很轻微，有些甚至无罪，最主要的是不能怀着嗔恨心而杀生，以嗔心而故意杀生，必然要堕地狱受苦。佛教之重视动机、存心，由此可见一斑。

佛教对经济问题的看法

　　人在世间生活，少不了衣食住行等资生物用，此中没有一项可以离开经济。所谓"一文钱逼死英雄汉"，可见金钱对人的重要性。人类从蛮荒时代就懂得以物易物，后来走出蛮荒，经过畜牧、农业、工业，乃至到了现在的信息、科技时代，无一不与经济有关。可以说，人类的生活运作，其实就是一部经济史。

　　经济强盛，必定带动国力；经济萧条，人民出国都会遭人白眼。一个国家的经济繁荣，乃至政治清明、外交顺利、军事强盛、教育提升，都会带来国家的强盛壮大，所以每一个国家不只是个人生存要向"钱"看，国家的发展也莫不向"钱"看齐。因而国际间有所谓"经济高峰会议""世界贸易组织""关贸总协定"等，无非都是希望共谋经济发展、稳定国计民生，让举世人类都能安定生活。

　　佛教也非常重视经济，主张发展净财、善财，甚至推广开来还有智慧财。佛教对财富的看法，非常重视均富、共有、施他、利济。佛陀当初实施僧侣托钵乞食制度，主要是因为他对财富的观念，主张"裕财于信众"，让僧侣借托钵时，信徒布施饮食，僧侣施与教化，所谓"财法二施，等无差别"。

　　佛教重视有形的财富，也重视无形的财富；重视外在的财富，也重视内心的财富；重视现在的财富，也重视未来的财富。佛教把财富从前世到今生、来世，看成是一体连贯的。财富不能只看一时，要看各种因缘关系，所以人在开发自己的财富之余，更要创造全民的财富。唯有本着"同体共生"的观念，共创一个均富的社会，国家才能长治久安，人民才能安定生活。甚至在"经济全球化"的今日，国与国之间更要本着互惠的精神，彼此互助合作，唯有互助才能共谋人类的福祉，共创世界的和平。

　　以上是星云大师于 2003 年 8 月 7 日，在三峡金光明寺与佛光协会干部、会员举行"佛教对经济问题的看法"时，所提出的一些观点。以下就是当天的座谈纪实。

◆俗语说"巧妇难为无米之炊"，没有厚实的经济做后盾，国家的各项建设就难以开展。请问大师，如何发展国家的经济？如何创造全民的财富？

星云大师：谈到经济，其实人类的生活运作，总括说来就是一部经济史。举凡日常的食衣住行育乐，没有一项可以离开经济。甚至从上古时代，蛮荒未化，人类就懂得以物易物。后来走出蛮荒，经过畜牧、农业、工业，乃至到了现在的信息、科技时代，无一不与经济有关。

经济是一门"经世济民"的学问，经济与民生息息相关。一个国家如果不能厚实经济，富国裕民，则慈悲道德也难以获得重视。因此，春秋时代管仲说："仓廪实，知荣辱。"唯有经济繁荣，才能建设"富而好礼"的社会。

经济既是民生的命脉之所系，一个国家要厚植国力，就要发展经济，经济充裕，国防自然有力量，教育自然会提升，社会生产力自然增加，人民生活自然好过。但是如何才能发展经济呢？过去台湾曾被誉为"亚洲四小龙"之一，也曾有过睥睨世界的经济奇迹。这就不免让人想起数十年前台湾曾经推行过"克难运动"，一时风起云涌，纷纷响应，整个社会充满了克难、俭朴的风气。当初的"克难运动"，对数十年后的台湾经济起飞，也不是没有因缘。

只是近十余年来，台湾地区不只在经济上，乃至社会、政治环境上，都有惊人的改变，原来质朴的农业社会被繁忙、竞争的工商业社会所取代。现在更是进入科技的网络信息时代，人人为了追求高所得、高利润、高享受，或钻营法律漏洞，或偷工减料，或官商勾结，或非法走私，或贩卖军火、毒品等，社会风气败坏，治安更是亮起了红灯，杀人抢劫、绑票勒索、纵火诈骗等事件无日无之。

另外，台湾的政治体制由戒严转趋多元化，大家尚未承受民主之利，却已受到自由放任之害。不仅旧有的家庭伦理、道德观念，乃至社会秩序相继松弛或解体，对组织认同更是出现危机，这些其实都比经济风暴更令人忧心。

谈到这里，其实一个国家的盛衰、民族的兴亡，往往有所谓的经济问题、社会问题、教育问题、政治问题。但是总归一句，就是"人"的问题，如孟子说："上下交征利，而国危矣！"人心不善，自私自利，世界就永无宁日。所以目前大家急需努力的是，社会的政治要清明，制度要健全；在位的官员要勤政爱民，清廉而不贪污；社会的士农工商要讲信修睦，童叟无欺；人民要勤劳节俭，养成爱书读书的习惯，并且做好事、说好话、存好心；全民都是"三好"的实践者，共同建立一个通财好义、富而好礼的社会，让国民有所谓"真善美"的生活。如此社会一片祥和、安乐，每个人内心一片宁静、自在。这才是国家发展经济雄厚而有力的资源。

也就是说，国家的富强，与民是分不开的，国不强，民不乐。是故未来朝野之间要有共识，不仅经济要富有，而且人民要安乐，思想要自由，文化要保存，教育要提升，环保要做好，政治要民主，人权要重视，对国家的建设计划要用心，甚至各项预算要合理。例如军备武器的设施是经济发展最大的问题，军队与教育的预算如果比例过于悬殊，也非社会之福，所以要多多参考专家的意见，多方倾听民意，一切以民意为依归。相对的，社会大众则要从建设性上努力，而非破坏性的伤害。如：教育界要教好学生，传播界要做正面报道，工商界要改良质量，增加生产，大众对社会上有成就的人才要保护珍惜，因其成就是属于全民的，不要轻易摧毁。

谈到人才，一个国家的经济资源，除了石油、矿产、海洋、林木等自然资源之外，人才最重要，有人才才能发展科技、工业、管理、生产，才能与时俱进，甚至更能超越当代。

人才是国家发展的重要资源，先进国家莫不大力发展教育，以教育培养人才，但更重要的是要能留住人才，让人才能为社会所用，所以政府必须提高利民的建设，发展各种工程，提供人才发展的环境与条件。

在佛经中提到，一个良好的政府，治国之道首须导民以正，不但要注重民生经济，以种种方法提倡生产，使人民丰衣足食，生活不虞匮乏，除此还应注意下列六点：

（一）尊重法治。政府应该立法、具法、依法、敬法，一切以法为首，并且努力守护正法不坏。

（二）优礼贤士。政府应该尊敬德慧兼备的学者、专家、沙门等，并且常向他们咨询国家大事，宜行则行，宜舍则舍。

（三）照顾弱势团体。政府应该矜恤孤寡，照顾贫困无依的众生。

（四）敦厚民风。政府应该以十善来治理国家，让社会道德趋于纯善。

（五）提倡融和交流。政府应该放宽心胸，悲智双运，接应四方。

（六）施行民主政治。政府应推行民主法治，来决定全民的利益。

另一方面，人民依附国家而生存，所以要与国家和合在一起。有力量者帮助生产，有技能者提升科技建设，有智慧者建言国是，有财力者善尽义务，每个人在自己岗位上尽忠职守，以报答国家覆护之恩。如此上下一心，同心同力，才能创造富强安乐的国家。

不过话又说回来，现在举世都在关心经济复苏的问题，然而社会的经济繁荣、工业进步，有时并不一定能带给人们精神上的快乐。现在社会上有太多"富有的穷人"，因为生活上没有满足感，心灵上没有资源宝藏，所以大家其实应该重新评估经济的价值。经济并非只有金钱财物，举凡健康、平安、和谐、智慧、慈悲、信仰，都是财富，因此希望全民不要只重视金钱世界，要注重精神愉快、心灵富有；要追求内心的安乐和幸福感，同时以勤奋、信义、道德、慈悲来提升个人的财富，继而本着"同体共生"的观念，发挥普世的价值，建设共有的胸怀，创造一个祥和、均富的社会，这才是我们应该努力的。

总之，世间一切都有变量，台湾未来是要成为全球赞叹的珍珠，还是人人唾弃的垃圾，就看我们"一念之间"的抉择。我们要的是和谐、安定，就要保有经济发展的成果，不可破坏各方面的成长。全民应该继续勤奋努力，重视社会秩序，净化大众贪心，尤其对环境保护应投入巨资，在种族和谐方面要以爱心消除怨恨。唯有在和平尊敬中，才能为我们的后代子孙建设一块人间净土，这也才是全民真正共有的财富。

◆刚才说，人类的历史其实就是一部经济史，人生时时刻刻都离不开金钱、财富的运用。请问大师，当居家发生经济困难，或是公司的财务一时周转不灵，乃至农业遭受自然灾害，甚至工商企业遇到世界性的经济不景气时，该怎么办？

星云大师：佛经讲："法不孤起，仗境方生。"世间凡事都离不开"因果"关系。居家的经济发生困难，或是公司经营不善，周转不灵，这是结果，应该找出原因。为什么别人都有办法在社会上顺利发展，唯独我的财务发生困难？是我工作不够勤劳吗？是我没有储蓄应急吗？是我计划不周详吗？是我评估错误吗？还是我没有开源节流，不懂感恩惜福，缺少行善结缘呢？或者是我交友不慎吗？是我贪心过度吗？总之必有一个原因使我的经济发生困难，因此要找出贫穷的原因。如《三世因果经》说："有衣有食为何因？前世茶饭施贫人；无食无穿为何因？前世未施半分文。穿绸穿缎为何因？前世施衣济僧人；相貌端严为何因？前世采花供佛前。"能找出今生贫穷的原因，然后加以改进，为时不晚。

其实中国民间也有一句谚言说："一枝草，一点露。"意思是说"天无绝人之路"。一个人只要肯勤劳奋斗，公司经营不善，倒闭了，只要你勤劳，摆个地摊，做个小本生意，甚至从事资源回收，也能维持基本的生存所需。即使经商失败了，只要改善自己营运的方法，重新再来，所谓"暴灰还有再发热的时候"，一个人还怕会完全没有办法吗？最怕的是自己的贪欲无限，跟人计较、比较，过去贫穷的果还没有解决，又增加新的障碍。例如失业的人如果贪求高薪，往往更加没有机会，自然难以东山再起。

曾经在网络上看过这么一则故事：美国有个老年人在公路旁开了一家小吃店，当时正逢经济不景气的年头。老人家眼力不十分好，耳朵又近乎全聋，但是他的运气很好。说他运气好，是因为眼力不行，所以不能看报读书；耳朵又重听，也难得和朋友们聊天，因此对外界的情况，他都不甚了解。因此他并不晓得经济不景气有多严重，照常干得很起劲。

他把小店的门面漆得漂漂亮亮，在路边竖起宣传的招牌，让人老远就闻香下马。他店里预备的货色物美价廉，味道很好，常常吸引许多人不由自主地停下来，在他那儿吃点东西。

老人家工作十分勤奋，赚了钱把儿子送进大学去读书。儿子在学校中选了经济学的课程，他对于整个美国经济的情形之糟了如指掌。

那年过圣诞节，儿子回家度假，看到店中业务仍然很兴旺，就对父亲说："爸爸，这地方有点儿不对劲，你不应该有这么好的生意呀，瞧您的兴致这样好，仿佛外面并没有经济不景气这回事一样。"于是他把经济萧条的前因后果费力地解说了一遍，并且说全美国的人都在拼命地节省、紧缩。

这时，老人家受到消极思想的影响，他对自己说："既然如此，我今年最好也不再油漆门面了。外面闹恐慌，我还是省下一点钱来最好。三明治里的肉饼应该缩小一点儿。再说，既然人人都没有钱，我又何必在路边立招牌呢？"于是他把各种积极性的努力都停下来。结果后来生意果然一落千丈。当他那位大学生的儿子在复活节假期又回到家时，父亲对他说："孩子，我要谢谢你告诉我关于不景气的消息，那是千真万确的事，连我的小店也感受到了。儿啊，受大学教育实在太有用了。"

故事的最后，作者戏谑地说："我们的国家也是被专家害惨的，所以说专家是'专门害人家'的。"

这个故事给我们一个很大的启示，说明一个人有健康的观念、坚定的信心，能诚信待人、勤劳做事，是成功立业必不可少的重要条件。

不过，世间有的人靠劳力赚钱，有的人则靠智慧致富。曾经有一个牙膏制造工厂，因为产品滞销，公司营业受挫，负责人昭告员工，如果有人献出智慧的妙计，能使公司的营业额增加，就可获得五万元奖赏。有一个员工只提供了一句"牙膏出口，放大一倍"的计策，当下就轻易地获得了五万元奖金，而公司的营业额也从此增加百倍、千倍以上。

佛教里也有一个卖偈语的长者，他只记取一首四句偈，即价值十两黄金。更有甚者，《金刚经》说，三千大千世界的七宝，其价值都比不过一句智慧的偈语。因为，财宝有用罄的时候，智慧的偈语则是生生世世，受用无穷。

智慧是人类最大的财富，惭愧也是财富，谦卑也是财富，知足也是财富。颜回居陋巷，一箪食，一瓢饮，人不堪其忧，而回也不改其乐，因他有知足的财富。佛门的苦行僧，树下晏坐、洞中一宿，一样生活得非常惬意。

贫富只是比较性的说法，真正贫穷的人，内心安贫乐道，也不差于富者；富者天天妄想、贪欲，不知足，生活也不快乐。

有一对年轻夫妇，同在一所小学里教书，虽然待遇不高，但是每天夫唱妇随地上下班，倒也愉快。隔壁的大楼里，住了一位董事长，每天为钱苦恼，怕被偷、被抢，所以生活得很不自在。

有一天，他听到隔壁传来愉快的歌声，非常不高兴地说道："他们住得如此简陋，生活得如此清贫，还弹什么琴，唱什么歌？我住在高楼大厦，有地位，有财富，为什么这么苦恼呢？"

他的秘书忍不住开口："报告董事长，如果您嫌苦恼的话，可以把烦恼送给隔壁的夫妇啊！"

"怎么把烦恼送给他们呢？"

"您可以送给他们 100 万元，反正 100 万对您来说也只是九牛一毛。"董事长勉为其难地决定试一试。

这对甜蜜夫妻一夕之间得到 100 万，欢喜得不得了，整个晚上无法安眠，不知道要将一百万藏在哪里。放在枕头下、床底下、抽屉里、橱子里，到处都不安全。就这样折腾了一夜，直到第二天天亮，这对夫妻终于有了一个醒悟，决定把这 100 万元还给董事长，并说："这是您的烦恼，还是还给您吧！"

高楼上的董事长，天天忧烦股票的涨跌，天天计算支票的数字，天天挂念金钱的有无，哪有陋屋里的人唱歌说笑为乐呢？所以经济没有绝对的贫富，再多的钱财，不知足就是富贵的穷人；一无所有的人，他能满足，就是穷人中的富者。

财富，要靠自己去开创，不管用金钱、人力、智慧、结缘、储蓄、置产、投资，或是将本求利、做生意去赚钱，总之，人生要有未雨绸缪的忧患意识，晴时要准备雨伞，以应雨天所需；白天要备妥手电筒，以便夜晚所需。解决家庭的经济，要有预算，所谓"吃不穷，穿不穷，算盘不到一世穷"。

如果一时的经济周转困难，还是要本着自己勤劳的态度，对工作的热诚，例如莳花种菜，贩卖小吃，为人帮佣，有淡泊物欲、节衣缩食的美德，自助而后自然有人帮助，也会渡过难关。再者，能有克难精神，以及刻苦耐劳的毅力，则尽管人生路上风雨飘摇，任何苦难，都能安然度过。希望我们的社会，能让"克难"的精神再度复活！

◆在经济学上有一个千古不易的致富秘诀，那就是"开源节流"。请问大师，如何开源节流？

星云大师：开源节流，这是经济学上千古不易的致富秘诀。开源节流，到底要开什么源，节什么流呢？

首先我们要开佛法之源，佛法就是我们智慧和财富的源头，有佛法就有慈悲，就有智慧。一个人即使物质生活欠缺，只要他有慈悲、有智慧，生命就会变得充实、富有。所以我们要有佛法，要点亮一盏欢喜的灯，点亮一盏信仰的灯，内心有了欢喜、信仰，比世界上有形的财富更为重要。

节流，节什么流？我们要节省我们的用钱，节制我们的贪心，不要好买。我一生自觉自己不要钱，我也不好买；因为我不要钱，我不好买，所以我有钱建设世界，建设佛光山。我"以无为有"，淡泊就是我的节流，爱惜时间就是我的节流；每一个信徒的发心，我珍惜它、宝贵它，就是我的节流。

开源节流其实不一定只朝金钱上看，每一个人的生涯规划里也都不能少了"开源节流"。创新一种事业，先要评估，在这项事业上我能开源节流吗？甚至国家政府一年高达千万亿元的预算，也不能只是把它当成纸上的数字，而是需要有人在实际情况里分析、施行。例如负责审计室和经济部的人，要能确实有一套开源节流的方法，政府的各个部门才能顺利运作。

开源节流的方法很多。有的人在家中的庭院里，种上几棵菜蔬，偶尔锅中所煮，不必花钱购买，这是他"开源节流"的所得；有的人从山边引水到厨下，无须动用自来水，一年也能节省不少开支。甚至制造家庭的和谐、热情、幽默、赞美，使全家的每一份子都乐于工作；乃至人人奉公守法，不浪费社会成本，平时养成随手关灯的习惯，节约用水，这都是开源节流。

现在家家几乎都有空调机，懂得把冷气设在一定的室温下，不要经常动用开关，这也是节约能源的方法。团体里人多，每日垃圾量大，如果能够加以分类，不但减少处理垃圾的搬运费，还能资源回收，增加一笔额外收入呢。

开源节流也不一定只限于经济能源上，平时多结交一些朋友，多发心担任义工，多培养与别人互动的因缘，这也是社会人际关系的开源节流。

购买东西，分期付款，这是开源节流；不用的物品，能省则省，少了堆置的拥挤，多了空旷的简朴，这也是开源节流的良好习惯。甚至于对自己不当看的东西不看，免得视力疲倦；不当听的语言不听，免得听出是非烦恼；不当做的事不做，免得造业；不当想的不想，免得心烦意乱。节制我们的贪欲、嗔恨心，节制我们的口德，不要乱说话，这都是身体的节流。

此外，身体也可以开源。当看的人，不但要看，还要行注目礼，而且要看出个中的所以然来；当听的，不但听懂，而且要听出别人话中的弦外之音；应该想的，不但要思维前后、左右的因果关系，而且要竖穷三际、横遍十方，把宇宙万有、世界人生，都想在自己的心中。每天所思所想，都是道，都是德，都是学，都是扩大，都是普遍，这都是开拓自己能量的源流。

开源节流是管理财富的原则。在佛光山理财的人，不但有因果观念，更可贵的是不贪不私，点滴都为常住。佛光山从开山来，在经济方面每天都是"日日难过日日过"，常常是明年的预算今年就用完了。所以常有人说佛光山很有钱，其实佛光山不是很有钱，只是很会用钱，懂得把钱花在弘法事业上。所以我曾说："有钱是福报，会用钱才是智慧"；"钱用了才是自己的"；"用智慧庄严，不用要金钱堆砌"。不过我希望未来佛光山还是能在有计划、有制度的财务体系下，量入为出。

其实，开源节流固然是与资本、能量等外在的因缘条件有关，例如没有高山，又何能开采出金银宝藏；没有沙漠、海洋，又怎能开采出原油？但是也有许多的修道者，他们不看外界，专看内心；不想他方，只是思维本性。卧榻之上，一书在手，可以周游天下；蒲团之间，未尝不能开辟心中的天地！

说到开源节流，外在的天地，内心的世界，都可以开源节流。只是"工欲善其事，必先利其器"。拥有智慧、信仰、毅力、能量，乃至通达因缘所成，明白共有关系，这些都是开发能源的条件。尤其佛教讲"发心"，就是要开发我们的"心田"。我们的心田广大，心里的能量就会无穷。只要我们开发心里的惭愧，惭愧就是我们的财富；开发心中的感恩，感恩就是我们的财富；开发心底的勤劳，勤劳就是我们的财富。乃至开发人缘，开发感动，开发自己的真如佛性，开发我们的佛法大海，开发我们信仰的宝藏。最重要的，我们要开发"无"的世界，不要只从有形有相上去开发。"有"是有限有量，"无"才是无穷无尽。

◆**每一个国家的发展，大都重视城市，轻忽乡村，造成"城乡贫富差距大"。请问大师，如何改善这种现象？**

星云大师：一个国家的经济萧条，人民所得偏低，国家太穷了，固然是社会制度不好；过分的贫富不均，也是社会制度有了问题，所谓"朱门酒肉臭，路有冻死骨"，这都是不完善。这样的社会形态，国家难以长治久安。

贫富不均，其实是古今中外存在已久的问题。根据经济学家米拉诺维奇为世界银行进行的一项"世界贫富分化形势"研究显示，全球贫富分化情况有急剧恶化的趋势，从1988年到1933年之间，全球贫富差距又增加了5%。目前全球人口中最富裕的1%（5000万个家庭）的平均收入是24000美元（约16000英镑），他们的总收入要高于收入较低的60%全球人口的总收入。全球贫富差距比人们以前所想的要大得多，当中最大的贫富收入差距出现在世界五个经济大国：美国、日本、德国、法国和英国的人口，与印度、中国和非洲的农村贫困人口之间。

这项调查还指出，84% 的全球人口只有 16% 的全球收入，全球最富裕的 10% 人口的收入是最穷的 10% 人口收入的 114 倍，而这些差距可能还会扩大。

贫富不均是国家的隐忧，尤其城乡的贫富悬殊，一直是多数国家普遍存在的现象。例如根据中国社科院经济研究所经过数年调查完成的《中国城乡收入差距调查》显示，中国的城乡收入差距已是世界最高。中国的城市，除了上海、北京、南京等几个大城市外，一般的乡村经济落后，尤其西部地区先天的自然环境限制，加上人才外流严重，更难有所发展。

经常到大陆考察的台湾英业达集团副董事长温世仁先生曾说，每次他到大陆西部城市，都会听到当地人民抱怨，西部的人才都跑到沿海地区去了。而到了农村一看，农村好不容易培养的少数人才也大多离开农村。这是西部和农村地区落后的重要原因之一。

另外温先生也观察到，在整个社会由农业转型到工业时代的过程中，西部农村一开始就没有来得及搭上"工业化的列车"。尤其现在举世已经进入信息网络化时代，更令农民们望尘莫及。农民因为没有机会、能力获得各种信息，与城市相比，在知识、信息和机会上不对称，这也是造成他们继续贫困的原因。

对此，温先生想出了走信息技术培训道路的方法，着手培育当地"知识工人"，发展网络经济，让"农业社会"转型为"网络社会"。于是他投资 5000 万美元在大陆西部开展"千乡万才"计划。首先他以甘肃河西走廊最东端的山村黄羊川作为这个计划的第一个基地，赞助他们计算机，教他们如何利用计算机销售产品，因为互联网是与全世界联网，只要一上网，即可打出销路，很快把产品卖完，慢慢就能改善经济，达到城乡均衡发展。

这项计划从 2000 年 7 月开始实施，三年来，黄羊川靠着电子商务，已成功卖出三万美元的农产品，成效斐然。这在千百年来贫穷而宁静的小山村，可谓是惊天动地的大事。

黄羊川地区因为网络而走出贫穷，成为知识经济下乡的成功实例。2002 年秋在墨西哥举办的 APEC 会议上，温先生将这项成果公诸于众。随即引来泰国政府表示，希望有 20 所泰国学校加入"千乡万才"计划。

温先生一手发展的"千乡万才"计划，旨在把信息网络科技引入农业社会的乡镇，促进当地发展知识型的经济，达到"就地创造财富，就地改善生活，就地发展文化"的目的。他认为硬件设施的改善，并不能从本质上解决落后、偏僻地区所遇到的问题。唯有把最新的观念和信息给他们，辅导他们掌握适应信息社会的方法，才能让他们尽快缩短与发达地区的差距。另外，他觉得开发落后地区，建设的重点应该在"道路"与"网络"两方面，因为"道路"可以把有形的资源送到落后的地区，而"网络"则可以把无形的信息快速传到落后地区，让学习过程更加快速。温先生的见解与做法，值得参考。

针对中国贫富悬殊的问题，多年研究中国社会和政治经济的意大利学者周博认为，政府应该提供更多平等机会，比如让农村的孩子都有机会得到良好的教育，另外就是在西部大量投资，发展当地的经济。

过去台湾因为地主与佃农贫富差距太大，所以政府实施"三七五减租""耕者有其田""住者有其屋"等措施，因而改善了经济。佛教有所谓"利和同均"的观点，也就是僧团中如果有施主财施供养，不可私自独享，要交由常住集中处理，大众共有。只有在经济上的均衡分配，大众才能过着"利和同均"的经济生活。所以在佛光山，个人不要有钱，点滴归公，让团体有钱，才能有所发展。

这种利益共享的观念，现在企业界也普遍有此共识，不少企业主也懂得把利益分享给员工。例如依公司盈余发放年终奖金，甚至有些公司让员工持股，员工自然以公司为家，发奋工作，努力经营，自能提高效率，创造利润，彼此共享。

"利和同均"的思想运用在社会上，让有钱的人帮助穷困的人，有力量的人扶助弱小的人，如此在没有经济的垄断、劳资的对立、贫富的悬殊等社会问题下，人人得其所应得，自然可以建立一个民有、民享，而且均平、富足的社会。

◆**世界上有很多国家，为了保有自然的山水环境而拒绝发展工业，造成经济落后。请问大师，环保与开发，两者孰轻孰重？如何才能取得平衡发展？**

星云大师：现在是个环保意识抬头的时代，也是个民意高涨的时代。关于环保与开发，两者孰轻孰重？这个问题让我想起多年前，毗邻佛光山的擎天神公司，因为以制造工矿炸药为主，有一天不慎发生爆炸，波及附近农宅。大树乡的乡民基于居住安全，群起围厂抗争。数日后，代表厂方的郑健治经理及代表大树乡民的黄登勇乡长等人，在前高雄县长余陈月瑛的出面邀请下，到佛光山协商。

当天黄乡长提出，希望擎天神公司三年内能全部迁厂，但郑经理表示有困难，因为新的厂址觅地不易，谈判因此陷入胶着。我了解情形以后，主动向黄乡长表示，迁厂从评估、买地、开发、规划到建厂，其中还要经过"营建署""环保署"等政府单位审核，三年期限的确太过仓促。之后我又对郑经理说，允诺迁厂就应该有实际行动，否则别人无法相信厂方的诚意。最后，我提议双方以五年为期，并且可以附加保证书：若五年未能如期迁厂，则每延后一年，由厂方提供一定金钱回馈乡民，如此逐年增加回馈金，直到迁厂为止。

至于厂址的选择，有人主张"产业东移"，但是我认为"己所不欲，勿施于人"，既然高雄要求迁厂，其他县市也不会欢迎。因此我向余陈（月瑛）前县长建议，不如就在高雄县的甲仙、六龟、桃源等偏远山区另找地方建厂。虽然这样的建议也许让高雄县陷入环保与开发的两难，但凡事无法求得完美，只要对全民有利，将伤害减到最低程度，就是最好的方案。当时承大家不嫌我饶舌，一席话下来，三方面都欣然同意，欢喜而去。

我的意思是，世间事没有绝对的好与坏、对与错，有和空都是执着，都不合乎"中道"。这个世界，自然环境固然要保护，但人类也要生存，如果为了保护大自然，限制人类文化进步，也是一大挫折。不过由于过去人类过度滥垦滥伐，破坏大自然的生态，对未来的子孙不利，因此人类进步发展的同时，要兼顾大自然生态的保护，每有所作，要详细、周全地评估利弊，所谓"两权相害取其轻"。在此原则下，视情况不同而作抉择，并且尽量找出替代、补救之道，才是明智之举。

例如，有"人间净土"之誉的新西兰，海洋、湖泊、森林、山岳、河流、火山、冰河、峡湾，以及广大的绿色草原，构成了特有的自然景观。世界上很少有这样地理景观多彩多姿的国家。新西兰为了保护如此天然美景，环保措施得力，几乎是零污染。尤其政府规定，人民不得任意砍伐树木，若有需要，必得先行申请通过，并且每砍一棵树，同时要另种一棵树代替。因此有人说，"绿"是新西兰致命的吸引力，不但天空格外蔚蓝，湖水特别澄清，即便连呼吸都觉得清新愉快，因为空气中隐隐约约飘散着绿草的清香。新西兰保有天然美丽的环境，每年也能靠着观光而赚取不少外汇。

植树造林，这是国家的珍贵资源，也是人类生存的必要条件。根据统计，1棵树1天可以蒸发100加仑的水量，它所调节的温度，等于5个空调机开动20个小时的功能。而林木对降雨有截流作用，能减少洪水，增加土壤孔隙，使水分容易渗透，补注地下水。但是种一棵树要花10年的时间，砍一棵树却只要几分钟。甚至一名婴儿从出生到两岁，所用的纸尿布，必须用掉20棵树；而每回收1吨废纸，可以少砍长8米直径14厘米的原木20棵。若能以再生纸代替木浆造纸，每月可以少砍约 40 万棵原木。

因此，现在的开发固然不能不做，开发之余，如何节约更是重要。在我们的日常生活中，随手一揉，就是在浪费大地资源。在不可避免的消耗下，若能积极配合"废纸回收"，让可用的资源再生，除可减少砍树量，亦可间接救水源，也是功德一件。再者，如果大家都能节约用水、用电，就可以少抽一些地下水，少建几座发电厂，不但避免地下水超抽，也可免去发展核能发电带来的污染问题。

总之，环保与发展，孰轻孰重，是见仁见智的问题。重要的是，发展的同时，要注意水土保持及河川的疏导，如此才不会每逢雨季来临，乃至台风过后，往往一雨成灾，甚至造成泥石流的严重灾情。防范大自然的天灾之外，人为的战争更要避免，因为战争对环保的伤害最为严重。因此，维护世界和平，才是对人类生存空间最有力的保障。如何才能促进世界和平？唯有人人心中有佛，世界才有和平可言。

◆国际之间，常见所谓的"金钱外交""关税互惠"等友好交流，但有时也会发生"经济封锁""经济制裁"等交恶情形。这些对国计民生都会造成很大的冲击，请问大师对这种政策与手段有何看法？

星云大师：一个家庭里，儿女不受教育，品行不良，行为偏差，父母无法管教，有时就用经济制裁，以减少或不给零用钱来惩罚他。国家的领导人，对慈善团体的补助、公益事业的奖励、大学建校的补贴，也要求其循规蹈矩，合乎法律。如果不合作，无法用武力对付，也会用经济制裁。另外，国家与国家之间，有时利益冲突，有时因为某一国违反国际公约，例如怀疑伊拉克发展核武，美国不但发动战争，用武力对付伊拉克，并且用经济封锁来制裁它。其他如古巴、缅甸、叙利亚等国，也都曾受到美国的经济制裁。

所谓经济制裁，例如抵制货品、限制进口、提高关税、禁止通航等都是经济制裁。经济是国家的命脉，个人无钱，英雄也无用武之地，即使有再大、再多的理想，也不能有所成就；国家如果遇到他国的经济制裁，内政就会发生危机，人民就会受苦。经济制裁如同勒住对方的咽喉，让你不能吃饭；也如扣紧对方的口袋，不让货币进出。所以经济制裁是强欺弱、大国压制小国的手段。受到经济制裁的一方也很难违抗，除非自己有实力，可以自力更生。力量不足，也不得不屈服。

只是，现在是地球村的时代，国与国关系密切，甚至全体人类都是"同体共生"的生命共同体，世界上富人太多，穷人不会放过你；穷人太多，富人的日子也不见得好过。所以贫富要均衡，国家政治要为贫苦大众争取福利，让大家都能富足安乐地生存在地球上，而不只是富人发财就好。

尤其现在"经济全球化"已是时代的潮流，也是必然的趋势。全世界的经济早已走向全球化，例如纽约的道琼斯股市、华尔街股市，股票的涨跌，影响及于全世界，乃至加拿大的股市，也为全世界所注目。经济发展全球化，已不是哪一个国家对哪一个国家用经济制裁就可以解决问题的时代，所以应该用互惠平等来共谋人类的福祉。

因此，国与国之间通过"金钱外交"来巩固邦谊，当然可以，这是对经济落后国家给予救济的方式，也是人道精神的表现，但是不能另有企图或目的。至于两匡交恶时就用经济封锁、经济制裁，这就如小孩子，感情不好时就把以前给对方的东西要回来，这是幼稚、肤浅的表现。现在的政治人物要有政治家的风范，不要有侵略性，要发挥和平、尊重、友爱、互助的精神，因为这个世界不是你贫我富、你无我有就好。古今很多革命都是因为贫富不均，都是为了饭食问题，能够把这个问题解决，世界才能和平，否则战争不断，绝非人类之福。

◆世界上有不少国家由于社会福利制度太完善，反而导致国家的财政发生危机，请问大师对社会福利制度有何看法？

星云大师：世界上愈是文明、先进的国家，政府愈是重视人民的公共福利。但是，国家的社会福利制度再好，有时还是很难周全地照顾到社会各个层面的需要，甚至综观目前世界上社会福利完善的国家，人民只靠政府救济，往往养成好逸恶劳的恶习，不思自力更生，甚至人心因贪而逐渐堕落。这是因为国家对民众只给鱼吃，却没有给他钓鱼杆，也没有教他们钓鱼的方法，所以福利愈好，反而使得民众懒惰、贪心，不事生产，好吃懒做，只等国家救济。到最后，一个国家失去了生产力。只有坐等救济的人民，国家当然会被拖垮，自然成为危机。

根本解决之道，要从教育做起，要教导民众勤劳，奋发工作，要过简单朴实的生活，要有如佛教讲"佛观一粒米，大如须弥山"的惜福观念，要懂"如蜂采蜜，不损色香"的安贫人生。做人不但不贪婪，而且乐善好施，热心公益，从观念上建立正确的人生观与价值观，人人发挥自己的生命能量去助人，而不是坐等政府救济，能够发挥全民的力量彼此互助，政府自然不会感到吃力。

其实，现在各国除了政府主导的社会福利事业以外，也有很多公益事业团体，通常是由民间发起的各种基金会、社团、财团，乃至各个宗教团体所从事。公益事业的推动，所表现的其实就是人类互助合作的美德，也是人性善良面的体现。在佛教来讲，更是大乘佛教菩萨道的实践。

佛教从古至今一直很积极地从事社会福利事业，从古代的植树造林、垦荒辟田、凿井施水、维护泉源、接济行旅、兴建水利、设置浴场、兴建公厕、建立凉亭、经营碾硙、设佛图户，到现在的筑桥铺路、急难救助、施诊医疗、养老育幼、监狱教化、小区服务，乃至设校兴学等，真是不胜枚举。

不过，一般人所谓的公益事业，大多偏重于救济性质的社会服务。尤其社会各界总把佛教定位为慈善团体，所以政府对于直接从事慈善救济的寺院团体，总认定其"功"在社稷，每年都会颁奖表扬。其实，宗教并非仅止于慈善事业，宗教的真正目的在净化人心，改善社会风气。因此我曾建议政府，对于佛教的教育、文化事业，如人才的培植、书籍的出版、信仰的提升、风气的改善、人心的净化等，都应列在评估之内。否则如果社会各界把佛教局限在公益与慈善事业，如此佛教何异于狮子会、扶轮社等社会慈善团体呢？

遗憾的是，到现在一般社会大众的认知，还是以为佛教慈悲为怀，因此总将佛教局限在慈善救济的框框里。殊不知佛教最大的功能，乃在于培养人才，并通过文化教育来传播佛法，净化人心，改善社会风气。这才是佛教对社会民众的贡献与职责所在。

尤其慈善救济，人人能做，但是推展教育来净化人心，则非人人可为。一所寺院道场，其功能并不亚于一所学校。寺院不但是善友往来的聚会所，是人生道路的加油站，是修养性灵的安乐场，是去除烦恼的清凉地，是采购法宝的百货店，是悲智愿行的学习处，更是一所疗治心灵的医院，维护社会正义的因果法庭，启发道德良知的教育学校，提升文化修养的艺术中心。因为，慈善救济虽然能够拯救肉身生命，济人燃眉之急，但是无法熄灭贪嗔痴三毒。唯有佛法真理的弘传，才能进一步净化心灵，拯救人的法身慧命，使人断除烦恼，了生脱死，其影响及于生生世世。所以，佛教教育才是最彻底的慈善救济。

基于以上的理念，佛光山长久以来，积极以教育、文化弘扬佛法，并且在世界各地建寺弘法，把佛教推展到世界五大洲，不但落实人间佛教，尤其对国家社会，乃至对世界和平的促进，均发生全面性的影响与贡献。此与一般只着重推展慈善事业的团体，形成强烈而明显的分野。

但是也有人质疑，佛教建筑寺院，意义何在？如前所说，世间的钱财，只能拯救肉身生命，济人燃眉之急，但是无法熄灭贪嗔痴三毒。佛法的布施，则能进一步地净化心灵，孕育法身慧命，使人断除烦恼，了生脱死，其影响及于生生世世。因此，建造佛寺，等于建设学校，度众万千，这才是最彻底的慈善事业。

因此我常说，慈善是佛教的一环，甚至可以说佛教本身就是慈善事业。但是慈善工作并非佛教的全部，因为当一个人的信仰渐次升级以后，必定要从做善事修福中，进一步研究教义以求慧解，否则一个没有佛法的人，将如同迷失在汪洋中的舟船，找不到停靠的港湾。而佛法的重要，则往往一句话就可以给人生以信心，找到方向，终生受用不尽。所以，佛教虽然不偏废慈善救济，但仍以弘扬佛法为本，以传教为重，因为慈善救济终非究竟，"泛滥"的救济只会养成社会的贪心及虚浮伪善的心理。因此所谓的救济，应该是"救急"而不是"救贫"，应该是"救心"而不是"救人"。唯有宣扬教义、净化人心，才是宗教的主旨所在。

是故，最好的慈善事业应该是与文教合而为一，因为文化可以净化心灵，升华人格；教育可以改变气质，根除烦恼。因此希望政府今后在鼓励慈善救济的同时，也能兼顾文化、教育，发挥宗教真正的意义和价值。如佛教所谓"诸供养中，法供养第一"，我们要肯定"文教重于慈善，有道重于有财"。我们也期盼政府的福利事业能从文化、教育方面来提升社会的道德水平，改善国民的生活质量，如此才是根本而究竟的福利事业。

◆中世纪欧洲的天主教会曾发行"赎罪券"，引人诟病，甚至成为后来宗教改革运动的导火线。在佛教里，也有一些人以非法取得的钱财来布施，借以求得心安。请问大师，如果以不法所得的钱财布施，其功过如何？

星云大师：佛教讲"未成佛道，先结人缘"。人在世间生活，要靠许多的因缘成就才得以生存，所以平时要与人广结善缘。结缘之道，首在布施。布施不一定要捐输金钱财物，有的人虽然身无分文，但是一个真挚的笑容，可以令人生起信心；一个随手的帮忙，可以济人困难危急；甚至与人为善、一句赞美、一瓣心香等，都是殊胜的布施因缘。

布施、结缘是人间最美好的事。《大乘理趣六波罗蜜多经》中说：布施能令众生安乐，是最容易修习的法门，有如大地一样，一切万物都依之生长，所以六度、四摄都以布施波罗蜜为上首。

布施可分为"有相布施"与"无相布施"二种。有相布施，指世间一般人心希果报，执着人我的布施，所以又称为"世间布施"。此种布施只能得到有漏的人天福报，报尽又再堕落，所以不是究竟的布施。无相布施则与有相布施相反，在布施时，能体达施者、受者、施物三者当体皆空，而无所执着，因为能超越世间的有漏烦恼，所以又称为"出世间布施"。佛教分有世间法、出世间法。世间法牵涉社会、群众、法律、道德、人格等问题。在社会上以不正当的手段取得财物，就是违法，必须负起刑责；而以非法所得来布施，佛教称为"不净施"。

佛教讲"净财""善财"，这是合法的财富。净财愈多愈好，有净财才能从事各种弘法事业，有净财才能布施结缘。但有的人以不当的所得来布施，例如"劫富济贫"，虽然不好，但总比不救济好。再说布施时当下的一念善心，虽然抢劫财富是不足效法，但布施的一念善念，或是一念惭愧之心，也不能说不可贵。

不过若要穷究以非法所得来布施的功过如何？只能说布施时依施者、受者、施物等"心田事不同，果报分胜劣"，问题十分复杂。一般正常而如法的布施，要衡量自己的能力，在不自苦、不自恼的情况下量力而为。现在社会上有很多富有的人，他们不知道布施种福田；但也有一些贫穷困苦的人，为了面子而强作金钱布施。这些都不是佛教所希望的。甚至有些人学佛，由于不合理的布施，导致家庭失和。譬如先生或妻子信佛以后，经常到寺院发心，布施做功德，却不管家里的生活，这样很容易造成家庭失去平衡和快乐，这都是不合理的处理钱财的方法。

其实布施也不一定要用金钱，只讲金钱的布施也是不合理的。台湾有些信徒的信仰方式很值得商榷，他们说起来的确很发心，跑这个寺院布施一点，跑那个寺院又布施一点。有一天，金钱没有了，哪里也不去了，因为"钱用完了，没有钱不好意思到寺院去"。这种信佛的态度是不正确的。佛光山的所有道场，从台湾北端到南部，很多信徒都是一信就几十年，从来没有听说因为没有钱不好意思到寺院来。因为信佛不一定要用金钱布施，比金钱更重要的，是心香一瓣，随心、随力、随喜地布施才是最重要的。信佛要真实，不必打肿脸充胖子，更不能为了信仰反而导致家庭分裂，这在佛法来讲，都不是"正命"的生活。所以佛光山不募"不乐之捐"，而且主张要"储财于信徒"。

佛法讲布施，其实就是物我一如，同体共生的宏观，我的财物可以与人共享。布施，表面是"舍"，其实是"得"。没有舍去我们内在的悭贪，怎么得到无有恐惧的自在？无求的布施，令我们所行纯净，端严高贵；无悔的布施，令我们身心清净，人格升华。

布施结缘，就像深井汲水，你愈舍得提起桶水，给人灌溉，给人饮用，井里的水就愈是源源不断。所以人生不要只看到黄金白银，比黄金白银更宝贵的还有布施的温暖、结缘的感动。布施不是有钱人的专利，布施贵在发心的真伪。布施如播种，要有拔济奉献的精神。布施财富除了要不自苦、不自恼，而且要不勉强、不比较、不计较，要能做到随喜、随缘、随分布施，如此才不失布施的真义。

◆**佛教的"八正道"里，"正业"与"正命"都是强调合理经济生活的重要。请问大师，放高利贷合乎"正业"吗？佛教所认可的财富有哪些？相反的，什么情况下所获得的钱财是非法所得呢？**

星云大师：人生世间，不能不工作赚钱；要工作赚钱，才能生活。有的人用劳力赚钱，有的人用时间计薪；有的人出卖身体谋取所需，有的人靠语言赚钱营生。不管从事什么样的工作，无论以何种方法赚取生活所需，重要的是要合乎正当性。正当的财富，就是要将本求利，勤劳赚取，无论是农牧收成，或是经商贸易、企业经营、投资生息所得等，都是佛教所认可的经济营生。

反之，非法所得的财富，例如：窃取他物、违法贪污、抵赖债物、吞没寄存、欺罔哄财、因便侵占、借势苟得、经营非法、诈骗投机、放高利贷等。此外，举凡违背国法，譬如贩毒、走私、转卖人口的职业，或者违反佛法的不当工作，例如屠宰、酒家、赌场等，都在禁止之列，也就是和佛教不杀生、不偷盗、不邪淫、不妄语、不吸毒等根本大戒触逆的职业，都是佛教所不允许的。

在《善生经》里也提到取财有六种非道，不可为之，即：

（一）种种戏求财物者为非道。如赌博、竞胜、比武等皆是。

（二）非时行求财物者为非道。非时行是指昼夜颠倒，不顾家庭眷属，如玩弄娼妓，不务正业，即世间的浪荡子。

（三）饮酒放逸求财物者为非道。酒能乱性，饮酒的人必多放逸，不事生产。

（四）亲近恶知识求财物者为非道。指亲近恶友不但不能得财，反而有倾家荡产，甚至丧命的灾祸。

（五）常喜妓求乐求财物者为非道。指性好歌舞娼妓，任意浪费。

（六）懒惰求财物者为非道。指性好游荡，不喜作业，凡寒热饥饱都有借口，不肯做事。

以上六种都消耗财物，不事生产，不但现世劳神丧财，身败名裂，而且来生堕苦趣，失人身，所以说是非道，亦即非人伦善道也。

至于说到"放高利贷"是否合乎"正业"？佛教过去办有类似今日的"当铺"，只向百姓收取非常微薄的利息，甚至完全不取分厘，以帮助贫苦人士经济上的周转运用。譬如北魏的僧祇粟，南北朝的寺库，唐朝三阶教的无尽藏院，都是佛教为了便民利国开办的金融事业。只是佛教创典当制度，不同于今日一般当铺的高利放贷，佛教是本着来之于十方，用之于十方的精神，把社会的净财做一个集中，然后再一次发挥其整体的力量，回馈于社会，属于服务大众的慈善事业，而且具有繁荣经济的功能。

现代社会已有正规的金融事业，寺院唯恐与信徒之间有金钱纠纷，应不与信徒有金钱来往。不过，人总有不时之需，当手头不方便时，一般人会向银行贷款，或是到当铺典当应急。现在社会上还有所谓"地下钱庄"，专事放高利贷，以超高的利率赚取不道德的利润，完全唯利是图。因高利贷而衍生的社会问题层出不穷，对社会有百害而无一益，应属"邪命"的生活。

所谓"邪命"，就是用不正当的手段取得钱财，用经营不正当的事业所得来生活。譬如前面提到的开酒家、赌场、卖钓鱼器具、卖打猎的猎枪，或者是算命、卜卦、看相等都是邪命的经济生活。佛教不提倡看风水、择日期，《佛遗教经》曾指示佛教徒不应去仰观星宿、推算命运，因为这些都不是合乎因缘法则正命的经济生活，都是佛法所不允许的。

民初的印光大师曾在普陀山一住许多年。后来日本军阀侵华，有一位住在香港的在家弟子，有一座宽大豪华的别墅要供养大师，请大师到香港弘法。印光大师看看因缘成熟，便想前往，但他知道那位信徒经营酒厂，是卖酒的，大师随即决定不去，并且告诉这位弟子说："你要我去，你就不要卖酒，因为卖酒是邪命的生活，我不好意思接受你不净的供养。"

佛法虽然准许佛教徒经商办厂、做各种事业，但是伤身害命、迷惑人性的事业是不准许的。所以八正道中有"正业"和"正命"两种，就是说明作为一个佛教徒，必须从事正当的职业，过正当的生活，用正当的方法取得钱财。如《杂阿含经》说："营生之业者，田种行商贾，牧牛羊兴息，邸舍以求利。"《长阿含经》则说："积财从小起，如蜂集众花；财宝日滋息，至终无损耗。"

总之，财富虽为人人所爱，但做人不要过分地贪图金钱，要过合理的经济生活。正常的经济生活对人生非常重要，因为世间大部分的罪恶，都是从经济生活不正常而来，有了健全的经济生活，才能建设幸福美满的人生。所以佛经提到，我们若想获得现生的福乐，应该做到如下四件事：

（一）方便圆满。不论是务农、做工、畜牧、经商，还是公务人员、教师等，一定要有谋生的正当技能，凭工作而得到生活。

（二）守护圆满。从工作中获得的财物，除了日常生活支出以外，要妥善保存，以免损失。

（三）善友圆满。要结交善友，切不可与凶险、放荡、虚伪的恶人做朋友。

（四）正命圆满。要量入为出，不可以奢侈浪费，也不可以过分悭吝，要有合理的经济生活。

人生本来就有很多的不圆满，生命的意义就是从缺陷中追求圆满。佛教指导我们追求合理的财富，过正常的经济生活。这是圆满人生的第一步，也是人生应走的坦途大道。

◆俗语说："人为财死，鸟为食亡。"爱财是人类的本性，请问大师，佛教对财富的看法如何？佛教对企业经营又有什么样的看法？

星云大师："企业"是社会现代化的名词，特别是强调企业内部的管理。为了更成功地经营企业，近年来衍生出"企业管理学"的显学。若就一般人所认识的企业，通常是指经营营利性事业的组织体。但是从企业家的定义来讲，是指"于企业体内，拟定一定的计划，以实践其创立该企业的理念和目的，并加以监督经营者"。可见企业的精神首重理念的实践，通过成功的经营，以分享利润和喜悦。

企业的种类有工业、商业、文化事业、慈善事业，有国家经营的公企业、私人经营的私企业，有个人企业、公司企业等，不一而足。

我认为企业的意义是要有目标、有计划、有组织、有办法、有系统，是心智的活动，是理念的管理。不一定工商财务才是企业，企业应该是有计划的组织体，如国家、社团、宗教、文化、慈善、教育等，用现代的意义来说，都可以说是企业体。

佛教是相当重视企业理念的，例如：佛陀当初创建僧团就是本着有组织、有计划的企业精神而成立的；唐代马祖创丛林，百丈立清规，也具有企业思想；近代太虚大师整理僧伽制度，也是企业精神的展现；乃至佛光山倡导人间佛教，也是以有组织、有系统、有规划的企业精神，作为人间佛教事业的管理理念。因此，企业的定义不一定是指社会的工商企业。

记得 1977 年，时任台湾"行政院长"的蒋经国先生到佛光山参观，当时我向他介绍佛光山，提到我们是用企业的精神在管理佛教事业。我的意思是，我们讲究组织、制度、理念、计划，结果媒体把企业管理误解为"商业化"，认为佛光山是商业化的团体。后来有一些社会人士也不断批评佛光山"商业化"，对佛光山造成很大的伤害。

其实佛教徒为了光大佛法，远绍如来家业，常有一句话说："弘法为家务，利生为事业。"弘法，讲究权巧智慧、方便法门；利生，要考虑社会大众的需要。不论弘法或利生，都必须通过良好的组织与完整的规划，才能顺利地接引众生进入佛法的堂奥。从另一个角度来看，出世的佛教虽然不以营利为弘法事业的目标，却不能因此否定佛教事业的成就和贡献，因为人间佛教是"以出世的精神，做入世的事业"，特别注重信徒现生的幸福安乐。纵然是不同的范畴，佛教与现代的社会企业，终究都离不开生活，离不开人、事、物的管理。两千多年历史的佛教，恰为企业界提供了丰富的资源，而佛教有组织、有制度、有规划的教育、文化、慈善、修行事业，不仅续佛慧命，更促进社会的祥和与进步。所以佛教的企业精神，实在不可以将之与一般的"商业行为"等同视之。

一般的商业化经营，是以营利、赚钱为目的，但是佛教讲究的是奉献、服务、布施、喜舍。佛教认为人生的目的不在赚取个人有限的金钱财富，甚至财富不只是有形的金银财宝，而应该扩大来看。

佛教认为财富的种类分为：狭义的财富、广义的财富；有形的财富、无形的财富；现世的财富、来生的财富；个人的财富、共有的财富；人为的财富、自然的财富；有价的财富、无价的财富；物质的财富、精神的财富；清净的财富、染污的财富；合法的财富、非法的财富；一时的财富、永久的财富。

狭义的财富是指金钱、房屋、土地、股票等，广义的财富包括健康、智慧、人缘、信用、口才等；有价的财富诸如声望、名誉、成就、历史等，无价的财富例如人格、道德、真心、本性等。

佛教不但重视狭义的金钱财富，而且重视广义的智慧之财；不但重视一时的现世财富，而且重视永久的来生财富；不但重视有形的资用财富，而且重视结缘积德等无形的财富；不但重视私有财富，而且重视共有的财富，如道路、公园、河川等公共设施，以及花草树木、日月星辰、天地万物的生态维护等。并且主张：以享有代替拥有，以智慧代替金钱，以满足代替贪欲，以思想代替物质，发挥普世的观念，建设共有的胸怀。

佛教认为人生应该追求的财富，如明理、正见、勤劳、结缘、布施、喜舍、感恩、知足、道德等，才是真正的财富。因为这些财富不但现世受用，来世还可以受用；不但一时受用，终身都能受用；不但一人受用，大众也可以受用。因此佛教认为我们不能只看一时的财富，要看永生的财富；不要只看一人的财富，要看共有的财富；不要只看聚敛的财富，要看活用的财富；也不要只看有形有相的财富，要看内心无形的财富。一个人拥有智慧、慈悲、信仰、欢喜、满足等，都是无价的财富。

由于佛教对财富有另类的看法，因此在佛教看来，世间上没有穷人，贫富只是从比较而来。例如，有时间的人，用时间去帮助别人，这就是时间的富者；善于言辞，用语言来赞美鼓励别人，这就是语言的富者；用微笑、欢喜、礼敬待人，这就是一个内心充实的富者；用力气帮助别人，服务他人，这就是有力的富者。所以，贪心不足永远是贫穷的人，乐于助人则永远都是富贵的人。

佛教主张发展净财、善财、圣财，甚至推广开来还有智慧财。佛教对财富的看法，非常重视均富、共有、施他、利济。佛陀当初实施僧侣托钵乞食制度，主要是因为他对财富的观念，主张"裕财于信众"，让僧侣借托钵时，信徒布施饮食，僧侣施予教化，所谓"财法二施，等无差别"。佛教认为财富的获得，应从培福修德、广结善缘而来，一切都有"因缘果报"的关系。因此寺院经济的管理人要有因果观念与常住观念。例如"有权不可管钱，管钱的没有权"，并且强调"要用智慧庄严世间，而不要用金钱来堆砌"，"要能运用财富，而不为财富所用"。尤其本着六和僧团的精神，重视"利和同均"，十分合乎现代人共有、共荣、共享的观念。这都是佛教经济观的特色。

过去佛门里有一些人，总认为贫穷才是有道行，谈"钱"就是粗俗。其实"巧妇难为无米之炊"，一个人除非不做事，要做事就离不开钱。金钱是学道资粮，是很现实的问题。因此，佛教并不排斥钱财。佛教对钱财的看法是"非善非恶"，黄金是毒蛇，也是弘法修道的资粮。根据经典记载，佛教的信众中不乏大富长者，如须达长者布施精舍、毗舍佉四事供养等，都受到佛陀的赞美。因此，佛教认为朴素淡泊用来自我要求是道德，用来要求别人则为苛刻。

再说，佛教徒本来就有在家与出家二众，一个在家修行的人如果没有钱财，如何孝养父母？如何安顿家庭的生活？何况修行办道、布施救济，都需要钱财作为助缘资粮。国家社会的各项发展，需要丰实的国库作为后盾，而佛教本身必须提供弘法利生、医疗慈善、教育文化等服务来净化社会，造福人群。如果没有净财，又怎能承办这些佛教事业呢？因此，佛教认为如何将信众布施的善财、净财、圣财，好好用在佛化事业上，才是值得关心的事。

◆**前面讲了那么多关于世间的财富，现在想请问大师，佛教有什么样的理财之道？佛教认为人生最大、最值得追求的财富是什么？**

星云大师：钱财是物质生活的基本条件，一般人莫不希求安乐富有。在佛教经典中，佛陀固然以毒蛇比喻黄金，但也不反对以正当的方法赚取净财，所谓"有钱是福报，会用钱才是智慧"，钱财只要用于正途，都是累积福德的资粮。因此，佛教主张在赚取正当的财富之外，更应进一步过合理的经济生活。

"合理的经济生活"包括拥有正当的职业，财富运用得当，以及懂得开源节流等。《般泥洹经》《杂阿含经》和《心地观经》中都提到，智者居家应"恭俭节用"，合理消费，一分作为日常家用，一分储存以备急需，一分帮助亲戚朋友，一分布施培德。如果"懒惰懈怠，赌博嬉戏，喝酒放逸，饮食无度，亲近恶人，邪淫浪荡"，钱财便会很快耗用殆尽。此外，佛经也告诉我们，财富为"五家共有"，终有散坏的时候，能够布施结缘，拥有"信、戒、惭、愧、闻、施、慧"，以及"六度""四摄"等法财，才是究竟的财富。

也就是说，学佛不一定要以穷苦为清高，佛教鼓励在家信众可以荣华富贵，可以营生聚财，如《大宝积经》说："在家菩萨如法集聚钱财，非不如法。"只要"平直正求"，而且有了财富以后要"给事父母妻子，给施亲友眷属知识，然后施法"。

有了金钱财富，还要懂得怎样处理自己的财富，这才是重要的课题。《杂阿含经》里面有一首偈语说："一分自食用，二分营生业，余一分藏密，以拟于贫乏。"意思是说：假如你每一个月有十万元的收入，应该拿出四万元来经营事业，两万元作为家庭生活所需，两万元储蓄以应不时之需，剩余之两万元用以布施，回馈社会，救济贫乏。

　　此外，在《大宝积经》中，佛陀以波斯匿王为例，告诉我们财富处理的方法。由于波斯匿王已经不需要为生活计算，因此分作三分：三分之一用来供养宗教，三分之一用来救济贫穷，三分之一用来奉献给国家作为资源。《涅槃经》中对财富的处理方法则说，除了生活所需之外，分为四分：一分供养父母妻子，一分补助仆佣属下，一分施给亲属朋友，一分奉事国家沙门。

　　以上是佛教处理财富的方法。至于我个人的理财哲学是：把钱全部花在必要的开销上，没有钱了再努力赚回来，否则钱太多就会怠惰。我个人从小在贫困的家庭中长大，但我很会用钱，我经常把一个钱当作十个钱来用，甚至把明年的钱，今年就用了。我们在"日日难过日日过"的生活下，将每一分净财都用在培养人才、弘法利生的佛教事业上。因此佛光山并不矫情地视金钱为罪恶，也不滥用金钱、积聚金钱，使金钱成为罪恶的渊源，我们的信念是要借着佛教的力量，把苦难的娑婆世界建设成富乐的人间净土。所以钱财的处理运用，不在有无多少，而在观念的正不正确，以及会不会用钱。有钱而不会用钱，和贫穷一样匮乏，因此我常说"有钱是福报，会用钱才是智慧"。

　　当初我创建佛光山的时候，一开始就先确立佛教处理钱财的方法。我告诉佛光山的徒众，佛教振兴之道，在于佛教有人才、有净财、有道业、有事业，否则"巧妇难为无米之炊"，缺乏净财，无法成事。此外，我手拟《佛光人守则》，明定佛光人不能私自化缘、私建道场、私置产业、私蓄钱财，而且申令管钱的人不可掌权，掌权的人不能管钱；大职事有权，小职事管钱；有钱，要为佛教和社会用了，不可以储存。

　　很多人看到佛光山一栋栋金碧辉煌的建筑，但很少有人知道佛光山经常无隔宿之粮，甚至一直举债度日。三十多年来，我最高兴的倒不是将十方信施净财用于建设道场，我最欢喜的事是将钱财用来培养人才。一千多个僧众，他们弘教说法，长于解除信徒疑难；他们住持道场，善于行政法务；他们在世界各地参学，通晓各国语言；他们把佛教带向人间化、现代化、生活化、国际化，这是对信徒布施净财的最大回馈。

我也经常告诉信徒，应该追求另类的财富，从另外的角度来看待金钱。如果拥有了智慧、人缘、勤劳、信念、健康及平安，也是财富。相反的，富裕的人如果烦恼很多，夫妻经常吵架，有钱又有什么用呢？话说有一个平凡的农夫，经常告诉人家，说他是全国最有钱的富翁。税务部听到之后，就想扣他的税，问他是不是自认为是世上最富有的人？农夫确认之后，税务人员就问他："你有哪些财富呢？"农夫说："第一，我的身体很健康；再者我有一位贤惠的妻子；我还有一群孝顺的儿女；更重要的是，我每天愉快地工作，到了秋冬的时候，农产品都会有很好的收成。你说我怎么不是世上最富有的人呢？"一个人即使钱财不多，但是孩子聪明、夫妻相爱，这也是人生的财富。

多年前，我曾应邀在日本的朝日新闻纪念馆举行一场以"人心、命运、金钱"为主题的佛学讲座。当时我说，日本是一个经济大国，物质生活极为丰富，人们普遍关心前途、命运、金钱，较少重视心灵净化。其实这三者是互为因果关系的，心好命就好，命好钱就多。真正的财富在身体的健康、内心的满足、正确的信仰、包容的心胸、前途的美好、生活的幸福、眷属的和谐、灵巧的智慧及发掘自我本性的能源，只要心灵能够净化，这些内财自然具备。

这些观念通过慈惠法师的日文翻译，许多日本大众同表大梦初醒，内心感到无比欢喜。其中日中问题研究会矢野会长更表示："过去时常自问，人生所为何来？不觉对自己的前途感到茫然。如今听大师一席开示后，知道命运操之在我，命运由自己创造，知道人生有轮回、有来生，无形中对未来充满了希望。"他说："今生虽苦，但可以创造未来的人生。"一个人能对未来充满希望，就是人生最宝贵的财富。

总之，佛教认为真正的财富，不一定要看银行里的存款，也不一定指土地、房屋、黄金、白银，这些都是五家所共有，个人无法独得。人生唯有佛法、信仰、慈悲、发心、满足、欢喜、惭愧、人缘、平安、健康、智慧等，才是人生真正值得追求的财富。

◆经过全球性的经济风暴后，现在举世都在盼望经济早日复苏。请问大师，如何才能带动全球经济起飞？

星云大师： 2001 年世纪交替之际，一场世界性的经济风暴，像狂风一样席卷了全球，让举世各国同受其害。在这段期间有很多人关心，全球经济衰退对佛光山是否会有影响？我说当然有影响。不过我认为这也是好事，可以让佛光山的人更有忧患意识，借此学习突破困境，这样对未来才有长远的打算。其实，佛教讲"无常"，世间事就像潮水一样，起落有时，荣枯兴衰，本是自然的循环。经济发展也有周期性，时盛时衰，全球经济衰退也是一时的现象，人民其实不必太过担忧，过一段时期自然会有好转。如台湾经济研究院副研究员赵文衡博士的观察，2001 年台湾的经济成长率虽然出现了 20 世纪 60 年代以来首次的负成长，敬陪东亚国家地区的末座。但是他认为这只是台湾由"模仿"进入"创新"阶段必经的转型期，无须太过忧虑。他说这个过程即将结束，台湾也将启动另一波的经济成长。依他的初步推估，2005 年左右将是新一波经济成长的关键年代，而 2020 年前台湾的平均国民所得可达到 2 万美元以上的水平。

赵博士的理论依据是，虽然近来经济成长停滞，但技术进步并没有停滞。台湾地区在美国获得的专利件数，由 1997 年的 2500 件激增至 2001 年的 6500 件。在台湾地区经济衰退最严重时，专利件数反而创下历史新高，仅次于美国、德国与日本，高居世界第四位。同样的，近几年来，越来越多的台湾地区出口产品是属于高度技术密集的产品。虽然 2001 年台湾地区经历经济衰退，在所有的出口产品中还有 46% 是高度技术密集的产品，此一比例甚至比 2000 年的 42% 还要高，不但优于英、美、日、韩等国，并且也是历史新高，因此他对台湾地区的经济复苏抱持乐观的态度。

虽然经济专家看好台湾的经济前景，不过由于现阶段经济衰退引发高失业率，造成很多人对前途感到茫然，因此在2003年2月27日，《人间福报》特与《天下文化》《远见杂志》共同主办一场"提升执行力，创造全民财富"的经济高峰会谈，邀请社会上有高度影响力的人士，以高度的思考层次为台湾的经济把脉，共同为台湾找寻出路。

会中多位专家一致强调"执行力"的重要。如高希均教授说："经济衰退，造成高失业率，继而引发许多社会问题。我们要想出各种办法创造财富，使社会能更积极参与。但是再崇高的理想、愿景，如果少了执行力，全成了夸大的空想。因此若问：'台湾的未来在哪里？'这个问题或许要从'执行力'找答案。"

有人说，一个企业的成功，30%靠策略，40%靠执行力。"执行力"是什么？建华金控执行长卢正昕先生说："执行力的定义是'积极参与，全力投入'。全力投入是身口意总动员。执行力的落实首先要'用对的人才'，其次得'采取对的策略'，最后是'完成对的营运'。"他认为今天这个时代，单打独斗闯不出天下，一定要有一群具有共同目标、愿景，加上有强烈企图心和执行力的人，集合众人之力才能创造财富。另外元智大学讲座教授许士军先生表示，过去一般人误认为执行力是通过严格执行，一个口令，一个动作。其实未来的趋势是"执行、策略合一"，站在第一线冲锋陷阵的人，不是被动地等待高层裁示，而是自己要有规划能力。他觉得今天若想发展经济，创造全民财富，就得发展"台湾概念股"，利用台湾不会外移的优势，例如自然的风光、气候、文化、风俗习惯，加上知识、想象力、领导者的眼光，配合金融业、科技业的支持，这样就能以知识创造价值，增加全民财富。也就是说，台湾如果能善用本身优越的条件，加上知识、科技、政策的指引，也能销售高价位的产品，进而获得外来消费者青睐，创造更多的外汇存底。

趋势科技资深执行副总经理陈怡蓁小姐也谈了她的亲身体验。她说去年与先生到日本本栖寺，看到寺里枫叶飘零，有位师姐不停地清扫，但是动作远不及落叶快速，分明是愈扫愈多。陈小姐的先生忍不住劝对方别扫了，没想到她幽默地说："愈多愈好，这样福报愈多！"陈小姐认为这就是佛光山执行力的源头，因为每个成员皆充满热诚、欢喜。如果每个企业的员工，都能如此热爱自己的工作，所追求的不只是金钱回馈，而是成就感、满足感，相信所展现的必是持续不绝的执行力。

几位先生、小姐的发言，皆有所见，不愧为专家、学者。当时我也针对佛教把我们的心比作田地，说明只要我们能开发心田，就有力量。所谓"愿无虚发"，心愿一发，所作皆办。尤其做任何事都要给主其事者一个远景、希望、未来，如此构想完成、步骤拟定，执行起来就容易多了。像2003年佛光山的国际花艺特展，引起花农的热烈回应。执行布置的工作人员不眠不休，轮番上阵，不以为苦，是因为他们有理念、有愿景。

我在世界各地建立几百个道场，这也是我给他们必定成功的信念。像彰化福山寺重建，困难重重，他们以资源回收筹募基金，如今已近10亿元款项，令我深受感动。因此"给人信心，给人欢喜，给人希望，给人方便"，都是执行力的具体展现。"给"才有力量，我以此实践执行力，并且创造社会的财富。所谓"大块假我以文章"，随处皆可成为力量的泉源。我们的社会若想恢复昔日风光，就要注重执行力的落实。不过，讲到这里我又想到，现在台湾民众处处爱讲理由，光是讲道理未必有力量。我认为有心才有力量，力量加上智慧、正确的方法，才能为我们带来执行力，能让我们创造全民的财富。

最后我也谈到，值此经济不景气的时刻，不但管理者应该重新调整经济政策，想办法吸收外资，更要留住台商，别让台商感叹台湾设厂空间小，而让资金外流；另一方面人民也要共体时艰，懂得开源节流，共同度过经济的低迷。如前所说，各地的经济纵然互有衰荣，就像潮水一般，具有周期性，不足为虑。反而大家所应该关心的是，由于经济全球化影响所及，一些小型企业渐为大集团所垄断。一旦这些大的财团经营不善，造成骨牌效应，受害的何止千千万万人。所以，世界各国对于大集团应该要有所约束制衡，对于小企业则要加以辅助，让大小共存，如此才能让财富像活水一样流通，继而创造一个均富的社会。

佛教对政治人权的看法

政治，一直是敏感的话题。有的人认为政治是龌龊、丑陋的，一提及便嗤之以鼻，避之唯恐不及；有的人则趋之若鹜，争相追逐，如蚁聚膻，如蝇竞血一般。为何人们对"政治"有着如此两极化的评价？

曾经有人将政治形容为"高明的骗术"，在权谋诈术的操弄下，多少国家沉沦灭亡！多少贤能志士牺牲！孔子当年"道不行，乘桴浮于海"，从此周游列国；楚国的屈原，因为被奸臣陷害而含冤投江。许多文人"学而优则仕"，原本怀抱"济苍生""安社稷"，以身报国的雄心抱负，却因受到压迫排挤，壮志难酬，一个个退隐田园，如西晋的陶渊明，唐朝的李白、杜甫、陈子昂，宋朝的苏东坡、陆游、辛弃疾……他们的文学作品里，也留下了诸多政治黑暗、官场险恶的见证。

其实，政治的黑暗、丑恶，是现象，并非本质！

本质上，政治是人类的一种社会活动，它包含政府治理国家的权力，也包含人民管理政府的权力。"国家兴亡，人人有责"，所以，政治应是全民为国家兴隆、百姓福祉，而齐心协力的责任与行为。而且，越是清明的民主国家，就越重视人民的权利和权力，人权也更能伸展和受重视。

古代希腊的柏拉图，是世界上最伟大的思想家之一。他的代表作《理想国》，被公认是西方第一部政治理论经典。柏拉图认为"城邦"（国家）是放大了的个人，有什么样的个人，就构成什么样的"城邦"（国家），所以书中认为政治、伦理、哲学、教育彼此相互依存，有着缺一不可的关联性、重要性。

过去，讲求仁义、伦理道德的儒家思想，在中国政治史上一直居于主导的地位。曾历经宋太祖赵匡胤、太宗赵光义两朝的宰相赵普即宣称："我以半部《论语》辅佐太祖（赵匡胤）打天下，以半部《论语》辅佐太宗（赵光义）治天下。"他认为《论语》里有丰富的治国思想与方法，每次一遇到治国难题，就回府闭门攻读此书，从里面寻找解决问题的良策。

不过，人性之贪嗔痴，要根本去除，并非易事。在这方面，佛教则具有净化心灵的教化作用，也有过不少具体的贡献。佛陀在世时，常对国王大臣说法，指引"治国之道"。历代许多高僧秉持弘法济世的悲愿，关心国事，福利百姓。佛教不仅对政治有精辟的主张，而且能辅助政治的不足，鼓舞人心向上、向善，具有积极、平等与包容、互摄、圆融的特质。从历史的记载里，可以看到佛教对于历朝政治的许多建设成果。而借由政治的护持，佛教也得以弘传发展。政治与宗教，如同人身五官四肢的互用，具有相辅相成的功能。

星云大师本着度众的慈悲愿力，关心政治，关怀社会，将人间佛教弘扬至全球五大洲，衷心祈愿的即是借着佛法的力量，能让世界每一个国家、每一个种族、每一个人，都能获得平安幸福。2005 年 10 月，大师再次应西来大学之邀，前往美国为远距教学的学生授课。从学生的提问中，大师阐述政治运作所产生的各种利弊，说明佛教与政治的关系，佛教对政治的贡献；谈到对"人权""自由民主"的看法，对于敏感的两岸问题，大师也提出了恳切中肯的箴言。以下是当天的座谈纪实。

◆有人说政治是最现实的，政治里没有永远的敌人，也没有永远的朋友。听起来好像政治没有原则，只讲利害，是很反复、无情的。请问大师，政治的定义是什么？在一个宗教人士看来，政治的运作会有哪些利弊得失呢？

星云大师：说到政治的定义，希腊哲学家亚里士多德说："人是政治的动物。"中国的孙中山先生则说："政就是众人之事，治就是管理。管理众人之事就是政治。"具体而言，凡行政上所施行的一切治国之事，概称为"政治"。

政治是社会组织重要的一环，世间一切都与政治脱离不了关系，也没有一个人能离开政治而生存。因为人是群居的，不能离群索居。既然无法离开群众，自是不能远离政治而生活。然而过去一般人每每提到政治，总是将之与权术、谋略、党派、斗争划上等号，因此强调和合无诤的佛教徒，往往避谈政治。甚至在社会人士高唱"宗教的归宗教，政治的归政治"口号之下，更以远离政治为无求。事实上，参与政治是国民的权利，除非是触犯国家刑法，被褫夺公权，否则即使出家，也都须善尽纳税、服兵役的义务，也有选举、罢免等权利。也就是说，政府有治理国家的权力，人民也有管理政府的权力。尤其人生存在世间，需要很多的自由，譬如人有居住的自由、信仰的自由、言论的自由、参政的自由等。如美国独立战争时派区克·亨利所说："不自由，毋宁死。"

在各种不自由当中，以政治的不自由对人迫害最大。台湾之所以为人所称道，就是因为台湾人民有政治上的完全享有权，以及从政的自由权。台湾地区下至邻、里、乡长，中至县市议员、县市长，上至"立委""议会"代表等，大家依法都有选举权或被选举权。这是民主政治的特征，也是民主政治的可贵。

政治最大的功能，乃在于能解决、保障人民、家庭、社会、国家的生存与安全。但是政治也有王道与霸道、仁政与暴政之不同，所以一个国家国祚的昌隆衰弱，人民的安危苦乐，和掌权者的施政态度有绝对的关系。国家领导者若实行仁政、王道，爱民重民，就能政通人和，赢得全民的拥戴；反之，倒行逆施，暴戾自私者，最后必定为人民所唾弃，终而走上灭亡之路。此即"得民者昌，失民者亡"。这个道理证之于古今中外历史，历历如绘。例如《史记》记载，周厉王暴虐，常大肆残杀无辜，虽然"国人莫敢言，道路以目"，三年之后，仍被国人群起放逐。再如秦始皇父子因肆虐百姓，大失民心，很快就失去天下。反之，楚汉之争时，刘邦因得秦民支持，于是转弱为强，转败为胜，这就是孟子所说的"得其民，斯得天下矣"。唐太宗是中国历史上的明君，在位期间，国家繁荣兴盛，内外升平，从《贞观政要》中可看出其"君道重在安民"等政治观。他曾对臣子说："为君之道，必须先存百姓，若损百姓以奉其身，犹割股以啖腹，腹饱而身毙。"他还举出隋炀帝由于荒淫残暴，征敛无度，导致"民不堪命，率土分崩"，来与侍臣互相警惕。

所谓："君，舟也；民，水也。水能载舟，亦能覆舟。"历史的殷鉴不远，可是放眼现代，独裁、极权政府对人民控制压迫之例，也是不胜枚举。最典型的代表是纳粹的盖世太保、意大利法西斯的黑衫军，以及许多国家的特务等，都是用残酷的手段、严密的监控来统治人民。此外，还有政治上的弊端，如苛捐杂税、严刑峻法、贪污腐化、强征勒索等；也有所谓白色恐怖、屈打成招，或司法迫害、法律不公，致使人民冤屈无法伸张，而怨声载道。乃至执政者朝令夕改，翻云覆雨，无信无义；或与黑道勾结，道德沦丧；或借着政商合流，谋取私利，而罔顾人民权益，危及公共安全；或垄断媒体，致使舆论不彰。甚至如恐怖分子的袭击，屡屡挑起人类的仇恨，引发死伤惨烈的事件和战争。

其他如日本企图掩盖其残暴的侵略史实而篡改教科书，以及历年首相一再参拜靖国神社，不肯认错之举都是负面的政治态度。这些政治人物虽然一时显赫，为所欲为，但是禁不起时间的考验。当其下台或逝世后，往往"人亡政息"，个人所建立的政治体制也随之瓦解。

政治是一时的，道德、人格才是永久的。因此，孔子在《论语》里提到最理想的政治是"道之以德，齐之以礼"。他说："政者，正也。"在上位者有道德，则"其身正，不令而行；其身不正，虽令不从"。如此，"政治道德"所展现的便是一种"政治力量"了！好的政府是"民之所好好之，民之所恶恶之"。他们会为百姓谋取福利，如减轻税捐，加强建设，发展经济，让人民生活富足；提升教育、文化水平，尊重宗教，融和种族，建立和谐、安定的社会；培植山林，整治水利，重视环保，营造清净、健康的生活环境等。

除了前面所言的唐太宗，还有三国时以远见卓识辅佐刘备安邦治国的诸葛亮；宋朝时，为富国强兵而推行新法的王安石，以及"居庙堂之高，则忧其民"，"先天下之忧而忧，后天下之乐而乐"的范仲淹等，都是忠心为国家社稷，以大公无私、宽宏气度来实现政治抱负的典范。

在佛教里，极乐世界是人所向往的佛国净土。在极乐世界里，"诸上善人聚会一处"，是一个政治永远清明的世界，不同于娑婆世界是个有好人、有坏人、有光明、有黑暗的五浊恶世，尤其只要一沾上政治，人性丑陋的一面便越发突显。明朝唐甄曾激烈发表《帝王皆贼论》，他认为："自秦以来，凡为帝王者皆贼也。"此乃人有私心，有权力欲之故。因此不论东西方，国家与国家，种族与种族，党派与党派之间，因政治权力引发的争战，可谓连年迭起，少有止息。根据历史学家的研究，中国五千年的历史，只有九年没有打仗。所以谈到政治人权，我们要呼吁全世界爱好和平的人士，大家修身正己，以诚心、正义、尊重、包容，慢慢影响世界政治人物，用舆论和各种方法，让从事政治的人知道和平的重要，从而提升政治道德，善尽政治责任。

◆政治确实和每个人都有密切的关系。现在想请问大师，一般人常说"政治的归政治，宗教的归宗教"，宗教与政治真能完全划清界限吗？佛教在历史的长河中流传，与"政治"有过什么样的接触？佛教与政治的关系又是如何呢？请大师开示。

星云大师：自有人类以来，就有宗教信仰，因为宗教如光明，人不能缺少光明；宗教如水，人不能离开水而生活，因此人只要有生死问题，就不能没有宗教信仰。

宗教与政治都是人类的社会活动，二者自然难以划清关系，只是过去一般人总秉持"宗教的归宗教，政治的归政治"，认为彼此应该各自独立，互不相干。实际上，"政教分离"虽是举世都能认同的思想，但是政治与宗教彼此又能相辅相成，互补互需，这也是不争的事实。例如佛教能影响帝王的施政理念，辅助帝王修身、治国、平天下；相对的，佛教的弘扬，也要靠帝王的护持，才能普遍推广。因此自古以来佛教非但未与政治分离，而且一直保持良好的关系。例如佛陀成道后，游化诸国，经常到王宫说法，开示仁王的治国之道。印度许多大国的君王如频婆娑罗王、阿阇世王、波斯匿王、优填王等，都受到佛陀的感化，皈依佛教，进而成为佛教的护法，将佛法的真理应用于治国安邦，福利百姓。

佛陀涅槃之后，印度的阿育王，原本凶恶残暴，皈依佛教之后，成为仁慈爱民的君王。他觉悟到以武力来统治国家，只能服人之口，唯有以佛法真理来度化世间，才能服人之心。因此，在他治理国政期间，每五年会派一批大臣，到全国各地去考察佛法传播的情况，并且在街衢要道设立许多石柱，上面篆刻佛教的经文，他认为佛法愈弘扬，国家就愈兴盛。后来的迦腻色迦王、戒日王、弥兰陀王等，也都遵循佛陀教法，以法治国，建立清明的政治，在印度史上写下了辉煌的一页。

到了中国，历代的僧侣与帝王也常有密切的合作往来，当中有辅弼朝廷被尊为国师者，有出仕朝中为宰相者。如宋文帝礼请慧琳为宰相，日理万机，时人称为"黑衣宰相"；唐太宗向明瞻法师请教安邦定国之道，明瞻陈述以慈救为宗；明朝的道衍禅师，永乐皇帝爱其英才，敕令还俗辅佐朝纲，对明初的清明政风贡献很大。

佛教对国家社会的影响与贡献，除了和谐政治，还有帮助生产、开发交通、保护生态、利济行旅、文化建设、安住军民、兴办教育、医疗救济、财务运转、科技文学等。佛教还可帮助政治化导边远、消除怨恨、感化顽强，发挥慈悲教化的功效。尤其佛教的五戒，对安邦治国的贡献，正如《毗尼日用切要香乳记》引《报恩经》云："若百家之乡，十人持五戒，则十人淳谨；百人修十善，则百人和睦。传此风教遍于宇内，则仁人百万。夫能行一善，则去一恶；能去一恶，则息一刑；一刑息于家，百刑息于国。其为国王者，则不治而坐致太平矣！"佛教与政治的关系是彼此相辅相成的，政治会使一个国家人民走向繁荣、安定的大道，宗教则是政治前面的引导者。佛教与政治的关系进一步说，由于政治本身为了因应人事的变化，有时思想难免受限于"权"的制衡，而导致狭隘的自我主义。

所以一个政治领导者，如果不能把施政的理念建立在道德上，不以佛教的慈悲心、缘起观为施政的准则，政治就会流于权术的运作，从政者便会被权欲所支配，而谋权夺利、互相斗争。甚至整个社会若不借助佛教的因果业报来教化人民，也难以安定人心，因为法律只能防止恶行，恶的根本则必须靠佛法的修行才能去除，所以有时政治力量达不到的地方，佛教可以弥补不足。

然而佛教在中国的发展，与政治之间有时候是政治希望借助佛教的辅助，所以帝王莫不尊崇有德高僧，立其为国师。例如姚兴尊鸠摩罗什为国师；有的朝代是帝王采取高姿态，希望佛教臣服在政治之下，遂与佛教产生敌对状态，故而有东晋慧远大师提出"沙门不敬王者论"的主张，认为"袈裟非朝廷之服，钵盂岂庙堂之器"。

有的时候宗教与政治相辅相成和谐共存，但有时候也有民间利用邪教摧倒政治的，有时候政治也逼迫宗教隐遁到山林里。如明太祖朱元璋对佛教的政策，不但禁止俗人进入寺院，同时也禁止僧侣与世俗生活接触；有的则是摆明了借助佛教的帮忙，如唐朝神会大师帮助政府卖度牒。现在政府每遇有重大灾害，也总要佛教出面救灾。总之，佛教与政治有如唇齿相依，关系密切。佛教教义与僧侣行仪可以影响帝王的政治理念，建立祥和社会；帝王的权势则能帮助佛教普遍弘传，净化世道人心。所谓"上行下效，风行草偃"，一个宗教的发展，如果有上位者加以弘传，则普遍而快；如果由下而上，要想普及于全国，若无一两百年，则不易竟其功，这就是佛陀临涅槃前将护法之责付与王公大臣的原因。有了帝王的护持，佛教才得以弘化天下，畅行无碍，此可证之于近代日本的圣德太子订定十七条宪法，明文规定日本世世代代为笃信三宝的佛教国家，所以日本的佛教直到现在依然非常兴盛。

甚至佛教从印度传到中国，之所以能枝繁叶茂，并且产生"佛教中国化，中国佛教化"的现象，除了高僧的弘传、译经的展开、大藏经的刊行、宗派的创立、教义信仰的普及，以及僧团制度的不断革新等诸多原因之外，历代多位帝王对佛法的鼎力护持，也是一大助缘。

其他如泰国国王即位之前，必须接受短期的出家生活训练，等到出家人的威仪俱足，佛教的慈悲精神俱备，才能掌理政治；锡兰、缅甸、尼泊尔等中南半岛的国家，也都是"佛教领导政治，政治尊重佛教"；韩国亦曾以佛教为国教，并雕刻大藏经以救国。凡此都说明佛教与政治之关系密切，政治需要佛教的辅助教化，才能建立和谐安定的社会；佛教也需要政治的护持弘传，才能源远流长。

◆刚才大师谈到，两千多年前释迦牟尼佛住世时，就经常周旋在国王大臣之间，为他们开示为政之道。能否请大师进一步说明，当初佛陀对政治有一些什么样的理念与教化？

星云大师：谈到佛陀的政治理念与教化，令人感慨的是，翻开人类的历史，从古至今，世界各国的政治少有清明的时候，大都处在变乱动荡之中。原因是各阶级、各国家、各民族都是以自己的利益为出发点，对内自相残杀，争取领导；对外侵占掠夺，谋取扩张，处处显露人性自私贪婪的弱点！

佛教是个崇尚和平的宗教，佛教没有阶级和种族的歧视与斗争，佛陀当初打破四姓阶级制度，明白揭示民族的平等观，即是认为"一切众生皆有佛性"，应一律平等视之。因此一如佛教的传说，如果悉达多太子当初不出家修道而接掌王位，便是一位英明仁慈的转轮圣王。所谓转轮圣王的政治，就是一种自由民主的政治，也就是行五戒十善的德化政治。

佛陀出身王族，对国家政治有透彻的了解。在《般泥洹经》里，他说："天下多道，王道为大，佛道如是，最为其上。"佛陀的政治理想和宗教理想，是彼此圆融互利的，他认为唯有依循正法，政治才能达到理想的境地。换句话说，一个理想的政府，必须在国家、法律的秩序上，加上宗教、道德的规范，才能发挥仁王政治的理想。

佛陀对仁王政治的教化，普见于佛教的诸多经典中。在《大萨遮尼乾子所说经》里，佛陀开示：民心不安，是国家之危，所以领导者应常挂念百姓，如心系自己的幼子一般。在《如来示教胜军王经》中，佛陀说：身为国王者，对于国内所有众生、僮仆、大臣，都应以"四摄法"来看顾摄受。在《长阿含经》里，佛陀说："君臣和顺，上下相敬……若能尔者……其国久安。"在《佛说孛经抄》里，佛陀指出："为君当明，探古达今，动静知时，刚柔得理，惠下利民，布施平均。"在《法句譬喻经》中，佛陀提出为王之道当行五事：一是统理万民，须公正公平，不能有冤屈之事；二是储备人才，要用心并给予教育；三是勤政爱民，广修福德；四是不听信谗言，而能察纳正直的谏言；五是洁身自爱，不贪图享乐。在《金光明最胜王经》里，佛陀则说："于亲及非亲，平等观一切，若为正法王，国内无偏党，法王有名称，普闻三界中。"

佛陀综观当时社会的状况，认为一国的兴衰与君主的道德有关："君主贤能德政，则国运必昌，人民幸福；君主失德，则国运必堕，人民痛苦。"因此，佛陀为帝王定下应守的德目，如：清廉宽容，能接受群臣的谏言；肯布施，能与人民共甘苦；租税必依法征收；勤政爱民，谨持威严；审判必依法律，无私曲于其间；与群臣和睦，不与彼等竞争等。

除了国家最高领导者应具备慈悲、能力、公正、守法等条件以外，在《增壹阿含·细禁品》里，佛陀也举出执行政令的官员必须具有：不贪污、不暴怒、不诿过、不怪僻、不悭吝、不犯法、不磨人、不重税、不嗜酒、不好色、不自私等内涵品德，才能行法不悖，利益众生。此外，《中阿含·雨势经》中也记载了佛陀对政治的看法。有一次，阿阇世王要发兵攻打跋祇国，特地派遣雨势大臣向佛陀请教战略。佛陀知道雨势大臣的来意，故意对站在身后的阿难开示跋祇国所以富强的治国七法：（一）数相集会，讲议正事；（二）君臣和顺，上下相敬；（三）奉法晓忌，不违礼度；（四）孝事父母，顺敬师长；（五）恭于宗庙，致敬鬼神；（六）闺门真正，言不及邪；（七）宗事沙门，敬持戒者。

佛陀主张以议会制度，推行民主法治来决定全民的利益，一如今日立法院、监察院等也经常召开会议，只是早在两千五百多年前，佛陀已有灼灼先见之明了。所以英国政治名著《印度的遗产》一书中提到："现代民主国家的会议制度，便是从佛教的思想中继承来的。"

其实，一个良好的政府不必然是全能的，但是必须导民以正。从以上诸多佛教经典中，可知佛陀心目中的理想政治是转轮圣王的仁王之治。他认为一个国家不可扩张武力去侵略他国，但是为了维护本国人民自由、平等、安全、幸福，必要的施政是可行的。

佛陀对于政府治国之道的精辟看法与理念，如果当今政治人物都能谨记在心，并且依之而行，应用于治国济民，那真是国家之幸，人民之福了。

◆既然佛教徒关心政治已有佛陀身先表率，那么历代高僧大德对政治的看法又是如何呢？他们是否也曾立下什么典范？请大师为我们说明。

星云大师：前面提到，佛教的弘扬要靠帝王的护持，才能普遍推广；相对的，佛教又能影响帝王施政理念，辅助帝王修身、治国、平天下，所以佛教与政治的关系一直是密不可分。在中国，不但历朝设有僧正、僧统、僧录司等僧官制度，更有礼请僧人为国师而辅佐施政者，譬如禅宗的南阳慧忠禅师，唐肃宗、代宗都曾封立他为国师。华严宗三祖法藏贤首，唐高宗曾随他求受五戒，武则天请他至宫中宣讲华严要义，法藏为了让武则天明了"体相用一如"的道理，就近取譬宫门一对金狮，成就《华严金狮子章》的伟大著作，使华严宗在唐朝大放异彩。而四祖清凉澄观更是受到代宗、德宗、顺宗、宪宗、穆宗、敬宗、文宗等皇帝的崇敬，被尊为七帝国师。

唐朝的悟达国师深受唐文宗敬仰，宣宗即位后，更颁赐紫袈裟，并且敕封为三教首座。他曾襄助宣宗复兴佛教，功绩炳然。隋唐时的玄琬法师受朝廷礼请为太子太傅，以"行慈、减杀、顺名、奉道"四事，教导东宫太子未来掌政爱民之方。其他如宝志禅师为梁武帝的国师，玉琳国师为清顺治皇帝的师父，天台智者大师受到隋唐两代帝王的尊敬等。以上这些大师都是抱持方外之士的超然胸怀，以佛法智慧，为国家的安乐、人民的幸福贡献宝贵箴言。

此外，历代对国家政治深具影响力的僧侣，诸如西晋末的佛图澄，他度化残暴杀人的石虎、石勒，解救生灵无数，二石尊之为师，时常请教社稷大事。佛图澄的弟子道安大师，是姚秦苻坚以十万大军征讨襄阳时希望求得之人。当时有位博学广闻的习凿齿，以文名著称，其辩才早已名满天下。在道安抵达襄阳之前，习凿齿已久闻道安之名，特意修书通好并前往拜访，他自我介绍："四海习凿齿。"意思是四海之内多闻我名。道安应声回答："弥天释道安。"即普天之下，相信佛法，有道，就能平安。两人机锋相对，可谓禅意盎然。

道安大师后来劝谏苻坚休战，让众生免于涂炭。再如唐朝玄奘大师，他在主持译经大业的同时，还经常随驾高宗左右，接受咨询国事。玄奘大师圆寂的时候，唐高宗罢朝三日，悲恸地对大臣说："朕失去了一件国宝！"可见玄奘大师受到朝野仰崇之深。

皇帝是政治上的国王，影响于一时；出家人是真理上的法王，影响于万世。隋文帝曾经赞叹灵藏律师："朕是世俗凡人的天子，律师你是求道学法者的天子；律师能以佛法度人为善，而朕只能以法令禁人为恶。"南宋高宗曾礼请法道禅师入朝共谋国事，贡献计策，稳定军机。曾经一度为禅僧的刘秉忠，元帝入主中原后，特别征召他出仕为相，刘秉忠为了保全汉人的生命财产，免受无辜的杀戮，乃挺身而出，立朝仪，订制度，推行汉化，延续了汉民族的生存；元代至温禅师，由于赞助王化有功，世祖敕封他为佛国普安大禅师。

历代的高僧大德虽然不像帝王将相直接掌政，但是爱国之心和一般人是相同的。他们以佛教的高超教理来净化人心，改善风气，为社会提供心理建设、精神武装，给予社会大众苦难时的安慰、失望时的鼓励。只是长久以来许多人对于僧侣关怀政治总是抱持不正确的观念，认为出家人不可以问政，不能关心政治，其实政治既是众人之事，佛教徒关怀社会，岂能不关心政治？因此即便佛陀也曾说过自己是"众中之数"，乃至观世音菩萨以三十二应化身游诸国土，度脱众生，其中即有国王、宰官、大将军身，以其政治身份，为众生创造富足安乐、无有怖畏的人间净土。所以佛教徒参与政治，本着爱国爱家及关怀一切众生的悲心，怀抱淑世济人的圣贤之心，从事政治的事业，又有何不可呢？

是故常有人问："佛教徒可以从事政治吗？"答案是"可以"！因为从佛陀为国王们讲说转轮圣王的理想政治，以及历代国师们以佛法的智慧辅佐帝王治理国家，都证明佛教徒可以参政，但不必直接干治的中道思想。佛教徒如果能本着大慈大悲、救苦救难的菩萨精神，从事政治的事业，更能扩大心胸，为众谋利，这是不容置疑的。

◆大师，您提倡人间佛教，一向都很积极地走入人群，主动关怀社会与时事，但大师对政治又一贯保持超然和超越的态度，是否这就是所谓"问政而不干治"呢？请大师开示。

星云大师：人在社会上谁也脱离不了政治，佛教徒虽不介入政治，但关心社会，关心政治。"问政不干治"是佛教徒对政治的态度。也就是说，佛教基本上是超越政治的，但对社会大众的关怀，仍不失其热心，只是不直接接触行政工作。这也是佛门一向主张的"问政不干治"。我对政治与宗教的看法，一向主张"政治权力方面，宗教徒不沾边；宗教灵修领域，政治也不要干涉"。例如我开创佛光山，或在全世界建设一两百座道场，十方善施协助之外，从来没跟政府申请过一毛钱来补助设施。我认同太虚大师的"问政不干治"。"政治"两个字，"政"是众人的事，"治"是执行、管理之意。问政就是可以担任议员，关心国事，给予建议，但是不要当警察局长或乡镇长等，直接参与政治。目前台湾社会混乱，是非事多、法律不张，我也不赞成出家人参选民意代表，但可推荐正信的佛教徒参选，因为总要有人来关心国事，改革政局。

像现任西来大学的教务长古鲁格，是斯里兰卡人，过去曾是代表斯里兰卡国家政府驻联合国的大使。刚才上课前我问他："目前斯里兰卡佛教与政治的关系如何？"他说："斯里兰卡有二百多个国会议员，其中有九个是出家人，都是很优秀的议员。"我开玩笑说："你们南传佛教比我们北传佛教进步，在台湾，要有九个担任'立法委员'的出家人都很难呢。"

宗教不能离开国家，不能离开政治，出家人可以不做官，不管理政治，但是不能不关心社会、不关心民众，因为"国家兴亡，匹夫有责"，不管什么身份，每个人对国家都不能置身事外。

出家人虽然出家了，但是并不意味出国，并没有远离自己的国家邦梓。爱国不分你我他，方内、方外，为政不必高官厚禄，权力在握。我想爱国没有错误，没有国家民族观念才是罪过。国家需要广大的佛教徒投入问政行列，以佛教的高超教理来净化人心，改善风气，维持社会秩序。何况佛门广大，如阳光普照，天雨润泽，不会拣择是大树或小草。贩夫走卒、贫苦困顿者，我们都会心生悲悯，希望他们能得到佛法的滋润，重拾生命的力量和喜悦，何况政治人物？佛教不会舍弃任何一个人。而且，如前面所言，在上位者如果有宗教信仰，明因果，知取舍，对国家，对百姓更有正面且巨大的影响！

这几十年来，和我接触的政治人物不少。1996 年 5 月，美国前副总统戈尔访问西来寺，晤谈中，这位和善的政治家表现出对宗教和移民的高度支持与关切。他赞许佛教的合掌，认为此动作代表了合作、团结、互助与包容。1998 年 5 月，我到马来西亚弘法时，与他们的首相马哈蒂尔会晤。他认同佛教的慈悲心、平等观，并提出人类也应有相互关怀友爱的情操。2001 年 8 月，当时任高雄市长的谢长廷先生，因看到《仁王护国经》里"若国欲乱，鬼神先乱；鬼神乱故，即万人乱。当有贼起，百姓丧亡"的句子，深感净化心灵的重要，于是率同一级主管到佛光山进行"净心论政之旅"。那时，我提供"以众为我，就能解决问题；以退为进，世界将更宽广；以无为有的胸怀，拥有更多；以空为乐，更能自由自在"的观念，作为他问政管理的参考。

另外，台湾亲民党主席宋楚瑜曾说，从我身上学到"老二哲学"，他要效法出家人，以众生为念。我曾勉励陈水扁说，"有佛法就有办法"，"政局要安定，有助于'9·21'灾后重建及两岸问题的处理"；也表示全民应推行和实践我提倡的"做好事，说好话，存好心"三好运动。还有，2001年，我应邀演讲，也提出"对经济的复苏，企业要大小共存；对社会的治安，全民要同心协力；对族群的融和，大众要互相尊重；对国家的未来，眼光要瞭望全球"四点意见，作为大家未来努力的方向。

《龙舒增广净土文》言："上报四重恩，下济三途苦。"我们生存世间所承受的四种恩德，其中之一便是"国家恩"。每个人都需要国家政府来保障生命财产的安全，所以平时有力量者帮助生产，有技能者提升科技建设，有智慧者建言国是，有财力者广结善缘……每个人都应该在自己的岗位上尽忠职守，以报答国家覆护之恩。佛教与政治之间有如唇齿相依，彼此脱离不了关系。证诸历史，佛教愈弘扬的时代，国运就愈昌隆；同样的，国家富强，政治清明，佛教才能兴盛。因此，身为国民，大家都应该关心国家大事；身为宗教家，更应为全人类福祉尽心尽力，不但不能置身事外，而且应该积极关心，直下承担，这才是人间佛教菩萨道的实践。

◆请问大师，佛教与政治的关系既是如此密切，两者之间是否有一些异同或是主从的关系？

星云大师：说到佛教与政治的异同，早期我在各地讲演，后来结集出书的《讲演集》，里面有一篇《佛教的政治观》，谈到二者的不同，我曾列举以下数点。

（一）政治是管理众人，维护社会秩序的团体；佛教是教化众生，净化社会人心的力量。

（二）政治希望人人能够安和乐利地生活；佛教要求人人能够慈悲喜舍地做人。

（三）政治是重视法纪，要人人守法；佛教是慈悲忏悔，要人人自律。

（四）政治是维护治安，保卫国家；佛教是救苦救难，拥护国家。

（五）政治重视才干机变，以力服人；佛教重视戒律因果，以德服人。

（六）政治对于功和过，重在事后的赏罚；佛教对于善与恶，重在事前的认知。

（七）政治是权法，因时、因地、因人而制宜；佛教是实法，因教、因法、因理而肯定。

（八）政治是曲线的，曲而求远，人人平等；佛教是直线的，直指人心，见性成佛。

（九）政治重视实效通行，即日成办；佛教重视远益利济，普度现未。

（十）政治的世界和平，是理想目标；佛教的净土共生，是行愿完成。

（十一）政治以财力、军力、权力，治理国家；佛教以德力、法力、心力，辅助国家。

（十二）政治从外做起，要求人民修身守法；佛教从内做起，要求人民修心守道。

（十三）政治要求人人奉行四维八德，以家齐国治；佛教要求人人实践五戒六度，以自度度人。

这是从佛教与政治的定义、教化、目的，以及执行方式等来作比较。表面看来，两者有极大的差异，实则可以相辅相成，相互融通。例如佛教虽明诸法毕竟空寂，实相无相，但在教化时，会随着众生根机而有许多权巧方便的施设。如《杂阿含经》里记载，有位御马师问佛陀："身为'无上调御丈夫'的您，以几种方法来调伏众生？"佛陀回答说："如同调马一样，也是以柔软、刚强、刚柔并用三种方法来教化众生。"

所谓"爱的摄受"与"力的折服",这种刚柔并用的教化方式,与政治上"宽猛相济""王霸兼综"的政策并无二致,同样是管理众人之事。只是不同的政治理论,不同的治国方法,当然也会产生不同的政局。大体上,"四维八德"仍为治国修身之依循准则,在这方面,佛教所制定的"五戒",更能作为修心养性的指引,不同于外在的规范。乃至佛教的一切教理都是"直指人心",让人们发觉本自具有的清净善美的真心,进而以四摄六度等菩萨行法自度度人,共同营造美满和谐、富足安乐的国土。

不论身为哪一国的国民,一定有行使政治的权利,都是"政治人";如果接触佛教,成为信徒,就成为"佛教人"。两者迭加,会产生相加相乘的强大力量!

至于主从关系,我想佛教与政治应无主从之分。不过"形为心使",佛法即"心法",在一切有为法中,"心"具有主动、主宰的支配力。如《华严经》言:"心如工画师,能画种种物。"此心能上天入地,会行善造恶,我们若能明白自心而实践此"心法",于待人处世,乃至齐家治国就非难事了。

◆ **有人说,一个国家如果能多几个"政治家",少一些"政客",这个国家的人民就有福了。请问大师,"政治家"与"政客"之间到底有什么不同?**

星云大师:真是大哉问!一个国家如果政治家多一些,政客少一些,国家就能兴盛、清明、稳定。反之,如果尽是政客当道,要国泰民安也难矣。同样是以"政治"为业的人,二者有何不同?19世纪美国一位牧师克拉克说:"政客与政治家的区别,就是政客看下一届的选举,政治家看下一代的福祉。"真是一针见血的诠释。

综观古今政坛百态,我将政治家与政客之不同,归纳为:政治家一心做事,政客一心做官;政治家想到利人,政客想到利己;政治家公而忘私，政客私而忘公；政治家以福国利民为立场，政客以个己之私为立场；政治家为正义而服务，政客为利益而服务；政治家高瞻远瞩，政客短视近利；政治家有党派，和而不流，政客有党派，以党伐异；政治家上台容易，下台洒脱，政客上台不易，下台不肯；政治家有道德勇气，政客泯灭良知；政治家肯为理想牺牲，政客只有贪欲的企图。根据这些描述和比较，我们来检视历史上的政治人物。我想无疑的，华盛顿是一位杰出的政治家。他带领美国独立，并于 1789 年全票当选美利坚合众国第一任总统。他极为厌恶专制独裁，除了竭力将松散的联邦建立成坚实的国家，更坚持推行民主政治，为现今美国的自由民主打下坚实的基础。华盛顿就是那种对国家民族有强烈责任感，对政治有卓越远见的政治家。

政治家多具有高尚的品格与高贵的政治理想，即使最后功败垂成，仍能在历史上留下让人尊敬的英名。如春秋时致力改革富国的管仲，为政清廉、正直无私的晏子；三国时善于审时度势，具统领智慧的诸葛亮；东晋时沉着冷静、稳定和谐政局的谢安；唐朝有见识才略、个性忠直、每每犯颜进谏的魏征，善于用人、恪守职责、不自居功的房玄龄；以及前面所言的宋朝王安石、范仲淹，明朝的张居正，清朝的谭嗣同……他们都是值得尊敬、名垂青史的政治家。

政治家在取得政权之前，有时会因情势使然，身不由己而不择手段，运用权术计谋。等到取得政权，即调整脚步，回归忠心为国、全心为民的政治目标。如唐太宗李世民发动玄武门之变，弑兄杀弟的手段，和历史上许多卑鄙的政客没有两样。但是当了皇帝之后，他励精图治，察纳谏言，严于律己，以诚招天下，唯才是用，将唐朝建设成当时世界最强的国家，也缔造中国历史上唯一没有贪污的"贞观盛世"。以其成就和贡献，应是一位瑕不掩瑜的政治家吧！另外，三国时的曹操，在戏剧里是花脸，被称为"一代奸雄"。不过，他结束长期战乱的局面，为全国打下统一的基础；他以非凡的军事才能，在北方大兴屯田，整顿吏治，使得政治清明，社会安定，也是一位优秀的政治家、军事家。

再来看看政客，他们常存心不良，为了个人私利，会绞尽脑汁玩弄权术，欺上瞒下，贪污，揽权，欺压。如秦始皇嬴政病死后，宦官赵高想夺取朝中大权，他用阴谋让年幼的胡亥登上皇位，即秦二世，自己则实际掌权，控制幼稚的傀儡皇帝。在《史记·秦始皇本纪》里记载，有一天，赵高献一头鹿给秦二世，说："这是我献给陛下的一匹马。"秦二世说："你跟我开玩笑吧？这是一头鹿呀！"赵高严肃答道："谁敢跟陛下开玩笑！这明明是一匹马。陛下不信，可以问问别人。"

秦二世随即问左右的人，此时，畏惧或想讨好赵高的人，都说是马；正直的臣子，有的实说是鹿，有的默不作声。赵高暗地记下与他唱反调的人，后来陆续借故把这些人全部杀掉。强大的秦帝国，在他手中不到三年就土崩瓦解。由此可知，政客不喜欢英明的上司，又妒贤嫉能，会想尽办法铲除妨害他政途的人。

清朝的和珅，以其谄媚和恭谨的身段，赢得乾隆皇帝的宠爱和信任。后来，乾隆驾崩才五天，继位的嘉庆皇帝就下诏宣布和珅的二十条罪状，将他罢官抄家。当时，抄出的家产折合白银有9亿两，相当于清帝国12年的财政收入。如果再加上他挥霍掉的款项，及家人贪污的数目，合起来则为清朝20年财政收入的总和，贪污之厉，莫此为甚！

再如一心想当皇帝的袁世凯，葬送能使中国富强的"戊戌维新"，让中国陷入几十年军阀混战；以及北宋祸国殃民的蔡京，明末反复无常的吴三桂等，都是丧尽天良、利欲熏心的政客。

政客与政治家之行径南辕北辙，但是政客善于伪装，往往以巧言令色掩饰其野心和邪恶目的。所以，短时间要区分谁为政客，谁是政治家，不是容易的事。我们除了"听其言"，更要"观其行"。曾国藩家训言："唯天下至诚能胜天下至伪，唯天下至拙能胜天下至巧。"在历史长河中，政治家终会流芳千古，政客唯有遗臭万年吧！

◆**权利与义务是相对的，一个国家的国民负有纳税、守法等义务，但相应的也应享有国家保障的各种权利。请问大师，一个自由民主的国家，人民可享有哪些权利？而当政者又应如何善用其权力来保障"民权"，使其不受侵犯呢？**

星云大师：现在自由民主的社会，常常高喊"保障人权""人权至上"。所谓的"人权"观念，是近几世纪才形成的。最早人类民智未开，对宇宙大自然不了解，因而充满敬畏和恐惧感，且认为大自然一切现象都各有主宰的神明，如山神、雨神、雷神、河神、树神等。当时的人类也相信有天神或天主凭其喜恶，掌控世间的一切。这种"天命论"，很自然地被运用在政治上面，如商汤起兵攻打夏桀时，即说他非敢作乱，实因"有夏多罪，天命殛之"，借着宣扬"天命""神授"，来表示伐夏是"奉天行道"。"神权"时代里，这种泛神思想维系人伦纲常，统治者也以"天命"来维护其地位和权威。后来，演进到对帝王绝对服从的专制"君权"时代。

现今则发展到民主社会的"民权"时代，大家不只提倡自由，也重视民权，强调人的生命有无比尊严。1948 年 12 月 10 日，联合国大会发布《世界人权宣言》，在第一条主体思想中，即开宗明义言："人人生而自由，在尊严和权利上一律平等。"接着在公民、政治、权利方面亦言："人人有权享有生命、自由和人身安全……法律之前人人平等，有权享受法律的平等保护，不受任何歧视……人人有思想、良心和宗教自由的权利……"其他，举凡参政权、创作权、教育权、财产权、言论发表权、文化权、隐私权、迁徙居住权等，均是人民应享有并受到保障的。

在 18、19 世纪时，世界各国皆以民权来指人权；及至 20 世纪，妇权意识提高，妇女运动崛起，许多人唯恐民权（The Right of Man）未包含妇女的权利，为使权利主体更明确、周延，才改为人权（Human Rights）。

　　一般而言，近代人权可分为四个世代：第一代人权，从 16、17 世纪至 19 世纪，人民为反抗君主压迫，要求政治上的民主、自由、平等、生存、财产保护等权利，是为"公民及政治权利"世代。第二代人权，从 19 世纪到 20 世纪初，争取的范围扩大至工作权、经济权、社会福利权、劳动人权、组织工会、医疗保健、教育训练，是为"经济及社会人权"世代。第三代人权，从 19 世纪末 20 世纪初，至第二次世界大战之后，是以"族群、社会自决与宗教自由"为主的世代。第四代人权，从第二次世界大战后到现在，包括社会权、环境权、抵抗权、隐私权、信息权等。除了这些，新兴人权还有：人格权、弱势族群权、和平及发展权等。从人权的发展过程来看，人类的历史可以说就是一部争取人权的奋斗史！

　　虽然现在世界各国皆高举"人权至上"的旗帜，有的国家也标榜"人权立国"，在宪法上罗列各种人权的保障。但实际上，当与执政党或个人权力相冲突时，人权的享有和保障，都能落实吗？如媒体为民喉舌，应有"言论免责权"，却因批评或揭发政府弊端而被恐吓，勒令关台；每逢选举期间，有些检察官展开"作秀式"的扫黑、扫黄或不当的监听；政党之间的谩骂、写匿名信、偷拍公布"非常光盘"，以毁损对方名誉来争取选票等，这些漠视人权的行为，对民主政治而言，实为一大讽刺！甚至，人权的定义与行使，也常因人而异。如有地位的人，就有"特权"；有钱财的人，就有"方便权"；有势力的人，就有"威权"……也都是人权发展史上怪异又普遍的现象。

　　政府如何保障人民的权利？在现实生活的保障方面，我认为首先应加强学校的人权及法治教育，让小孩子从小养成尊重别人，且"知法、守法"的习惯，长大后才不会成为家庭的施暴者、社会的触法者。身为执法人员，如警察、调查员、检察官、法官等，更应具有保障人权、遵守法制的观念，以避免执法者反成为人权的侵害者。另外，现在整个大环境不佳，造成产业外移，失业人口众多，让百姓的生存权、经济权失去保障，漠视或歧视残障、老人、妇孺、外国劳工等弱势族群的权益，也都是社会亟需关注和处理的问题。除了各种人权，佛教更进一步提倡"生权"，主张"心、佛、众生等无差别"，一切众生不论男女老少、贤愚贫富，乃至畜生、鬼类等皆有佛性，也皆有生存的权利，不能轻易受到伤害。所以关怀众生，救度众生，为天下众生服务，是佛教徒维护"生权"的表现。"无缘大慈，同体大悲"的根本教义，就是佛教尊重众生、重视生权的最佳诠释。

◆在刚才谈到的各种人权当中，最需要受到保障的应该是"生存权"，因为如果生命没有办法维持，其他的一切都是空谈，所以，故意致人于死的杀人罪，一般都会处以死刑。但是现在也有一些国家主张废除死刑。请问大师，如果赦免一个因杀人而被判处死刑的人，站在佛教的立场，是否有违因果？

星云大师：两百多年来，"死刑"存废之争一直方兴未艾。由于世界人权运动的蓬勃发展，越来越多的国家主张废除死刑，认为死刑是残忍、不人道的刑罚，与文明社会不兼容。《管仲·牧民》里说："政之所行，在顺民心，政之所废，在逆民心……故刑罚不足以畏其意，杀戮不足以服其心，故刑罚繁而意不恐，则令不行矣！杀戮重而心不服，则上位危矣。"可见判处极刑不是究竟，不能根本地遏止犯罪。

我们常说："上天有好生之德。"佛教以慈悲为怀，慈心不杀是佛弟子应遵行的，如《大智度论》中云："诸余罪中，杀罪最重，诸功德中，不杀第一。"既然如此，是不是更应网开一面，赞成废除死刑？

法律是维护社会秩序的重要依据。日本早期有位楠木正成将军，在受冤被判死刑后，留下"非、理、法、权、天"五个字，说明无理不能胜过有理，有理不能胜过法律，法律不能胜过权力，因为有权力的人可以改变法律，但是"权"却无法胜过"天"，"天"就是因果法则。而赦免死刑犯，以佛教的因果法则来看，是不合乎因果的，造恶因却不受果报，不公平也不合乎真理。因此，站在佛教的立场，希望可以减少死刑，尽量不用死刑，但不主张废除死刑。

佛教根本大戒的五戒及菩萨十重戒，第一条都是不杀生，就是不侵犯他人的生命。大至杀人，小至杀死蟑螂、老鼠、蚊蚁等，都是杀生。不过，佛教是以人为本的宗教，所谓不杀生，主要是指不杀人。杀人是犯波罗夷（极重罪），是戒律中的根本大戒，是不通忏悔的。如果杀死蟑螂、蚊蚁等，是犯突吉罗（轻垢罪），属于恶作，虽然一样有罪，但跟杀人不一样。在《佛说梵网经》里，佛陀也告诫佛子们："若自杀、教人杀、方便杀、赞叹杀，见作随喜，乃至咒杀，杀因、杀缘、杀法、杀业，乃至一切有命者，不得故杀。"对所有众生都应"常住慈悲心"，方便救护，如果反而"恣心快意杀生者"，就犯了"波罗夷罪"。

同样的杀人，社会的法律和佛教的惩处有何异同？故意杀人者与过失杀人者，其刑罚不一样。例如，台湾所谓"刑法"第二百七十一条规定："杀人者处死刑、无期徒刑或十年以上有期徒刑。"对于事后自首、悔过者，其第五十七条列有科刑轻重的标准，并得酌情量刑。佛教戒律因犯罪型态不同，也有种种规定。佛门非常重视心意犯罪的轻重，每一条戒相之中皆有开、遮、持、犯的分别，犯同一条戒，因动机、方法、结果等的不同，导致犯罪的轻重与忏悔的方式也不同。

如杀人时要俱足："是人"，所杀者是人，而非异类旁生；"人想"，蓄意杀人，而非想杀异类旁生；"杀心"，非无意、过失，而是有心蓄意；"兴方便"，亲自用各种方法杀人，或劝人自杀，或教唆，或与人共同谋杀；"前人断命"，指被杀的人，断定已死。这五个条件皆具备，才构成不可悔罪。这与刑法因重视犯意和犯罪事实，而制定的犯罪构成要件、阻却违法要件的道理是相同的。但是佛教的心意戒，在要求个人自发性地观照身口意的起心动念，防范不法于念头起时，较世间法更为彻底。在杀人的后果上，则分三种：一是当时杀死，犯不可悔罪；二是当时没死，以后因此而死，亦犯不可悔罪；三是当时没死，以后也没因此而死，犯中可悔罪。（《佛说优婆塞五戒相经》）

世间的法律，强调罪刑法定主义，只规范人们外在的行为，无法矫治心意的犯罪，根治行为的犯罪。佛教强调心为罪源，从心源导正偏差行为，达到身口意三业的清净。刑法上虽也规定"作为犯""不作为犯"，但只是狭义就犯罪行为的型态来区分，不如佛教戒律的止持、作持，能广摄一切善恶法。

佛法与世法有时是不免相左的，有些行为从世俗法上看是恶事，可是从佛法上推敲却是善事。譬如杀生本来是犯罪的，但是为了救生而杀生，以杀生为救生，则是菩萨的慈悲方便权智。《佛说兴起行经》里记载，佛陀过去世因地修行时，有一世为贾主，带领 500 人出海采办货物。有另一商主在水涨时前来争船，为了保护全船的 500 人，在格斗中杀死了那位商主。以法律而言，为自卫而杀人，亦会酌量减刑。如佛陀先世做萨薄时，曾兴起"我不入地狱，谁入地狱"的悲心，而杀一恶人，是不能以一般杀生的尺度来论断他的罪过。不过，如是因感如是果，善恶业报，终究不失，佛陀仍以成佛之身遭受"木枪刺脚"的果报。

因此，我们在修行菩萨道，"杀一救百"时，除了动机要纯正，抱持大慈悲心之外，还要有心甘情愿接受因果制裁的胆识。日本的井上日昭禅师杀了一位奸臣，替万民除了百害。山本玄峰禅师说他"一杀多生，通于禅"。意思是杀了一个人，因此而救活许多人，是通于佛法的。佛教非常重视生命，不杀生是佛教徒共守的戒律，杀生是不道德的行为，但是如果本着大慈悲、救人救世的心去杀生，并没有违背戒律。

佛教的因果报应，不是只看行为粗细，更重视"心意"。善心犯戒、无记心犯戒或不善心犯戒，当然会有不同程度的轻重果报。道宣律师言："害心杀蚁，重于慈心杀人。由根本业重，决定受报。纵忏堕罪，业道不除。"（《四分律删繁补阙行事钞》）真正的佛教徒是不会心存恶念的。像佛教国家柬埔寨的前领袖波尔博（红色高棉领袖波尔布特），曾疯狂杀了许多柬埔寨人，是万劫难赦的杀人魔王，根本不是佛教徒！相反的，法官判人死刑，如果不掺杂个人的恩怨、利害，完全基于维护社会的秩序、公理、正义，不得不如此做，虽然判决死刑，佛教认为并不违反道德。而执行死刑的人，是执行国家的法律，与罪犯无冤无仇，无杀心，行为属无记性，也没有罪过。

◆大师曾经说过："自由民主诚可贵，和平与幸福安乐更重要。"请问大师，一个"自由民主"的国家，人民必然会幸福安乐吗？大师对"自由民主"的看法如何？

星云大师：民主国家里，最可贵的便是人民享有自由自主的权利！在自由主义高涨初始，许多人礼赞自由："生命诚可贵，爱情价更高，若为自由故，两者皆可抛。"也说："不自由，毋宁死！"但是，走过几个世纪，自由主义从盛行而至泛滥，又引来人们摇头叹息："自由、自由，多少罪恶假汝之名为之！"自由，从凌驾生命、爱情之上，到借自由而为非作歹，而让人诟病，其问题何在？

"自由"本身是极美好的事，但是，自由不能妨害别人。这一点，各国在进入民主宪政时，皆有明确的界定。如法国的《人权宣言》写道："自由是指有权从事一切无害于人的行为。因此，人的自然权利之行使，是以保证社会上其他成员能享有同样权利为限制。"孙中山先生在其《民权主义》里也说："侵犯他人的范围，便不是自由……自由不是一个神圣不可侵犯之物，所以要定一个范围来限制它。"从这些引文可以看出，自由与法治二者不可分，须有法治的约束，才是真自由，才能建立真正自由民主的国家。不过，法律终非究竟，无法完全保障人民的生命、财产及行使自由的权利，佛法却能改善世道人心，达至和平安乐的境地。连将中国推向民主宪政的孙中山先生都推崇："佛教乃救世之仁，佛学是哲学之母……佛法可以补法律的不足。"又说："法律防范犯罪于已然，佛法防范犯罪于未然。"

我常鼓励佛教徒皈依三宝之后，要进一步发心受戒，因为"戒"是一切善法的根本，也是世间一切道德行为的总归。受戒好比学生遵守校规，人民恪守法律一般，不同的是，校规、法律乃外在的约束，属于他律；佛教的戒律，是发自内心的自我要求，属于自律。在人生旅途上，如果不持戒，随时会有犯过招祸的可能。在监狱服刑，失去自由的人，不都是违法、犯戒的人吗？如：杀人、伤害、毁容、殴打等，是犯了杀生戒；贪污、侵占、窃盗、抢劫、绑票等，是犯了偷盗戒；强奸、嫖妓、拐骗、重婚、妨害家庭等，是犯了邪淫戒；毁谤、诈欺、背信、伪证、倒会等，是犯了妄语戒；贩毒、吸毒、运毒、吸食烟酒等，是犯了饮酒戒。这些罪行都离不开五戒。"戒"的根本精神，就是不侵犯而尊重别人。能认识并受持五戒的人，才能享有真正的自由。如果社会上每个人都能谨守五戒，也就不会有这许多让人忧心的乱象了。

另外，我们个人的能力、知识有限，也难免有偏差，一意孤行，未必能圆满解决问题。在民主政治里，不能独断独行，凡事应群策群力，集思广益，取长补短，异中求同，融个人于团体中，方能达到共同的目标。所以，无论是政府机关、企业公司、民间团体，还是学校、家庭，都应重视会议。

前面提到佛陀开示"治国七法"，第一条就是"数相集会，讲议正事"。而且，僧团也经常举行会议，佛陀还为僧团制定会议的程序、制度；僧伽会议可以说就是今日民主会议的鼻祖。例如"羯磨"是用于授戒、说戒、忏悔、结界及各种僧事处理的会议法。有所谓的"单白羯磨",如同"唱言",是向大众宣告常行、惯行、应行的事,不必征求同意,唱说一遍即成,有如现代会议中的例行工作报告。"白二羯磨",是宣告一遍,再说一遍,征求大家的同意,如同一般会议,凡有提案须交由大会讨论、接纳,才能生效。"白四羯磨",是一遍宣告后,再作三读,每读一遍,即作一次征求同意。若一白三羯磨后,大众默然,便表示无异议,而宣布羯磨如法,一致通过议案。僧团的羯磨犹如现代议会的三读,以大众的意见和力量圆满解决僧团里的各种事情,成就大众过六和敬的生活,可说发挥高度的民主精神。

此外,佛陀说法时,也常采取自由、民主的形式,有时以反问的方式,为弟子、听众晓以大义;有时通过当机由众发问,应机解惑;也有闻法者现身证道,提供见解看法。说法会场俨如学术研讨会,通过活泼互动问答的方式,增长智慧。而佛陀就是一位最善于掌握会场气氛,善知与会者心念根器的主持人。佛陀入灭后的经典结集,也是先后召开四次会议,经过大众共同审核后才确定下来。这些都是佛教尊重个体,重视集体创作,且遵守法制的民主态度。

今日的民主国家,事事讲求公开、公正、公平。因此,上承佛陀尊重民意的理念,佛光山也向来注重民主。在会议中,大家都能坦述己见,有时也不免有言辞相向、针锋相对的情形,但大家秉持"少数服从多数,多数尊重少数"的态度,以及宗教涵养,一决议,即携手同心,合力完成会议讨论的提案,这就是民主风度的表现。我们也常举行各种会议,不分种族、地域、宗派,大家本着尊重包容、欢喜融和的心,让来自全球各个国家地区的代表,经过不断的交流研讨,建立共识。

总之,自由民主的意义,是让人民幸福安乐。即使不能完全自由民主,但人民觉得很幸福、很安乐,那也无妨。如有人说新加坡不民主,也不自由,是一种专制的民主。但是新加坡人走出来,都会有优越感："我们是新加坡人！"为什么？因为其国是有法度的国家，他们的社会福利做得很好，百姓过得幸福安乐，这是最重要的。

◆大师出生在中国大陆，却在台湾弘法五十多年，对于海峡两岸长久以来因为政治因素阻隔，造成很多人的天伦梦断，想必大师一定比一般人有更深刻的感触。请问大师，您对中国未来的发展有何看法与期许？

星云大师：谈到这个问题，真让我不胜感慨！五六十年前，我在中国大陆时，曾被逮捕，说我是国民党的间谍，要枪毙我。那时我才20岁，我12岁就出家，根本不知道什么是政治斗争。到了台湾，国民党又说我是匪谍，也逮捕我，关了我23天，一样要枪毙我。还好佛祖保佑，才没被枪毙。我是中国江苏扬州人，但是二十出头就来台湾，在台湾住了将近六十年，现在却是"两岸都不是人"！我从台湾回到大陆，他们认为我是台湾来的和尚；在台湾，台湾人说我是大陆来的外省出家人。现在我到美国，美国也不认为我是美国人，因为头发没有黄，鼻子也不高。所以，我自许为"地球人"，只要地球不舍弃我，我就做个同体共生的地球人。

台湾中山大学有位著名诗人余光中，他写了一首很感人的诗《乡愁》："小时候，乡愁是一枚小小的邮票，我在这头，母亲在那头。长大后，乡愁是一张窄窄的船票，我在这头，新娘在那头。后来啊，乡愁是一方矮矮的坟墓，我在外头，母亲在里头。而现在，乡愁是一湾浅浅的海峡，我在这头，大陆在那头。"我觉得这一首短短的诗，把我们这个时代中国人的种种遭遇、心情，描述得淋漓尽致，读来令人感伤、悲哀，又无奈。这是人间的悲剧呀！现在台湾的陈水扁、游锡堃都说他们的家乡在福建、泉州等地方。中国大陆的领导人也说，我们海峡两岸的人都是同根同源、血肉相连的同胞。

既然是同根同源、同文同种的兄弟，就应该可以坐下来好好谈。

《三国演义》一开始即说："天下大势，合久必分，分久必合。"台湾、大陆分隔了几十年，从历史经验中，我们知道"家不和，被邻欺"，"兄弟同心，其利断金"，兄弟阋墙，对彼此都不利。所以这些年来，海峡两岸已从剑拔弩张的对立、谩骂、抗争，走到谈判、沟通，寻求和平统一途径的阶段了。

为了两岸的问题，许多专家、学者，乃至两岸的领导人多次发表意见、声明，提供种种方案、办法。从叶剑英的"叶九条"、邓小平的"一国两制"、江泽民的"江八点"，以及"海基会"与"海协会"于1992年在香港会谈中达成的"九二共识"；2000年，陈水扁就职时表示的"四不，一没有"；2005年，胡锦涛提出的"胡四点"等，都可看出两岸对此问题所投注的高度关切。虽然政局诡谲，政策也常因主政者替换而摇摆多变，但是，随着时代演进，及百姓对安定生活的需求，现在，除了少数人仍有偏狭的台独思想，可以说两岸人民及全世界十三多亿华人，都希望能和平统一；中国唯有和平统一，才能让十三亿华人在世界大舞台上扬眉吐气！

在"平等共尊，和平共荣"的统一原则下，对于中国未来的发展，我认为首先两岸在经济上要互助。这几年开放两岸观光、春节的包机直航，及大陆准许台湾农产品零关税登陆等，都是减少贸易障碍，有利经济发展的政策。在文化上也要多多交流，如举办学术研讨会，文化、艺术的互相观摩等。2003年，我带领佛光山梵呗团到北京、上海等大都市演出；2004年，更与大陆佛教音乐团组成"中华佛教音乐展演"，在中国的大陆、台湾、港澳，美国的洛杉矶、旧金山，加拿大等地巡回演出。在法音宣流中，不仅是两岸佛教梵呗的交流，更融和了两岸的文化，凝聚了两岸人民的情谊。比政治、文化、经济各方面的政策或执行最重要的是，两岸彼此都应有开放的胸襟和宏远的视野。人际之间、国际之间，皆贵在真心诚意地沟通往来，而非交相猜疑顾忌。另外，台湾过去在经济、建设、科技、民主的努力，而成为

"四小龙"之一的繁荣进步，可作为大陆的参考；大陆地大物博，也是台湾增广见闻，培育文明气度的取经之地。

从历史、文化上来看，台湾是中国不可分割的一部分。时任中共总书记胡锦涛首次发表对台湾的立场态度时，即说："中国是包括2300万台湾同胞在内的13亿中国人民的中国，大陆是包括2300万台湾同胞在内的13亿中国人民的大陆，台湾也是包括2300百万台湾同胞在内的13亿中国人民的台湾。任何涉及中国主权和领土完整的问题，必须由全中国13亿人民共同决定。"他希望两岸人民一起努力维护中国的和平稳定，维护中华民族的根本利益。胡先生释出善意，我们也殷切希望：海峡两岸问题不是由强大的力量来逼使对方屈服，应该是兄弟一条心，携手合作，相互帮助，相互得利，共创中国人的光辉世纪。

◆有人说，权力会使人迷失自我，世间的人大都热衷追逐权势名位。但是"上台"终必有"下台"的时候，权势再大，也终有失落的一天，这是必然的定律。请问大师，世间上到底有没有一个永远推不倒的东西呢？佛教所谓的"真理"是否就能免于这种起伏得失的循环呢？

星云大师：人的一生，都生活在五欲六尘的追逐里。生理的欲望还算单纯，容易解决；心理上的各种欲望，如对爱情、权势、名位等的追求，最能突显人性贪嗔痴三毒之害。尤其站上高位，掌握大权之后，那种呼风唤雨、号令天下的滋味，是大部分人都难以抗拒的！

英国历史学家阿克顿曾说过一句名言："权力使人腐化，绝对的权力使人绝对地腐化。"纵令被腐化，古今中外，还是有许多人争相追逐权力。曾看过对"权力"的形容：一个人坐上一张椅子，椅子突然变形，将他绑住，并逐渐生根似的牢牢抓住地面，再也松不开来，直到那人变成一副骷髅。他到死都不肯放开座椅的把手。一辈子被权力掌控，不得超脱的人，何其可悲！所幸民主政治里，有"上台"的机会，也有"下台"的期限。2004 年 5 月，我写了一篇对"世代交替"看法的文章，文中提到"世代交替"是世间发展的自然规律，如同老干修剪，长出新枝，才有盎然的新趣。同样的，国家的政治领袖或民间团体的负责人，如果也能"世代交替"，学习古代的"禅让"，才不会分裂、斗争，并让事业和平、兴盛地永续下去。不过，一般人总是想尽各种办法争取名位权力，一旦有了名位，又完全不顾大众的利益，不肯把名位、荣耀分享给大众，甚至到了该退位时，还眷恋不舍，把持不放。

世间什么是我们的？世间有没有永远存在的东西？所谓"真理"，必须符合"本来如此、必然如此、普遍如此、永恒如此"这四个条件。佛教的"三法印"，即是合乎这四个条件的真理，它不仅说明宇宙人生生灭变化的现象，也诠释诸佛寂灭无为的解脱境界，是涵括世间法与出世间法的三条定律。世间一切有为法都是因缘和合而生起，因缘所生的诸法，空无自性，随着缘聚而生，缘散而灭，是三世迁流不住的。所以不但有情世间的众生，有生、老、病、死的现象，世间的山河大地有成、住、坏、空的演变，人的心念有生、住、异、灭的变化，自然界的时序更是春、夏、秋、冬，或冷、暖、寒、暑的更替不已。这种一切万法无一是常住不变的"无常"，就是永远推不倒的永恒定律！其实"无常"很好，它对我们的人生具有积极的激励意义。因为"生死事大，无常迅速"，所以会精进修行；生理细胞有新陈代谢的无常，因此能常保身体的无限活力；"长江后浪推前浪，世上新人换旧人"，人事的新旧更替也是无常的变化，如此社会有机体才能常显生生不息的青春生机。

世界上的一切事物，不但"无常"，而且"无我"。所谓"我"，是恒常不变的实体，具有自我主宰的功能。然而，世界上有没有能单一独立、自我存在、自我决定的永恒事物？当然没有！"诸法因缘生，诸法因缘灭"，世间的事事物物，都必须在各种因缘条件的和合之下才能现起和存在，一旦组成的"因缘"散失，事物本身也就不复存在。清朝戏剧家孔尚任的《桃花扇》剧中之词："眼看他起高楼，眼看他宴宾客，眼看他楼塌了"，就是无常、无我的最佳写照。

能够明白宇宙人生的这些真理，就不会迷恋于权势地位所带来的虚荣心、优越感，终日汲汲营营，殚精竭虑，甚至不择手段，强取豪夺，结果不但自己患得患失，形成精神上的负担，同时也造作恶业，引起现世的不安与来世的苦果。

居里夫人因发现镭而闻名全球。有一天，一位朋友到她家作客，看见她的小女儿正在玩英国皇家协会颁给她的金质奖章，大吃一惊，问道："这枚英国皇家协会的奖章，可是代表极高的荣誉，你怎么拿给孩子玩呢？"居里夫人笑着说："我要让孩子从小知道，荣誉就像玩具，只能玩玩而已，不能永远守着它，否则将一事无成。"是的，荣誉、财富、权势、名位……不都如玩具吗？随时可举，随时可放。权势名位是为了利益大众而拥有，权势名位也可以为了成就别人而舍下。

真正有理想，纯粹想为国家、为人类造福的人，是在名利上，淡泊不计较；在责任上，认真不敷衍；在世法上，随缘不强求；在真理上，固守不放弃。因此，他们不会被名缰利锁，不会被权力地位所束缚和设限，而能如行云流水般自由自在、任运逍遥。

第七讲

佛教对女性问题的看法

女人的角色犹如"大地"，大地能生长万物、培育万物、乘载万物。女性就像大地之母，乏养人类、培育人类、成长人类，女性是崇高而伟大的。

然而由于东西方的文化观念不同，对女人的评价因此有极大的差异。西方国家的人民，将女人视为纯洁、善美、神圣的象征，因而称呼女人为"安琪儿""维纳斯""自由女神"，女人地位崇高，备受尊重与礼遇。西方的绅士总习惯让座于女人，并且礼让女人走在前面。东方国家的人民则视女人如魔鬼、蛇蝎、祸水，尤其在过去的父权社会里，女人不能与男人同起同坐，甚至不能自由出门。更由于中国女性在礼教的规范下谨守本分，纵使受到不公平的歧视与待遇，也不会抗争、计较，所以女权运动比较少。同样是女人，东西方的看法差异却有如此之大，主要是西方人认为，一个伟大男人的背后，必定有一个伟大的女性；东方人则认为，女人的美丽可能会为家庭带来不幸的遭遇，即所谓的"红颜祸水"。所以，对于现代人提倡"男女平等"，如何才能达到真正的平等？佛光山开山星云大师认为，必须从"观念的改变"做起。

星云大师本着"人人皆有佛性"的佛教平等观，多年来一直致力于女众地位的提升。他在初建佛光山的时候，就订立"两序平等"的规矩。在佛光山，出家的男女二众，上殿、排班都是分列东西两单，没有谁前谁后；不管比丘、比丘尼，都享有同等的权利与义务，没有谁优谁劣。

甚至从僧众到信众，星云大师更喊出"四众共有，僧信平等"的口号，不但设立佛学院，让有心学佛的男、女二众都能入学就读，而且定出规章制度，让在家、出家的弟子们都有加入僧团、参与寺务的机会。

在最近50年来的台湾佛教界，最早的"妇女法座会""金刚禅座会"，都是星云大师一手创办，后来更成立了"国际佛光会"，提供在家信众学佛发心的空间，共同致力于佛法的弘扬。

星云大师一生致力于"四众平等"，甚至为了提升女众的地位，虽然曾被同道揶揄为"女性工作队的队长"，但大师认为女众具有耐烦细心的特质，做起事来丝毫不让须眉，应该能在佛教弘化的行列里发挥极大的力量，所以女众应该走出去，要肯定女众的地位与价值。

经过星云大师几十年的努力，今日佛光山的女众弟子们果然不负大师所望，大家都很争气。例如目前佛光山许多学有专精的比丘尼在男众佛学院授课，甚至在成功大学、师范大学、中山大学、文化大学、南华大学、佛光大学、义守大学等各校任教，而且著作等身，辩才无碍。在台湾首先发行的《佛光大辞典》，以及经过重新标点、分段、注释的《佛光大藏经》，也都是由一群比丘尼一手编辑而成，受到海内外佛教界、学术界交相赞誉。甚至佛光山所办的很多国际性大型活动，都是由女众所主导。可以说她们的成就已经明显提升了女众的地位。

然而在现实的社会里，妇女碍于本身的体能，乃至社会长期以来对女性既定的观感，以及在家庭中男女角色的扮演不同，妇女在面对婚姻、家庭、事业、亲子教育等方面，确有很多难解的问题，非一般的世间学问所能解答。甚至今日社会有很多问题，其实都不是法律、科学，或一般宗教所能解决，唯有佛教教义能通达过去、现在、未来，能通达法界一切众生，佛教解答问题的空间比较大。有鉴于此，星云大师于 2003 年 6 月 23 日，应妇女法座会的信众之请，于台北道场举行座谈会，特针对"女性问题"提供看法。

星云大师讲法，不但契理，而且善于观机，尤其深具人情味与人性化。他首先针对妇女的问题，设身处地说出女性们鲜为人知的心声与难处，然后再针对问题提供改善的具体办法与应有观念。大师一再肯定妇女的智慧、能力、修行和男众一样，而慈悲和忍耐力则比男众强。同时引述佛门的观音、文殊、普贤，都是现女相，鼓励妇女们应以慈悲、美丽来庄严世间。

　　大师每一句话都说中了妇女的心，大师的同事摄与同理心，让与会的妇女既感动又受用，尤其大师语多幽默，禅机处处，使得现场笑声不断，前后两个小时的座谈会欲罢不能，全场始终洋溢着温馨而又热烈的气氛，以下是当天座谈会的纪实。

◆现代"女权意识"抬头，许多新时代的新女性高喊"男女平等"，请问大师对"两性平权"有什么看法？

星云大师："平等"是宇宙人生的真理，是人间的宗要，也是佛法的根本。性别平等为国民的基本人权。在佛教的经典里，有关"平等"的教义、思想，更是比比皆是。例如《华严经》说："一切众生平等。"《大智度论》说："凡是一切法皆无二无别。"《大般若经》说："上从诸佛，下至傍生，平等无所分别。"《金刚经》说："是法平等，无有高下。"现代人倡导和平，但因为没有实践平等，所以真正的和平不容易到来。

"平等"的世界，是最美好而真实的世界！佛陀讲中道、缘起，归纳起来就是一个"平等"。佛教讲"空""有"之间的关系最能说明平等的意义；"空"未曾空，"有"未曾有，甚至"空"中生妙"有"，有无是平等一如也。所以在我们的人间，应该没有谁大谁小、谁好谁坏的争论，所谓"放下屠刀，立地成佛"，就是对"佛性平等"的最好鼓励。

甚至佛教讲"不思善，不思恶"。有时候坏的也能看成是好的，例如在 2003 年 6 月《讲义》杂志第 195 期上有一篇文章，谈到有一位补习班的老师，因为教学深受学生欢迎，受到同事的排挤，当时班主任以高薪留他，但他仍然决定另谋出路。数年后，他已很有成就，回顾往事，看到当年的同事因受高薪所困而放弃理想，不自觉地感谢起当日与他发生冲突的同事，如果没有对手，他哪里能有今日的成就？

将坏的变成好的，佛教称之为逆增上缘，就好像池塘里的污泥很肮脏，但是有污泥才能生长莲花。菩提和烦恼，看起来是截然不同的领域，但是酸涩的水果不正是经过风吹日晒，才能变成甜美的果实吗？《维摩经》中维摩居士也说："譬如不下巨海，不能得无价宝珠，如是不入烦恼大海，则不能得无上智宝。"足见烦恼和菩提是平等一如，无二无别。

因此，我们生存的世间，虽是"一半一半"的世界，善的世界一半，恶的世界也一半，但是善的世界可以化恶为善。就如男女也是一半一半，但是性格、能力、智慧，却是平等无差别的。

有人说，男众刚强有力，女众难以望其项背；但是女众慈悲柔和，柔能克刚，柔软亦有所长。所谓"从来硬弩弦先断，每见钢刀口易伤"，就拿我们的牙齿和舌头来说，牙齿坚硬，但是人老了以后"齿牙动摇"，最后终将一颗一颗掉光。但是人即使到死，柔软的舌头还是存在。所以世间任何事物都有其特长，重要的是要能各展所长，各司其用。

我们看一栋大楼，建筑得很崇高雄伟，但是如果没有小小的螺丝钉把许多钢板锁在一起，也不能成其高、成其大。所以佛教讲，一个小小的沙石可以包容三千大千世界。这句话听起来好像不合事实，实际上有其深奥的道理。

话说有一个寺院的门口贴了一副对联："须弥藏芥子，芥子纳须弥。"有一位书生看了以后很不以为然，便质问知客师说："须弥山藏一粒芥菜子，当然说得通；但是小小的一粒芥菜子，哪里能把一座须弥山藏到里面呢？这话说得不合道理，叫人难以相信。"

知客师听了以后，反问道："先生，你们儒家也有两句话，'读书破万卷，下笔如有神'。请问这一万卷书你读到哪里去了？"

读书人拍拍肚子，说："读到我的肚子里面来了。"知客师随即拿了一本书，对他说："请你把这本书放到肚子里面去。"读书人恍然大悟，书的义理可以读进来，但是书本不一定要放进来。这就是说明，事中有理，理中有事，事理是彼此包容的，事理是一致的。

所以，佛教主张"事理圆融"，不仅从事相上看，更要从理上来会。就世间的相上来说，有男、女、老、少、贫、富、贵、贱的差别；但是就理上来说，每个人的佛性都是平等一如。只是一般凡夫总是在相上妄自分别，因此他所认识的世间是千差万别的；反之，圣贤看世间，一切皆平等。所谓"生佛平等，自他平等，有无平等，圣凡平等"，能用"平等心"看待世间，诚所谓"愿将佛手双垂下，摸得人心一样平"，又何来男女的不平等呢？

因此，讲到"两性平权"的问题，所谓："心入于正受，女形复何为？"（《杂阿含经》卷四十五）若从佛教的观点来看，一切众生皆有佛性，人人都是平等无二。唯有从佛教的精神，从佛陀的本怀来认识人权，来发扬平等的精神，才能为女性带来平等的空间。

◆过去因为男女不平等，女性在职场上经常受到差别待遇。例如同工不同薪，甚至结婚或者怀孕后就必须离职。请问大师，妇女对此不公平的待遇应该柔性接受，还是据理力争？

星云大师：世间上每一种东西都是在自我表现。例如：水，很柔，但是水的冲击力也很强。花很娇美、柔弱，这也正是花所要表现的力量。小孩子所求不得，以哭闹来争取大人的妥协，哭就是小孩子表现力量的方法。男人西装革履，昂首阔步，他以威风来展现力量。女性也要表现力量，女性天生的力量，就是美丽。

但是，也许有人说我长得并不美丽，其实也不要紧，只要柔和、细心、勤劳，这些都能表现女性的特质与内涵，重要的是，要懂得表现。就如一个修道的人，他也要表现慈悲，慈悲就是力量，他要表现忍耐，忍耐也是力量。

妇女慈悲、忍耐的力量，都很具足，也正因此而能长期忍受社会上所存在的一些不平等的现象。例如刚才讲到，负责同样的工作，但是女人的薪水总是比男人少。这种"同工不同薪"的不平等现象，过去确实存在。但是目前这种情况已经慢慢在改善。现在很多公司的主管，甚至老板都是女性。例如天下文化公司的高希均教授说，女性比较容易合作，女性做事细心、耐烦，容易接受别人的意见，尤其女性比较遵守法律，所以天下文化公司喜欢任用女性当主管。

另外，《今日美国报》的报道更明确指出，虽然经济停滞，裁员增加，但越来越多的女性正在管理职位上攀升。在美国最大的500家公司中，有16%的企业主管由女性担任。在2002年，有210多万女性在管理和专业岗位上工作，而在1992年时只有147万。专家更指出，女性正在稳定成长，企业界在当前环境下仍然认识到起用女性管理人员的重要性，这能减少办公室的紧张气氛，在办公区产生良好的人际关系。

其实我也不是存心故意为女性讲话。我想男女当中，都有贤愚不等，好好坏坏都有，不过在我们中国社会里面，女性确实是比较受委屈的。我自己的一生，一直都很感念我的外祖母。她真是菩萨慈悲，她教我养我，我深刻感受到她的慈爱。我外祖母的一个妹妹出家当比丘尼，她的慈悲真是好像什么东西都能被她融化。无论再刚强、再凶暴的人，在她面前好像都要低头，都要让她几分。不过，在过去的社会不但女人没有地位，出家人也到处受人歧视。例如出家人只要一开口讲话，旁边马上就有人说："和尚讲什么话？"和尚不能讲话，甚至连买一支钢笔、一只手表，在现在看来不稀奇，但在我童年的时代，社会的舆论会说："和尚还买手表，还使用钢笔？"所以我后来就写了一篇文章，题目叫《弱者，你的名字是和尚！》。

但是并不只是和尚是弱者，女人也是！因为她的名字叫女人，好像天生就应该是弱势的一群。现在台湾很流行保护弱势团体，我也认为应该要为女人讲话，所以我一直都在提倡男女平等，但因为我是一个出家人，实在有很多的不方便。

基本上，出家人即使不守戒律，没有道德，甚至喝酒、吃荤，别人也不会管你，可是如果看到你跟哪一个女性来往，那就是不得了的事。基本上社会人的眼光把女人看成是一个大染缸，不能碰，一碰就好像被染污了，就是不清净，所以这在一般佛教的男众僧团里，都很顾忌。

但是我自己也在想，人要有道德的勇气，要有正义，要有平等心，应该以平等心来看世间的人。过去我常常举办很多活动，一有活动就有很多表演的机会。例如我办各种佛学讲座时，请慈惠法师翻译，由慈容法师教大家唱歌，表演舞蹈等，如此一来就让女性有多一点表现的机会。但是后来同道之间就封给我一个名称，说我是"妇女工作队的队长"，这是很不好听的讥讽之词。不过我心里很清楚，我哪里只是为妇女工作，我是在为一切众生工作。除了"同工不同薪"之外，类似这种男女不平等的问题，其实还有很多。记得三十多年前我到日本高野山参访，看到寺里的中庭竖了一个牌子"女人止步"，意思是女人只能进到那个地方，就不能继续往前走了。过去英国海德公园还曾禁止中国人和狗进入，这是对人权的歧视，也是种族的歧视。

不管是种族歧视，还是男女两性不平等的时代，都已经慢慢成为过去了。现在社会的各个领域里，女性都能发挥所长，与男性一较长短。例如中华开发金控代理董事长陈敏熏，她手下有六个大男人担任助理，你说她的薪水会低于男人吗？

此外，台湾高铁董事长殷琪、台湾陆委会主委蔡英文等，她们的待遇所得，可能要比一般男性高出许多。再如台湾"立法院"的女立委，如陈文茜、沈智慧、穆闽珠、秦慧珠、萧美琴等人，她们的口才、能力、专业素养都不输一般男性立委，她们一样在"立法院"里负有同样的监督权、质询权，自然也享有同样的薪水所得。甚至在民主先进国家中，政府更是立法保障女性的各项权利，例如结婚有婚假，生产有产假等。而现在台湾的 e 世代新女性，也在推动"两性平权"，她们建议政府：立法保障妇女就业的机会；增加任用女性官员；推动保障女性人身安全的立法；增加妇女参政保障名额；补助为女性争取权益的妇女团体组织等。所以在时代潮流的推波助澜下，社会愈来愈重视女性的价值，两性平等已经不再是遥不可及的目标了。

其实有关民主思想，在中国古老的专制社会里，还是很重视平等的。例如《古文观上》里有一篇文章《赵威后问齐使》讲，当齐国的使臣呈上齐王给赵威后的问候函，赵威后不先看信的内容，第一句话就问："你们国家的年岁收成好吗？你们的人民都很好吗？你们的国王也好吗？"使臣闻言，满怀疑惑地问："为什么你不先问我们的国王好，反而先问年岁收成如何，再问人民好不好，等于先问卑贱，然后才问尊贵，这是为什么呢？"赵威后了不起，她说："一个国家如果没有好的岁收，靠什么来养活百姓呢？如果没有百姓，又哪里有国君呢？"这种"民为贵，君为轻"的民主思想，其实在中国古代早已存在。而现在世界的女权运动更是如火如荼地展开，据悉北欧女性政治工作者占了全体参政人士四成左右的高比例，甚或成为国家元首。因此，对于两性不平等的问题，只要女性再加把劲，好好地发挥所长，改进所短，假以时日，两性平等的世界必然指日可待。

所以，我鼓励女性更应该从家庭走出去，走出去才有天下，走出去才有世界，走出去才有未来。但是，走出去并非袒胸露背、花枝招展，或是以婀娜多姿的美色来获得男人的垂青，而是要将女性的细心、耐烦、柔和、慈悲、智慧表现出来。我想大家都见过印度妇女。印度妇女的服装就像观世音菩萨的服装一样，她们表现出的风仪姿态也很美。所以女人要在世间表现力量，就是这种气质、这种姿态、这种慈悲、这种谦和，我想只要女性能自尊自重、自立自强，慢慢地在这个时代社会里努力工作，必能取得更令人尊敬的地位。

◆延续上一个问题，请问大师，妇女应该从事什么职业比较恰当？

星云大师：女人适合做什么工作，你们应该比我更清楚、更明白才对，怎么反过来问我呢？

其实女人能做的事很多，不一定以做人家的夫人为唯一的出路。现在有许多单身贵族，终身不嫁，抱定独身主义。但是过去的女人，好像一生的主要任务就是要嫁人，嫁人就是她的工作。所以很多女人终其一生都生活在厨房里，每天忙于煮饭、洗衣服、带孩子，好像这些就是女人的天职。我在台湾也经常听人说："查某人（闽南语，意思是女性）就是应该做这些事情。"

对于这样的论调，我觉得并不尽然。女人不一定要结婚，终其一生以煮饭、洗衣为唯一的出路。女人的智慧不亚于男性，女人的周全、细腻、柔和、慈悲等特性，也可以从事文化、教育、医护、媒体、服务等多方面的工作。甚至现在女性可以担任主管，例如《天下文化》发行人王力行、《联合报》发行人王效兰、《联合文学》发行人张宝琴等，可以说现在的女主管、女强人、女老板，社会上比比皆是。现在大学教授不也有很多女性吗？甚至女性大学校长，如华梵大学的马逊、佛光大学的赵丽云、普林斯顿大学的雪莉·提尔曼、宾州大学的朱迪斯·罗汀等，都是杰出的现代妇女。女人的毅力、坚贞，远胜于男性。女人以柔为专长，柔能克刚，所以间谍大都用女性。例如名噪一时的川岛芳子与南造云子，就是中日战争时日本两大王牌女间谍。女人的热情、爽朗、胆识、机智，也是从事外交工作有利的条件。前以色列驻华大使南月明（译音），她于 1996 年到任，2000 年 5 月离任，就是大家所公认的"铁娘子"式的一流的外交人员。

基本上，男性能做的，女性都能做。例如过去当兵、驾驶飞机都是男人的专利，现在不但有女兵、女飞行员，还有女军官、女警察、女检察官，甚至女总统等。士农工商，过去都是男性在做，其实女人也能胜任。

女性的灵巧慧性，蕙质兰心，为人间增添了多少美丽的色彩；女人的忍耐美德，就是天下最大的力量。这个世间缺少不了妇女，没有了妇女，人间就是充满缺陷的一半世界。所以，妇女要发挥和平柔顺的性情，柔性的慈悲没有敌人，所谓"举手不打笑脸人"。女人的美丽、善良，都远胜于男人。男人比较粗犷、豪放，女人细腻、周全，是男人成功立业的助缘。男人长于理智，女人重于感情；男人偏向刚强，女人普遍温柔。男人遇到困难的事情，能够力排艰巨，勇往直前，表现勇者的气魄，但是女人的忍耐谦逊，化干戈于祥和之间，有时也是男人所不及的。男人富有创造性、冒险性，女人的随顺、圆融，有时可弥补男人的鲁莽造次，彼此相辅相成。

在一般人的观念里，男人所表现的是阳刚、力劲的美，虽然男性中也不乏风流倜傥、英姿翩翩的俊男，但是女人的美貌绝色、天生丽质是男人所望尘莫及的。古来多少文人墨客以生花妙笔来描绘女人的绰约风姿而留下千古名著。就以戏剧来说，古装戏里的小生角色，本来应该是非男人莫属，但是由女人来反串小生，扮相更俊俏，举手投足更潇洒，更能获得观众的喜爱，因此民间戏剧里的歌仔戏、黄梅调、平剧（即京剧），甚至电视里的历史剧，小生一角往往由女性来扮演，主要是女人比男人更美貌。

女性让人喜欢亲近，不只是因为容貌美丽，更重要的是有一颗慈悲的心。女人每到战争的时候，帮忙缝制征衣，募集军粮，如过去的台湾妇联会。天主教的特里萨修女，将一生奉献给苦难贫困的人民，因而荣获 1979 年的诺贝尔和平奖。佛教的慈济功德会证严法师与佛光山的永胜法师，都得过慈善奖状，当选过好人好事代表。在过去，中国女性也有很多走江湖的女侠，她们就像观世音菩萨一样，云游世界，救苦救难；现代妇女尤其应该开放眼光，有包容世界的心胸，将女性嫉妒、小心眼的习性、缺点去除，不仅在家中和善亲人，在族里敦亲睦邻，在社会谦恭随缘，甚至应该发挥慈悲与智慧，或者从事施诊、育幼、养老的慈善工作；或者执教杏坛，作育英才；或者著书立说，从事文化扎根事业，以丰富社会，照耀人间！

总之，女性要有远见，有远见，则能担当许多重责大任；有远见，才能散发生命的光辉。

◆**中国人主张"男主外、女主内"，处理家事是女人的本分，但**

现在有许多职业妇女白天在外上班，回到家中还要一手包办所有家事，而男人回家就可以喝茶看报纸，这种待遇公平吗？

星云大师：男女两性从古到今，好像一直都是给人不平等的感觉。即使是主张"佛性平等"的佛教，在当初成立女众僧团时，为了让处于弱势的女众能为"重男轻女"的社会所接受，也不得不权宜制定"八敬法"，因此造成两千多年来女众一直受到不平等的待遇。甚至今日有不少受过高等教育的优秀女众，常碍于"八敬法"而不敢进入佛门，这实在是佛教的一大损失。例如英国有一位女性博士教授就说，如果佛教的"八敬法"还存在的话，她是绝对不会出家当比丘尼的。

我觉得，男女平等，两性平权，是时代的潮流。在现在这个女权高涨的时代里，不但关于比丘尼"八敬法"的问题，佛教界应该还给比丘尼与比丘一个同等的地位，就是社会上"男女平等"，家庭里"男主外，女主内"的传统观点，究竟是外重要，还是内重要，都应该要有一个新的看法。

谈到现代的职业妇女，白天与先生一样在外工作，回到家里还要包办所有家事，到底公不公平？其实，工作之前，人人平等，工作无内外、贵贱。人外有人，天外有天，做人应该要勤劳工作，有工作，才有正常的生活。现在一般都是"双薪家庭"，夫妻双方都有职业，女人回家当然应该要做家事，不过男人也要协助。对于有些男人回家就往沙发上一坐，抽香烟，看电视，这一点我也不太能认同。现代优秀的男人，下班回家应该要主动协助家务，例如美国的麦克阿瑟将军、艾森豪威尔总统，他们就经常下厨房帮太太做菜。在澳大利亚，男人协助处理家务或当家庭煮夫，已经是澳洲文化的一部分，一点也不足为奇。甚至美国现在正式立法，男士们必须依女人在家庭里工作的时间，付给其薪水。

如果真要计算起女性在家里工作的时间，其实远远超过男人在外上班的时间。有一个故事说，有一天妈妈想请假一天回娘家，就将平日的家事分由大家来负担。爸爸煮饭，儿子拣菜、扫地，女儿擦桌椅、浇花。

平常妈妈在家操持家务，到了晚上，爸爸下班回家，儿女放学进门，都说："好累喔！"他们以为妈妈在家那么清闲，一点也不知道他们的辛苦！但是当妈妈请假一天，大家分担家事以后，竟然一个个喊腰酸背痛，此时方知一个女人从事家务的辛苦。

所以，一个男人爱护妻子，不应该只是每个月赚多少钱回家，而是应该为家庭带来欢笑、幽默和快乐，把说好话、赞美妻子，视为家庭中的重要工作，这是一个男人应该有的责任与气度。男人尤其应该体贴太太，偶尔帮助太太整理家务，或是下厨做菜、端菜等。有时即使不动手，也要到厨房走几圈，看看太太今天做什么菜，闻闻味道；或者赞美太太今天打扮得很漂亮，说几句好听的话。懂得说好话，这也是工作。我觉得这比赚钱回家更为有用。

所以，过去我常常讲一个笑话：先生下班回家，太太煮了一道清蒸板鸭，先生一看，鸭子只有一条腿，就问太太："鸭子不是两条腿吗？怎么你煮的清蒸板鸭只有一条腿呢？"

太太说："我们家的鸭子都是只有一条腿！"

"胡说，我们家的鸭子怎么可能只有一条腿？"

"你不信，我带你到院子后面的池塘去看。"

太太指着正缩起一条腿在休息的鸭子对先生说："你看，我们家的鸭子不是只有一条腿吗？"

先生一看，马上双手拍掌，鸭子听到声音，争先恐后地放下缩起的腿，一只只奋力地用两条腿朝池塘跑去。这时先生得意地指着鸭子说："谁说我们家的鸭子只有一条腿呢？"这时太太终于对先生说："你不知道吗？那是因为有掌声（赞美），才有两条腿（吃）啊！"意思就是说，我每天烧饭煮菜给你吃，你连一句赞美都没有，所以就给你吃一条腿，如果你早一点有掌声、赞美，我就给你两条腿的鸭子吃了。

同样的道理，先生要想吃两条腿的鸭子，要会赞美太太；太太要想先生买化妆品、衣料送给你，也要会赞美。相互赞美，对一个家庭来说，比金钱更为重要。

赞美之外，现在女权意识抬头，一个家庭里的男人，不应该把所有家事都推给女人一手承担，应该全家人以体贴的心，平均分担，才有真正的公平。

过去，在佛光山各分院举办的"妇女法座会"，都是以女众为主要成员。但现在男士们的出席率也不低，有些人为了让太太参加而列席在旁边带小孩，可见大男人主义的时代已经被现在的社会所淘汰了。

现代女性的表现可以说愈来愈杰出，根据 2003 年 8 月 9 日出版的美国《商业周刊》刊载，在美国 25 到 35 岁的青年中，受大专教育的女性人数第一次高于男性；而女性为法学院入学人数的 46%，医学院毕业生的 42%，取得博士学位者的 40%。该报道特别指出，未来在快速的科技进步与全球化之时代巨轮下，将造就新型的经济结构，有助于提升女性的工作地位。因此可以预见的是，在 21 世纪的新时代里，女性知识分子与就业者有质与量的改变，将缔造更友善、更美好的世界。所以，现代的女性应该争取从家庭中走出去，不仅将青春生命奉献给丈夫、儿女，更要奉献给社会，分担社会责任，积极参与社会服务，彼此相互尊重、相互包容、相互提携，才能建设男女平等的社会。

◆**妇女在婚姻生活中，应该如何才能保有自我的空间？请大师开示。**

星云大师：每个人的生活里，都要有"空间"。说到"空间"，妇女如何在婚姻生活之中保有自我的空间？其实"空间"是靠自己创造的。就像一个家庭里，如果你不布置、不整理，就是再大的房子，也像仓库一样乱糟糟的，住起来也不舒服。但是有的家庭虽小，只要懂得整理，就会有空间。所谓"室雅何需大，花香不在多"，家庭的整洁雅致，就是我们的天堂，就是我们的空间。过去的女人，她的空间就是家庭，但是现在已不尽然，所谓"书中自有黄金屋"，现代的女人可以通过读书，把身心安住在书本上。就像佛光山的法堂书记室，我替它起了一个名字叫"法同舍"，意思就是天天在这里研究佛法，佛法就是我的房子，我住在佛法里，以法为家。

平常有信仰的人，信仰就是房屋；你经常诵经，经书就是你的房子。有的人说我感受不到，也没有关系，现在的女性可以走出去，例如旅行、周末度假等。在美国，一个男人假期如果不带太太出去旅行，是可以诉请离婚的。所以女人应该要走出去，通过交友、参加社交活动来扩充自我的空间；乃至从信仰上展开自己的空间，例如到寺院当义工，参加读书会、妇女法座会等共修活动。

妇女法座会是我在四十多年前创办的，每次活动都有一个主题，例如"家，要拥有什么""如何敦亲睦邻""治家格言""私房钱""如何编家庭预算""子女教育法""家庭保健新知""每日功过谈""吵架时怎么办？""模范夫妇发表会""人际间的墙壁——疑心与误会""人生——制胜之道"，以及"如何参加社团"等。妇女法座会的内容有知识性、学习性、生活性、动态性、利益性等多元化。参加的妇女如同进入实用的妇女大学，能获得许多治家之道，也能有助于解决心理上、环境上的困难。让每一个参加的妇女，宛如上学校一样，在实质上和精神上都能有所得。

因此，我建议女人除了家庭的生活空间，更应该开发心灵的空间。例如：

（一）以"信仰"为家。心中有信仰，就有依靠，信仰就是我们的家。

（二）以"读书"为家。"书中自有黄金屋"，全家人都来读书，这个家就是一个"法同舍"。

（三）以"旅行"为家。女性要走出去，与家人、朋友到国外旅行、度假，以增广见闻、开阔视野，来充实心灵的空间。

（四）以"慈悲"为家。妇女普遍富有悲悯心，当看到社会有不幸的事件，多能解囊相助，出钱出力，救灾救难，不但为人间增添温馨，带给社会福祉，同时也开发了自己心中的喜悦和富贵。

（五）以"服务"为家。妇女普遍有良好的口才，比较肯主动招呼他人、帮助他人，譬如有些妇女利用闲暇，组队到育幼院为院童洗涤衣服，做羹汤；到养老院为老人清扫环境，作护理医疗等。

总之，妇女结婚后，为家庭、丈夫、儿女付出心力之余，应该保有自我的空间。女人不一定倚靠家庭、丈夫、儿女为唯一的乐趣，而是要靠自己的慈悲与智慧来充实自我的内涵，从读书、信仰、写作、艺术、歌唱、绘画、插花、烹饪、从事地方公益、到医院当义工等服务奉献中，开拓自己的生活空间，丰富自己的心灵世界。

◆**现代社会开放，男女平时有很多交往、接触的机会，因此发生婚外情的频率相对增加。请问大师，如果丈夫有了"婚外情"，应该如何处理？**

星云大师：人，是由情爱而生的。情爱助长了人生，也困扰了人生。尤其婚外情，造成多少家庭的不幸，甚至多少人因此身败名裂，悔恨终身。

一个家庭里，假如丈夫发生了婚外情，做太太的一般有几种反应：一个就是痛苦，自我折磨；一个就是不甘愿，抱怨先生为什么不爱我而要爱她；三者甚至产生报复的心理。当太太发现丈夫有了婚外情，应该如何处理呢？我看现在的社会，丈夫有了婚外情，大部分是男人的问题，但有时候女人也应该自我检讨。

记得四十几年前，每年弥陀佛诞时，雷音寺都会举办佛七法会，有一位太太几乎每年都参加。有一年佛七的时候，她又来了，但是一进寺里见了我，她就眼泪鼻涕一大把地哭着说："今年险些就不能再来参加佛七了。"我问她为什么，她说因为丈夫金屋藏娇，她想寻死。

我看她哭得很伤心，一时也不懂得怎么办，不过心想总应该安慰她一下，我就说我有办法挽回你们的婚姻，只是怕你做不到。

她一听到这句话，就追问我是什么办法。我告诉她，你的先生平时回到家里，你只有怪他对你不够好，嫌他不够体贴，但是他到了对方狐狸精那里，狐狸精就对他千娇百媚，样样都好，他把狐狸精的地方当作天堂、安乐窝，当然流连忘返，自然不想回到像冰库一样的家了。我告诉她，如果你肯改变态度，先生一回家，你就赞美他、体贴他，针对他欢喜吃什么东西、喜欢看什么书，你都满足他，对他好。有时明知他要去跟狐狸精相会，你故意拿钱给他，替他拿鞋子、换衣服，出门前叮咛他好好保重、早一点回来，慢慢他感到你的温柔、体贴，自然就会回心转意。所以，你要用爱才能赢得爱。如果你怨恨，只有加速破裂，他自然不会要你了。

她一听我这样讲，就说："我做不到。"我说："所以注定你是要失败的。"

事情过去以后，我也没有再去想它，不过后来她照着我的方法去做，果然挽回了丈夫的心。她的先生原本是一个反佛教的官僚，却没想到一个和尚竟然能改变他的太太，让濒临破碎的家庭能够重拾欢笑。所以后来他对我、对佛教也慢慢生起了感谢、信仰之心。

异性相爱，是很难得的因缘。男女双方经过互相追求、互相恋爱，获得了社会的认可、家人的同意，千辛万苦才结成良缘，本来是应该被祝福的美事。但是，花无百日红，人无千日好，世事风云变幻，令人难以逆料，只要夫妻任何一方发生了婚外情，从此家庭、事业、名誉、子孙、金钱的因缘果报纠缠，难以清楚。造成婚外情的原因，往往都是怨怪第三者的加入。其实，第三者之外，男女双方都没有责任吗？例如，有的人忙于自己的事业、社交、应酬，以致疏于照顾家庭和关心对方，因此让第三者有机可乘。甚至有时候还因为双方意见不合，习惯不同，认知差异，成就悬殊等。总之，不能让对方满足，最容易发生婚外情。

尤其现在的社会，由于色情行业充斥，不知破坏了多少家庭，破坏了多少夫妻儿女的关系，如果人类社会放纵情欲的发展，没有一点空间出路是很可怕的。如《佛说四十二章经》说："财色之于人，譬如小儿贪刀刃之蜜甜，不足一食之美，然有截舌之患也。""爱欲之于人，犹执炬火逆风而行，必有烧手之患。"所以家庭要防止婚外情的发生，首先要加强男人的道德观念，女人则应该培养做人、做家事的技巧能力。

其实，掌握一个男人的心，先掌握他的口。当先生回家时，你能煮好吃的东西给他吃，先生吃惯了太太每天变化多端的佳肴，下班之后自然就不会往别处跑。

女人要给男人吃得好，并且要时时赞美丈夫，自然能掳获男人的心。当然做丈夫的也要赞美太太，平时买点布料或化妆品等礼物送给太太，是增进夫妻感情的重要因素。如果女人学不会烹调，不会赞美，最好不要结婚。我们常说夫妻的关系是"另外一半"，你嫁的另外一半，他要的是什么？无非是要你爱他，要你对他好，你都不会赞美，怎么好得起来？因此不会笑的要学习笑，不会说话的要学习说话，没有表情的要学习有表情。这个世界是个有色彩的世界，是个有笑容的、有声音的世界，因此要多多赞美。

本来夫妻就是两个来自不同家庭的个体，彼此因为成长背景不一样，难免有思想、个性、习惯上的诸多差异，要维系夫妻之间的感情始终如一，事实上并不容易，所以要靠彼此的尊重、包容、沟通，诸如思想上的、生活中的、对儿女的教育方法等，都应该开诚布公地讨论。

此外，夫妻双方如果能够培养共同的兴趣，认识彼此的朋友，平时应酬成双成对，甚至偶尔营造一下"小别胜新婚"的温馨气氛等，都可以减少对方出轨的机会。如果能让对方感觉"家庭如乐园"，每天生活里充满了欢乐、笑声，又哪会有婚外情的发生呢？

总之，我认为造成婚外情的原因有很多，男女双方都应该负责任。如果每个家庭中的先生都能做第一等的先生，回家后帮忙家事，体贴慰问，制造家庭的欢笑与和乐；每个太太都能做第一等的太太，治家整洁，贤惠有德，能把家里整理得干干净净，三餐有美味佳肴，时时有贴心的慰问、赞美的语言，就容易留住先生的心，自然不会有婚外情的发生。但是，万一先生有了婚外情，吵架是没有用的，最好的解决办法是"用爱再去把爱赢回来"，这才是明智之举。

◆请问大师，一个家庭中，当婆媳之间意见分歧时，应该怎么办？

星云大师：在一个家庭中，母女之间的问题比较少，婆媳之间的问题比较多。

前几年有一个趣谈：端午节到了，婆婆叫媳妇包粽子。现代媳妇不会包粽子，但是婆婆的话不能不听。从清晨包到下午，好不容易包好了。当在煮粽子的时候，听到婆婆打电话给出嫁的女儿，叫女儿赶快回来吃粽子。媳妇听了非常生气，心里不住地嘀咕："我忙得汗流浃背，你都没有关心我的辛苦，现在粽子快煮好了，你却叫你的女儿回来吃粽子。"因为心里不平，越想越气，把围裙一甩，换件衣服就想跑回娘家。正要出门的时候，电话铃响了，原来是娘家的妈妈打电话来说："女儿呀！妈妈今天叫你嫂嫂包了粽子，你赶快回来吃粽子喔！"这时媳妇听了一愣，才感觉到，原来天下的母亲都是一样的！

家庭中，母女有母女的感情，婆媳有婆媳的关系。你们当中大部分的人都做过人家的媳妇，甚至有的人也快要做婆婆了。如何做一个好婆婆？要记得当初做媳妇的难堪，所谓"己所不欲，勿施于人"，不要把过去所受的待遇用来对待自己的媳妇，如此一代一代地报复下去，因果循环，终不是办法。

我记得自己青少年的时候所受的打骂教育，虽然受尽种种无理的委屈和虐待，但是至今回想起来却感到很幸福，因为我受得起，我不以为苦。很遗憾时下的青年并不是人人都能这样。现代的年轻人因为受不起，所以不能有大成就。

婆媳之间的微妙关系，若以婆婆的角度来说，可能会感觉自己的儿子被外人抢走而有所失落，加上媳妇再不懂谦让，不知体谅，就更让婆婆从心里讨厌这个过门的媳妇了。

一个男人，既是儿子的角色，也是丈夫的角色，当然希望同时获得母亲与太太这两个女人的关爱。婆媳之间也知道这个道理，婆婆也想对媳妇好一点，但就是不欢喜；媳妇也知道对待公婆应该孝顺，但只要一看到婆婆的嘴脸就不高兴。我认为婆媳之间，应该先学会认知、体谅与同情，并且要有方法、要交流、要沟通。比方说，为人媳妇要懂得尊重婆婆，了解婆婆的心理，并鼓励丈夫对婆婆多些照顾，让婆婆不至于有失落感，而丈夫便不会夹在两个女人之间难做人，他自然就会更加爱太太。假如婆婆也把媳妇当女儿看待，教导儿子要爱太太，媳妇看到婆婆这么开明，也会恭敬这个长者。总之，婆媳之间互相体谅，问题就容易解决。

代沟是双方的责任，并不是单方面的问题。如果有一方肯让步的话，就会天下太平。

佛教有这么一则故事：有一个信徒到寺院拜佛，知客师与其打过招呼后，随即对身旁的老和尚说："有信徒来了，请上茶！"不到两分钟，又对老和尚说："佛桌上的香灰要记得擦拭干净！""拜台上的盆花别忘了浇水呀！""中午别忘了留信徒吃饭！"只见老和尚在年轻的知客师指挥下，一下子忙东，一下子忙西。信徒终于忍不住好奇地问老和尚："他是你什么人？怎么总是叫你做这、做那的呢？"老和尚得意地说："他是我徒弟呀！我有这样能干的徒弟是我的福气，信徒来时他只要我倒茶，并不要我讲话；他只要我留信徒吃饭，并没有要我烧饭。平时寺里的一切都是他在计划，省了我很多辛苦呢！"信徒不解，再问："不知你们是老的大，还是小的大？"老和尚说："当然是老的大，但是小的有用呀！"

"婆媳问题"是现代家庭普遍存在的隐忧。其实，只要身为婆婆的不再存有"多年媳妇熬成婆"的心态，而能学习老和尚"老做小"的精神，把媳妇当成自己的女儿疼爱，媳妇也能视婆婆如亲娘一样尊敬、孝养，家庭怎么会不幸福呢？

我在《佛光菜根谭》里曾经写过"四等婆媳"：第一等婆媳，如母女亲密；第二等婆媳，如朋友尊重；第三等婆媳，如宾主客气；第四等婆媳，如冤家相聚。

婆媳之间的关系如同跳探戈，你进我退，我退你进。人际之间，只要我待人好，他人也会把我当成亲人。人家嫌你、怪你，就是你待人不够周到，所以待人好才能增加人我之间的空间。婆媳之道，更是如此。

◆**过去社会认为女人无才便是德，现代女人以高学历为傲，甚至以学历当嫁妆。但是也有一些高学历的适婚女人一直乏人问津，面对这种另类的歧视，女人应该如何因应？**

星云大师：长久以来，社会存在一种现象：结婚，男生的学历一定要比女生高一些。初中毕业的男生会娶小学程度的女生，高中程度的男生则娶初中毕业的女生。依此类推，大学娶高中，博士娶硕士。如果是一个女博士，则往往让男生望而却步。所以有一位女博士如此形容她的感情世界："读本科时，门庭若市；读硕士时，门前冷落；读博士时，门可罗雀。"

女博士很容易让人把她和"女强人"划上等号，因此女人学历愈高，反而愈难找到适合的结婚对象。为什么？因为女孩子太有学问，凡事都讲理，往往失去了女性的特质。女孩子有时可以有一些娇嗔、有一些不讲道理。虽然人都应该要服从真理，但有时太讲道理，理由太多了，也会让人受不了。我这么讲，有一些知识程度高的女性会认为我这是歧视女性，女人为什么不能有知识？不过我讲的是事实。例如刚才说，男人不敢娶女博士做夫人，因为博士要研究，钻得太深，很麻烦。有时候人在世间生活，尤其是夫妻之间，不必凡事都讲理，偶尔也需要有感情的生活。感情有时是很难用理论来衡量的，感情是感情的世界，理论是理论的世界，感情里面有一点理性。这种净化的感情、理智的感情，是很高超的境界，平时不容易达到。所以，有时高学历的女人让男人不敢高攀，这并不是对女人的歧视，而是男人天生的优越感使然。有的男人认为自己的学历、工作职位，乃至薪水低于自己的太太，是一件不光彩的事，不但在太太面前矮了半截，在朋友之中也抬不起头来。

但是这么说并不表示女人的学历一定要比男人低，学历高低不重要，夫妻最好是相互敬爱。如果男士对太太多一些敬畏，如胡适博士提倡"怕夫人"，未尝不是一种美德。再说，女人学历高，并不一定就会让男人望而生畏，女人只要有道德、器量、智慧、慈悲，还是能够吸引男士的青睐。

所以，现代女性重要的是，要知道自己的缺点，如娇嗔、嫉妒、自私、懒惰、恶口、虚荣、爱哭、偏见、量小等；要把爱计较、爱比较等缺点改正，代之而起的是有恢宏的气度，以及雍容华贵、明白事理、顾全大局、公而忘私、温柔大方等美好的德行。

过去的女性还有一个缺点，只想做花瓶。但是女人只靠外表漂亮是不行的，世间的实际生活很重要。所以过去中国的社会经常可以看到很多美人红颜薄命，很多漂亮的女人生命很短暂，甚至漂亮的人不一定有人缘，反而不是很美的人。人缘很好，到处受人欢迎。所以佛教讲美，内在美胜过外在美，尤其美是性格上的美、内心的美、语言的美，倒不一定光是面孔的美，这是不够的。所以，我觉得现代的女性应该具备：

（一）有传统的美德，也有现代的知识。

（二）有感情的世界，也有理智的生活。

（三）有家庭的观念，也有社会的事业。

（四）有柔和的性格，也有坚忍的力量。

其实，现在的社会，工作职场上并不一定高学历就必然吃香。现在的社会凭的是实力，而不全然是以学历取胜。当然，婚姻更不能以学历高低为选对象的条件。因此学历不重要，人品道德才重要；学历不重要，努力创造才重要；学历不重要，自己如何定位才重要。希望现代的女性都能学习中国历史上那些伟大的女性、伟大的妻子、伟大的母亲。例如孟母三迁，岳母教忠，黔娄之妻"宁可正而不足，不可斜而有余"，乐羊子之妻"断机劝夫，努力向学"等，这些都是女人中的模范。但愿这些女性的光辉能够重现今日，再为当前的社会凭添光彩。这是今日女性争气之道。

◆从佛教的立场来看，如果妇女遇人不淑，遭受家庭暴力时，请问大师，您认为可以离婚吗？

星云大师：现代社会，由于人口结构变迁，台湾有愈来愈多的外地新娘，包括中国大陆、越南、印度尼西亚、泰国等。彼此因为来自不同的国家和地区，文化背景、思想观念、生活习惯等有诸多差异，能够幸福美满的固然有之，但是多数成为怨偶，甚至衍生婚姻暴力、家庭暴力，已经造成严重的社会问题。

所谓"家庭暴力"，是指具有血缘关系的亲属间所发生的虐待和暴力行为，甚至包括与家庭具有亲密关系的成员间。例如男女朋友、同居人之间的虐待和暴力行为，也都属于家庭暴力的范围。暴力，妨碍安全，妨碍生命，是大众所共同唾弃的。但是现在世界各地，无论文化背景、阶层、种族和社会性质怎样不同，妇女、儿童都可能成为暴力的受害者。

一个家庭里，不管男人的家庭暴力，还是女人的河东狮吼，都是家庭的不幸。尤其家庭暴力最后往往以悲剧收场，例如妻子受不了虐待愤而杀夫，或是丈夫虐待妻子致死，更可怕的是在家庭暴力下长大的儿童，身心不平衡，人格不健全，日后又可能成为另一个施暴的问题人物。所以，享受无暴力的生活是妇女与儿童的权利，也是每个人所祈求的美好社会。

如何才能化解家庭暴力？正本清源之道，就是家庭里的每一分子，对家人的爱要永恒、宽容、体谅、升华，要互相尊重与包容，共同维护家庭的和谐与美好。

家庭是社会的基本组织，是人生的避风港，是最安全、最温馨的地方。一个家庭里，夫妻不和是社会问题的来源之一，而家庭暴力事件，无论弑父、弑母、夫妻互殴、虐待儿童等，都为社会大众所不容，所以佛教主张男女要相敬相爱。

在佛教经典里，有指导男性如何为人丈夫的《善生经》，和指导女性如何为人妻子的《玉耶女经》，都记载着男人要懂得爱护妻子才可名为男人，女人要知道敬事丈夫才可名为女人。

例如：妻子要身兼母妇、臣妇、婢妇、夫妇、妹妇之职，要把先生当成孩子一样疼爱，当成君王一样敬重，当成主人一样顺从，像夫妇一样互相敬重，像兄妹一样相互提携。丈夫要当君子般怜惜妻子，当英雄般保护妻子，当劳工般为妻子服务，当禅者般给家庭欢笑幽默，要实际负起养活家庭的责任。

然而在现实的社会里，现代家庭除了刚才提到的外地新娘的问题以外，还有老夫少妻、姐弟恋等，就如同现在的同性恋，总是让人挂念。因此，对于外地新娘，或是异国鸳鸯，我们建议最好在婚前能有一段相处的时间，让彼此多一些认识、了解，因为彼此来自不同的生长地，文化的差异会影响生活的美满。此外，一个家庭如果夫妻双方个性不合，无法一起生活，甚至演变成为家庭暴力，到底可不可以离婚？站在人间佛教的立场来看，当然希望大家能组织幸福美满的家庭，在天愿为比翼鸟，在地愿为连理枝，但愿天下有情人皆成眷属。基本上佛教并不赞成离婚，但是如果到了水火难容的地步，也要好聚好散，毕竟人和人之间，适性格者同居。如果人心、人情到了水火不兼容的地步，还是让它水归水，火归火，勉强在一起，不如彼此好聚好散。所以现代很多青年男女，虽然离婚了，但彼此还是朋友。我觉得这总比演变到最后，成为"仇人相见，分外眼红"来得好。因为男人和女人是构成社会的两大元素，男女之间必须彼此敬重，互相成就对方，社会才能更和谐快乐，世界才会更可爱完美！

◆妇女不幸被人强暴而怀孕了，可以堕胎吗？佛教对优生保健法有什么主张？

星云大师：根据报道，自从 1984 年"立法院"通过所谓"优生保健法"，使堕胎合法化以来，台湾的堕胎率年年攀升，现在一年约有四十多万堕胎的案例，已经超过出生婴儿的人数。最近政府也在积极修正"优生保健法"，其中对于已婚妇女堕胎是否需经过配偶同意，引发各方的争议。其实，像堕胎以及安乐死等问题，并不是法律、宗教、道德所能规范的。这是极为复杂的问题，攸关生命、人权、道德、信仰，甚至因果等种种的牵连。因为堕胎不是一个人、一件事而已，而是关系到丈夫、妻子、亲人，或即将出世的生命，所以有的宗教反对堕胎，但是为了照顾未婚生子的少女，也有"未婚妈妈之家"的设立，可见都是在努力想要解决社会问题。

佛教对于堕胎的看法，认为胎中婴儿也是一个生命，堕胎是杀生。不过，理上虽然如此，但是有的妇女堕胎是不得已之举。例如所怀的是个残障儿，如果第三者说不可以堕胎，但是母亲生下一个残障儿，要养育数十年，卫道人士能提供她什么帮助或关怀吗？

或者有的妇女不幸被人强暴而怀孕，如果我们只是一味地基于慈悲不可以杀生而反对堕胎，又怎能体会母亲一生对儿女的爱恨情感？所以，有些事情不是单纯从道德或是法律的立场所能解决的。它所牵连的关系是多方面而复杂的，最好是授权给当事者，也就是妇女本身应该有权决定，因为利害关系她可以自己衡量，纵有因果，也由母亲自行承担。基本上，女性的堕胎不是仇恨的杀，而是为了保全名节，保护安全，保持自己未来的形象等。所以虽然儒家主张"上天有好生之德"，但是"堕胎"不是法律所能解决的，也不是卫道人士所能置喙的，最有权可以决定的是胎儿的母亲，如何处理，应该尊重母亲的决定，因为她要承受一切后果。

所谓"家家有本难念的经"，人人都有苦衷，人间佛教基于人权，主张女性有权利决定自己应承受的后果。但是现在社会上还有一个现象，就是有的妇女堕胎后有罪恶感，一些不肖商人于是趁机劝她花几千元买个婴灵牌位来超度，以自我安慰，以为花钱消灾就能化解冤结，其实这是利用妇女软弱的心灵来敛财，这也是有待宣导的社会教育。

有关妇女堕胎的原因很多，如果是被人强暴，基于迫不得已，社会大众应抱持同情心，给予关怀，协助她走出阴霾。如果是青年男女偷尝禁果，未婚怀孕，小至家庭，大至国家社会，都应及早防微杜渐，尤其要加强道德观、礼仪规范和性教育。这里所要强调的是，青年男女既然已经未婚怀孕，有错在前，则不应该堕胎继续一错再错，应勇敢地面对现实，担起养育的责任。印光大师曾说："淫杀二业，乃一切众生生死根本。最难断者唯淫，最易犯者唯杀。"再说，堕胎也是杀生，如《大集经》云："爱因缘故，四大和合，精血二滴，合成一滴，大如豆子，名歌罗逻时。"《四分律行事钞资持记》言："歌罗逻时，此云杂秽，入胎七日，状如凝酥，即凝滑也。即有三事：一命，二暖，三识，出入息为命，不臭不烂为暖，业持火大，色不臭烂。此中，心意为识；若坏凝滑，即坏识之所依，命暖随谢，便名犯杀。"因此，要防杜堕胎，最好就是不要邪淫。

若在不得已情况下必须堕胎，则要消冤解结，可以通过行善、忏悔、修持等功德回向。但是，更重要的，还是要多多修养身心，能够防患未然，远胜于事后补救。

◆**现代的社会，由于离婚率高，造成许多单亲家庭，尤其一些新女性主张"不要婚姻，只要小孩"，因此产生不少的单亲妈妈。请问大师，单亲妈妈如何面对"空巢期"？**

星云大师："空巢期"，这是现在新一代父母所普遍面临的问题。在中国古代以农立国的社会，由于需要大量人力资源，每个家庭大都人丁旺盛，而且儿女长大成人以后，仍然与父母共同生活，因此三代同堂、五代共聚的家庭比比皆是，不但年老的父母有人奉养，还能含饴弄孙，充分享受天伦之乐，根本没有所谓的"空巢现象"。

现在工业社会，人口密集在大城市，加以多年前政府提倡"两个孩子恰恰好"的政策，使得原本人口简单的家庭，在儿女长大后外出升学就业，正如小鸟离巢而去，留下夫妻二人面对空荡冷清的房子。骤然失去儿女环绕的父母，首先需要调适的就是面对冷清的家庭生活，以及对儿女的思念。

不过刚才提到，随着现代离婚率愈来愈高，以及许多新女性主张不婚生子，因此有愈来愈多的单亲妈妈。单亲妈妈要如何度过"空巢期"？你们有"空巢期"的忧虑吗？其实能干的妇女、聪明的妇女，不必等到"空巢期"再来面对，你要知道，儿女长大了，他们必定会飞出去。为了他们的前程，你应该欢喜地让他们出去挥洒自己的生命，所以自己也要早作预备。

在佛光山东方佛教学院教室的屋檐下，每年都有许多燕子来做巢，常常在走路时就会发现地上有出生不久的小燕子跌下来。刚开始我们很奇怪，为什么会掉下来？后来发现不是不小心掉下来的，而是被它妈妈推出来的。妈妈为什么这么狠心？原因是妈妈认为它的这个子女条件不够好，将来求生困难，因此早早把它推出去，不让它生存了。不过这毕竟是畜生，在人类的社会里，即使是残障的儿女，父母也是要爱护他们。如果他们有能力，当然更希望他们能振翅高飞，虽然心中挂念，但仍然是希望他们能有所成就。

既然如此，对于"空巢期"，父母就要自己想方设法来充实它，例如你会读书，你有信仰，你喜欢拜佛，你可以找许多朋友回家来谈禅论道，或者喝茶、下棋等等。但是我并不鼓励女士们打牌，许多女性年纪大了，没事就去串门子、讲是非，或者是找朋友打个小牌，但是打久了会成为不良的习惯、不好的嗜好，每天没日没夜的，八圈以后再来八圈……不但影响生活，对健康也不好。

所以，关于单亲妈妈如何面对人生的"空巢期"，我觉得人生聚散本无常，有聚必有散，应该用平常心看待。平常广结善缘，只要你有学有德，天下人都可以做你的儿女；假如为人父母无学无德，没有培养亲子关系，就算自己的儿女，有时也会形同陌路。因此，只要你想得开，巢"空"了也很好，从此可以投身信仰，热心公益，享受兴趣的人生领域，一样可以活出自我的幸福来。以下五点意见，谨提供给"空巢期"的父母参考：

（一）空巢里，儿女飞走了，可以聚集善友来访，当会充满空巢里的生气。

（二）空巢里，儿女飞走了，可以培养读书的习惯，书中自有人和事，书中自有安心处。

（三）空巢里，可以培养各种兴趣，如写字、莳花、植草、养宠物等，以此来美化空巢。

（四）空巢里，可以把关心扩展到社会公益，可以到校门口当爱心妈妈，到医院探望病人，到寺院和十方信众广结善缘。

（五）空巢里，可以培养信仰，用信仰代替家庭团聚。正如《维摩经》说："法喜以为妻……善心诚实男……四禅为床座……解脱味为浆。"

单亲妈妈只要拥有真心，巢"空"了，生命何"空"之有？

◆刚才大师一直鼓励妇女要自我肯定、自我期许，可否请大师列举古今中外有哪些杰出的妇女，她们有些什么成就足以作为现代妇女的模范？

星云大师：在过去男尊女卑、重男轻女的封建社会里，生男称为弄璋，宝贝如玉石，不仅合家欢喜，母亲也因子而显贵起来；生女则称为弄瓦，贱如粪土，全家愁云惨雾，母亲还可能遭到七出的命运，这种看法实在有很大的偏失。不过这种偏见也不是一概而论，例如白居易的《长恨歌》就歌曰"遂令天下父母心，不重生男重生女"。可见女人还是要杰出，杰出就有地位。

自古以来有不少的女子，无论能力、智慧等方面，不但不让须眉，而且其中不乏超越男人的巾帼女豪，这都是不争的事实。

在国外，斯里兰卡的总理西丽玛沃·班达拉奈克夫人，是世界上第一位民选的女总理；巴拿马总统米尔雅·莫斯科索、冰岛总统魏笛丝、印度尼西亚总统梅加瓦蒂等，也都是女性；菲律宾更先后选出阿基诺夫人与阿罗约两位女元首。英国的伊丽莎白女王、首相撒切尔夫人，以色列总理梅尔夫人、印度总理甘地夫人等，也都是名闻国际的杰出女性。甚至芬兰第一位女总统哈洛宁，还是个单亲妈妈呢！她们日理万机，纵横政坛，处事果决明快，绝不逊于男人，因此从没有人因为女子当权，就把她们看作第二等民族，而抹杀她们应有的荣耀与尊严。

此外，人类历史上第一个取得医学学位的女性布蕾克威尔，她成立了世界上第一家妇幼医院"纽约妇幼诊所"，并于1864年4月13日在纽约成立"女子医科大学"，1969 年又在英国成立"伦敦女子医学院"。她不但是世界上第一个取得证照、开业行医的女医生，而且 20 世纪初期，许多杰出的女医生，都是她一手培育出来的。在她以前，医生是男人的专利，在她以后，世人看到女医生也不会稀奇。因为她，普世的医学院才招收女学生。因此，"布蕾克威尔"这个名字已经是"女人也可成为好医生"的同义字。

其他普世知名的杰出妇女，如：世界著名科学家玛丽·居里，她和丈夫——法国科学家皮埃尔·居里，在共同的工作中发现了元素的放射性，并成功提取金属态的镭。居里夫人曾两次获得诺贝尔奖，为人类的科学事业作出了巨大贡献。好莱坞影星，英格丽·褒曼，曾在电影《卡萨布兰卡》《战地钟声》《煤气灯下》等影片中担任主角，三次获得奥斯卡金像奖，一生共拍片 47 部，其中不少成为经典作品而名垂电影史册，被誉为"有声片时代最伟大的女演员"。

俄罗斯宇航员叶莲娜·孔达科娃，于 1994 年 10 月 4 日和两名男宇航员一起乘联盟—TM20 宇宙飞船到达和平号空间站，在太空飞行 169 天后于 1995 年 3 月 22 日返回地面，创下女性连续在太空滞留时间最长的纪录。1995 年 4 月 12 日，叶利钦总统授予她"俄联邦英雄"的荣誉称号。

国际妇女运动先驱克莱拉·蔡特金，是 1907 年国际社会主义妇女大会发起人之一，1915 年在伯尔尼组织第一次国际妇女会议反对世界大战。她曾被选入第三国际主席团。

在中国，汉朝继承父兄遗志完成史书的班昭，宋朝与夫共抵金兵的梁红玉等，都是一时的隽秀才女。鉴湖女侠秋瑾云："身不得男儿列，心却比男儿烈！"其忧心民族危机的侠烈性情展现无遗。冒死护送国旗到上海四行仓库的女童军杨惠敏，不仅是中国女童军的光荣，也是中国女青年的榜样。此外，唐朝的文成公主信仰佛教，为了唐朝和吐蕃的关系，远嫁到吐蕃，把佛教也带到吐蕃，为藏传佛教的源流播下了重要的种子，并且把唐朝的文化传扬于异域。

武则天有用人之能，如狄仁杰、娄师德、姚崇、宋璟、张柬之、裴怀古、魏知古等人都愿意为她所用。她与慈禧太后，在历史上的评价虽然不是很高，但她们能降伏男性在她们领导下工作，也是女性之光。

明太祖朱元璋当皇帝之后，晚年性情暴烈，杀害大臣，株连无辜，幸好当时有虔诚信佛的马皇后经常劝诱他少开杀戒，免去了不少冤狱。

现代杰出的女性，如世界著名物理学家吴健雄，由于对核物理有独到的研究，被国际科学界誉为"中国的居里夫人"。1990 年，中国大陆的南京紫金山天文台将第 2752 号行星正式命名为"吴健雄星"。

华裔杰出女性蔡宗影，2003 年获得美洲中国工程师学会颁发的"2003 年度亚裔工程师奖"，是 15 位得奖者中仅有的三位女性工程师之一。她曾多次获奖，包括美国航空暨航行学会旧金山分会的"1990 年度工程师奖"，1997 年荟硅谷地区工程与技术的"女性杰出成就奖"，1999 年又获得"族裔女性科技奖"殊荣，屡为亚洲人与华人争光。再如"飞跃的羚羊"纪政，1970 年美联社封她为"地球上跑得最快的女人"。她在 1960 年以 14 岁的年龄当选罗马奥运选手，1968、1969 年在全世界至少 68 次比赛中赢得胜利。1970 年她从欧洲到美国的多项田径成绩五次破世界纪录，也赢得"亚洲女铁人"的称号。她在体坛上不断缔造新纪录，为中国人争光。

其实，世界上无论家庭、宗教、慈善事业，出力最多的都是女人。女士们在幕后扮演的妻子、母亲、信徒的角色，是股最大的力量。如佛陀时代的胜鬘夫人虽贵为皇后，却以兴办儿童教育，培养幼苗，培育英才为职志；胜鬘夫人以皇宫为道场，以参与民间活动、讲经说法为重要任务。胜鬘夫人发十大愿心，说大乘佛法，作狮子吼，阐扬如来法藏思想。鸠摩罗什的母亲耆婆不但自己舍弃王宫的荣华富贵，并且度子出家，教育儿子成为佛门的龙象，对经典的翻译留下无与伦比的贡献。佛陀的姨母大爱道夫人抚养幼年的悉达多太子长大成人，佛陀成道后，她身先表率带领 500 位释迦种族的女子出家，并且纡尊降贵，接受八敬法的要求，为佛陀"四姓出家，同一释种"的精神，做了最具体的注脚。比丘尼教团的得以成立，大爱道是功不可没的第一人。

乃至《华严经》里善财童子参访 53 位善知识，其中女性的善知识就占了好几位，如休舍优婆夷、自在优婆夷、慈行童女、有德童女、师子嚬呻比丘尼、婆须蜜多女、夜天女神等，都是对佛法有独到体证的大善知识。

女性除富有慈悲心，知道布施结缘、广求多福之外，女性中智慧洋溢、善于说法、导人入信的龙象也不在少数。如中国清末民初的吕碧城女士，19 岁在北京做《大公报》的总编辑，甚至到欧美宣扬佛教，提倡素食，著作《真理之光》，一生对文化出版不遗余力。新加坡毕俊辉女士，曾当选为世界佛教友谊会新加坡分会的主席，精通中英文，对世界佛教的宣扬贡献很大。叶曼女士也以卓越的表现，当选世界佛教友谊会的副主席，为佛教、国家都赢得了极好的国际声誉。其他诸如：孙张清扬、林楞真等人，不仅将家庭治理得很好，更为国家社会作出了重大贡献。所以，女人要求"女权至上""女男平等"，应以慈悲、智慧、奉献，和男人一较长短。

在现代的佛教僧团里，也有不少杰出的比丘尼，她们在近代佛教史上占有相当重要的地位。例如：慈庄法师在世界各国创建寺院，为中国佛教开创出国际化的道路；慈惠法师创办西来、南华、佛光、弘道等四所大学，肩挑教育、文化大任之外，更于 1992 年第十八届世界佛教徒友谊会中，经大会推选为世佛会副会长；慈容法师热心慈善事业，擅长活动组织，负责国际佛光会推展委员会，在世界各国成立100 多个佛光协会；慈怡法师主编《佛光大辞典》；晓云法师创办华梵大学；依法法师授课于柏克莱大学；恒清、慧严法师分别在台湾大学、中兴大学教书；证严法师创立慈济功德会；昭慧法师热心护法卫教等。以上均为有德硕学的比丘尼代表，也是现代杰出女性的代表。

　　总之，女众的智慧、能力并不亚于男众，女众可以参与政治、教育、文化、慈善、社会等各种公众事务，积极扩大服务的机会与层面。女众的热心、慈心、诚心，平均起来更胜过男众，应该发展其温和、慈悲、细心、勤劳等特质，犹如观世音菩萨，以慈悲、美丽来庄严世间。所以，女性千万不能妄自菲薄。须知外相不一定重要，要紧的是男人和女人之间一定要互相尊重，互相帮助，如此世界才会变得祥和，人间才会更加可爱！

佛教对战争与和平的看法

这个世间，战争与和平永远都纠缠不清。人类自从有历史以来，无论是东方或西方，大大小小的战争从未停歇，因战争而导致的人命伤亡、财产损失、建设摧毁、经济困顿、文化破坏等惨不忍睹的景象，都是每个人厌恶而不乐见的。

既然安居乐业、和平过日子，是人类所向往的，为何世界各地仍有层出不穷的冲突与战争呢？过去中国圣贤讨论人性本善或人性本恶的问题，佛教的《大乘起信论》则言"一心开二门"，一个是"心真如门"，一个是"心生灭门"，也就是一个属于善的，一个属于恶的；一个是永恒的，一个是无常的。所以战争与和平，应也是从人性发展出来的文化。

战争无疑是残酷的，但从另一个角度来看，有时伸张正义，推翻暴政，仍需战争手段，而且人类的文明与进步，往往也是从破坏之后建设和发展出来的。这个世间永远是一半一半的，所谓善的世界一半，恶的世界一半；战争、和平也是一半一半。当然，我们要努力把善的一半提升，把恶的一半消除。

战争的本质是暴力，暴力的驱动，则是人类的自私与执着。因此，人类的一生，可以说都活在战斗中。从人类的发展史来看，最初是向这块大地争取生存；拥有了土地以后，还不能满足，就征服海洋，求取海洋的财富；有了陆地、海洋，还不能满足，接着想扩大自己的领土，征服别的国家。于是战事范围更从小国扩展到大国，由局部扩展到全面，乃至爆发第一次、第二次世界大战。时至今日，冲突仍在全球各处发生，如持续八年才落幕的两伊战争，及恐怖分子发动攻击美国的"9·11"事件，引发美英两国联合对阿富汗、伊拉克开战；还有2004年9月俄罗斯校园人质惨案等，都造成了巨大伤亡。

佛教认为"万法唯心造"，我们唯有消除炽盛的贪嗔痴大敌，人人净化心灵，人类才能远离战争的梦魇，达到真正永久的和平。不过谈何容易呢？战争与和平，如同矛与盾，矛想抗拒盾，盾也想抗拒矛，怎样才能和平共存？

　　2005 年 3 月 4 日，星云大师在美国西来大学远距教学时，面对来自十个地区，如美国、加拿大、中国台湾地区等数百名中外学生，从学生的提问里，大师精辟分析古今中外战争的状况与影响，也由佛教的观点，提出消弭战争、促进世界和平的具体方法。另外，对现今敏感的海峡两岸问题，大师也有其中肯独到的见解。以下是当天"佛教对战争与和平的看法"的座谈纪实。

◆自古以来人类就有战争，每一场战争都有很多人命的伤亡、建设的破坏，例如中国五千年的历史，几乎没有停止过战争。在世界上，有公元前 4 世纪亚历山大的东征，6、7 世纪阿拉伯帝国的扩张，11 至 13 世纪的十字军东征，13 世纪蒙古的成吉思汗远征西亚和欧洲，以及后来的两次世界大战、朝鲜战争、越战，还有现在的美阿战争、美伊战争等。为什么世界上老有战争而不能和平呢？

星云大师：世界上战争不断，根本原因是人性的"贪而好战"，为了获得更多的权力、更多的金钱、更多的名位，甚至更多的土地、更多的利益，不断在利害上夺取，所以就发生了战争。以前中国的圣贤把战争分为两种：一种是霸道、强权的战争；一种是王道、正义的战争，是为了实施仁政而革命的战争。

被拿破仑称为"历史上最伟大的军事天才"的希腊亚历山大大帝，是一位战无不胜的传奇帝王。公元前 300 多年，亚历山大征服了小亚细亚、腓尼基、埃及、波斯等国，32 岁就建立了一个横跨欧、亚、非三大洲的庞大帝国。但是，在他战胜了许多国家，准备入侵印度时，先锋骑兵队的马匹看到印度的武装大象，惊惧地裹足不前，部下也集体反抗，拒绝前进，亚历山大只好黯然撤退，不久即壮志未酬而死于巴比伦（《大英百科全书》）。从《元史》里，我们也看到蒙古元朝帝国的成吉思汗，其战军所到之处血流成河，武力亦横跨欧亚大陆，而今战绩安在？

在这个世界上，人类自有历史的几千年以来，多少国家与国家的战争、民族与民族的战争、宗教与宗教的战争、地方与地方的战争，不管是打经济战还是打武器战，是争夺土地或争权势、名位，总有那么多人死亡，那么多财产损失，到今天已致使世间元气大受伤害，究竟谁是胜利者呢？"大厦千间，夜眠几尺？积资巨万，日食几何？"以佛教的观点来看，想要拥有世间上的一切，不需要用战争来取得，只要大家互相尊重就能拥有。

举个例子，有位大将率领军队攻城略地，为了鼓舞士气，他叫部下努力杀敌，完成任务即有重赏。于是士兵们个个气势高昂，烧杀抢劫，掳掠摧毁，无所不用其极。攻下城池后，大家向将军讨赏，将军慷慨地说："放你们三天假，尽情去玩，城中一切都是你们的！"士兵们放眼望去，城中民众死的死，逃的逃，要女人没女人，要喝酒没酒店。此时一无所有，大家才警悟，战争不只是别人的伤亡、失败，也是自己的失败，穷兵黩武的结果是两败俱伤！

在基督教耶稣说："我到世界来，不是为了和平，是为了战斗。一家五人将要分争，三个人和两个人相争，父亲和儿子相争，母亲和女儿相争，婆婆和媳妇相争。"人类具有如此的战斗性，即是《中阿含经》卷二十五所言："以欲为本故，王王共诤……民民共诤，国国共诤，彼因斗争，共相憎故，以种种器杖，转相加害。"因为贪嗔好战，强取豪夺，才会产生战争等暴力行为。

贪嗔强取的根源就是"我"！中国的造字很有趣，像"我"的字形即是立旌旗于戈兵上，有战斗的意思。我们的烦恼、痛苦从哪里来？就是有"我"，因"我"而自私，因"我"而执着，因"我"而爱染，因"我"而纷争。"我"之一念，令人永不安宁。世界上不管是哪一种战争，好的、不好的、大的、小的，都是为了"我"才会发生的，比如：执着于我的看法、我的思想、我的意见、我的主义、我的党派、我的国家等。

七八世纪时，阿拉伯帝国为了扩展势力，不断进攻东西北各方国家；11 至 13 世纪，基督教世界借宗教之名以行贪婪之实的十字军东征，都造成战火蔓延无尽、死伤无数的激烈战争。再以中国为例，每一次的改朝换代，不是都要死伤千百万人吗？这个世界光是为了思想、信仰、强权的问题，导致的大大小小战争，就不知牺牲了多少生命！真的是"天长地久有时尽，战争绵绵无绝期"！

佛教崇尚和平，在历史上从未发生斗争，不过从另外一方面看，佛教也有不一样的斗争，但不向别人斗争，而是向自己的烦恼斗争；为了降伏八万四千烦恼魔军，取得解脱自在的胜利，而向私欲战斗。

◆**没有经历过战争的人，很难想象战争的可怕。我们知道大师从小就经历过中日战争与国共内战，能否请大师描述一下当时的战争情境、感受，以及对您日后的影响。**

星云大师：我出生在 1927 年，那时正是蒋介石和孙传芳在镇江一带作战最激烈的时候。之后那几年也是军阀割据，战争不断。十岁那一年，日本发动卢沟桥事变，侵略中国，开始八年的"中日战争"，我也跟随流亡队伍各处逃亡、流浪。12 岁出家以后，我也是在抗战里成长，不但在死人堆里躲藏、睡觉，还有多次游走在死亡边缘的经验，可以说死了又活，活了又死。那时候小孩子缺少游戏，每当一场战争结束，大家就跑去数死人，看看一共打死了多少人，一个、二个、三个……我们以此为乐。知道哪里有战争，就偷偷地去看如何打仗，看过炮弹"呼"一声而尘土飞扬的情况。不但见过开枪打死人，也经历过子弹从自己耳边呼啸过去的惊险场面。遇到这个情况，我便赶紧跑去躲起来，等会儿再出来看。有时候跟中国军人谈话，有时候跟日本军人玩游戏……总之，我在枪林弹雨中度过了八年岁月。记得有一次，美国空袭日本占领下的南京，炸弹一丢，呼！就把我们从床上震到地上去了。

第二次世界大战结束，对日抗战胜利了，国内又爆发了国民党和共产党的国共战争。

我记得我住的那座寺院，白天是国民党的军队来去，夜晚是共产党的军队出没。那时候我在一间小小的教室里上课，听到外面"呼"一声，就知道又有人被打死了。下了课跑去看，果真路上又多了几个冤魂。这是经常发生的事情。

我于 1949 年来到台湾，当时的台湾正处于白色恐怖时代，我们的安全受到很大的威胁，尤其那时候我还年轻，很容易遭人误解。不过，后来成就肉身不坏的汐止慈航法师比我更苦，他坐牢坐了一百多天，而我只坐了 23 天。有时候真不知道这一次被抓去了，还能不能再回来。从这种种可知当时战争凄惨的情况。

1950 年，朝鲜战争爆发，炮火之烈真是触目惊心。1960 年，越战发生，美军伤亡惨重。乃至现在，美国和阿富汗战争之后，又到伊拉克开战。记得要开战的那天，我因胆结石正在医院开刀，把胆囊割除，那时候觉得没什么可怕的，因为我已经没有"胆"了。看到战争的场面，虽然不怕，但却觉得可怜、可悲。在战争的炮火之下，又有多少的生命要牺牲，真是何苦啊！

我现在是快 80 岁（此时为 2003 年）的人，80 年的岁月可以说都是从战争里走过来的。对于战争，心中的感受是：残忍、悲痛，又无聊。但是我们如何才能获得和平，才能让无辜的民众免于伤害呢？生命很宝贵，能来世间一次，如盲龟浮木般，实在不容易。如此无谓的牺牲，极为可惜。想想受害的人那么多，发动战争的人怎能无动于衷呢？

不过，大家不要误会，以为佛教完全没有正直、正义的勇气和力量。释迦牟尼佛前世也曾为了降伏魔军、魔王，杀一个坏人救一百个好人，由此可见佛教是具有维护正义的精神。现在世界科学昌明，物质丰富，任何事情都可以在会议桌上谈判，不要只是到战场上用枪炮子弹去战斗。一个家庭发生斗争，互骂、互打，已是不美好的事，更何况战场上性命攸关，当然更不值得了。我们祈求每一个人，都能与家人、亲友和平相处，慢慢地养成这种好的观念、好的作为，然后推而广之，与世界上所有的人和平相处，如此，当能消弭兵祸，世界的和平也能指日可待。期望有这么一天！

◆**虽然战争残酷，但人性好斗，没有办法停止。现在世界恐怖分**

子那么猖獗，像日本火车毒气事件、美国"9·11"、印度尼西亚巴厘岛爆炸，以及西班牙火车站爆炸事件等，请问大师，您对这许多的事件，有什么可以消除战争暴力的建议？

星云大师：恐怖分子的暴力事件，一桩接一桩，实在是人间的不幸。恐怖分子残暴的攻击行为，当然必须受到谴责，也须想办法制止，最直接的是"以牙还牙"的武力报复。但是如《中阿含经》卷十七《长寿王品》里，佛陀告诫弟子："若以诤止诤，至竟不见止。"报复终非究竟解决之道，武力报复之外，应该还有其他的办法，像"舆论制裁""经济封锁""旅行限制""关怀救济"，以及运用许多慈悲的力量等。如暴力事件后，美国一方面轰炸阿富汗，一方面又空投粮食救济民众，这是前所未有的战争。那时美国一再对外声明，他们发动战争只是针对恐怖分子，而非伊斯兰教徒。

这是以"世界警察"自许的美国，为除暴安良与维护和平的行动表现，但多少年来美国也陷在战争泥淖里无法自拔。美伊战争之后，欧美一些官员和经济专家忧心忡忡，他们估计美国对伊拉克战争的费用将高达 990 亿至 19240 亿美元，并且对世界经济发展会产生石油价格暴涨、美元汇率暴跌、世界经济衰退、战争及战后重建耗费巨大、引发贸易战等五个负面影响。所以对付恐怖分子和暴力，战争不是最好的办法，而且导致的结果是继续的仇恨、战斗。假如换个方法，如前面所言，以慈悲、关怀来救济、教育他们，替他们办医院、学校等，来解决他们的困难，时间或许比较久，但也容易达到和平。

《增壹阿含经》卷十六里记载，勇猛善战的梵摩达王抢夺长寿王的土地，杀害了他的全家，唯一逃出去的是长生童子。当长生童子有机会报仇，正要刺杀梵摩达王之际，忽然想起父亲的遗言："怨怨不休息，自古有此法；无怨能胜怨，此法终不朽。"于是放了梵摩达王，也令对方感动得归还土地。就这样，在忍耐、慈悲中，双方和平地了却一段恶因缘。

还有，佛陀曾于焰阳下盘坐挡道，令琉璃王的兵马主动休战；三国时代，诸葛孔明七擒七纵孟获，最后孟获心悦诚服，而永绝后患。《法句经》言："一切皆惧死，莫不畏杖痛，恕己可为譬，勿杀勿行杖，能常安群生，不加诸楚毒，现世不逢害，后世常安隐。"众生皆乐生惧死，所以有时候杀戮、战争，不易求得和平，反而是牺牲、仁爱、慈悲、忍辱，能得到永久的和平。好比为人处事，人我之间相处若不和谐，就无法得到友谊，只能徒增怨恨罢了。反之，若能爱我们的敌人，尊重他，赞美他，给他方便，便能感化他，而促进彼此的友好。

现在举世纷纭，政治上的以强欺弱，经济上的贫富不均，宗教、种族的排挤，男女、地域的分歧。这些不能和平解决的问题，莫不是因为彼此不能平等共存而引起，此即所谓"不平则鸣"。像过去东、西德的隔离，现在韩国、朝鲜，海峡两岸的分裂，彼此剑拔弩张，常处在紧张的状态中。到了1990年，由于西德对东德的尊重包容，让柏林围墙倒塌，人民心中那道无形的围墙也随之冰消瓦解，从此整个国家在人我平等共尊的理念下，携手共创美好的未来。如果韩国、朝鲜，海峡两岸，以阿之间，能彼此尊重，人我无间，则和平又哪会遥遥无期？

总之，佛教认为凡事不一定要借由武器解决，也不一定要在沙场上才能一决胜负，我们主张以慈悲来促进和平，以去除我执来促进和平，以宽容来促进和平，以同体共生来促进和平。此外，实行仁政可以代替战争，如勤政爱民，使得经济成长、富足安乐、自由民主、尊重包容、文化交流等，都是胜利的表征。

◆**根据"联合国宪章"规定，任何国家必须在维持世界和平以及国际安全的前提下，并且经过安理会批准之后，才能采取军事干预手段来解决国际间的争端。请问大师，您认为战争是维护和平唯一且必要的手段吗？佛教有什么方法可以保护国土，使两国不用战**

争而达到和平?

星云大师：美国总统罗斯福先生在第二次世界大战快要结束时，发了一通电报到中国，问太虚大师："佛教对世界和平的获得有什么方案?"太虚大师回答："无我、慈悲，就能达到和平。"无我、慈悲真能获得和平吗？无我，并不是说我死了就是无我，而是能消除、化解"我的思想""我的意见""我认为""我要什么"的执着。因为这个世界不是一个人的，是大家共有的，必须尊重和包容别人有不同的观念、意见与欲求。慈悲，就是待人好，能调换彼此的立场，慈悲心就容易生起。所以，无我、慈悲不能等闲视之，将此扩展开来，确实能达到世界和平。

国际佛光会成立以来，为了促进世界的友好、和平，我也不断地提出许多佛教理论，例如"欢喜与融和"，希望世界上每个人都能本着欢喜做事、做人，本着次喜利世、修行，而且不分种族、国籍，皆能自他融和，和睦相处。如"同体与共生"，法界一切众生，都是彼此互相依附成就、共存共荣的生命共同体。大家同住在一个地球上，应该捐弃我见偏执，彼此守望相助，以同体来推动众生平等的思想，以共生来发扬慈悲喜舍的精神，让地球成为和平安乐的人间净土。如"尊重与包容"，尊重他人的自由，包容异己的存在。《国语》里有一段话："声一无听，色一无文，味一无果，物一不讲。"意思是只有一种声音不会好听，只有一种颜色就没有文采，只有一种味道不会可口，单一的物品无好坏可言。所以明知别人跟我不同，也没关系，好比衣服有红色、白色、黄色；桌子、椅子有方的、长的、圆的，容许很多不同的存在，这个世界才会美好。

还有，如"平等与和平"。平等与和平是一体两面的真理，真正的平等不是表面上、齐头式的平等，真正的和平也不是只用吓阻、限武、禁核等外在措施所能达成。我们要能以大尊重小，以多尊重少，以强尊重弱，以有尊重无，以上尊重下，慈悲宽容，消除我执，以达世界平等共尊、和平共荣。《世界日报》曾刊载胡锦涛同志提出的观点："在平等中谋取和平。"因为站在大地上的每个人，虽然有高、矮、胖、瘦的差别，但是立足点都是平等的。

过去台湾一些人说："我们富有，大陆贫穷。"这样的说法是不能和平的。后来大陆又有一些人说："我们大陆很大，台湾很小。"这也不能平等。因为不平等，当然彼此就不能达到和平了。以佛教的观点来说，"须弥藏芥子，芥子纳须弥"，"大"里面包含了很多的"小"个体，才能成其大；而"小"里面也可以包容"大"。再说一块大石头虽然很大，但是不及一颗小小钻石的价值，所以价值不是以大小来论定。佛教讲平等，每一个人都具有清净的佛性，不但男女平等、国家平等、民族平等、事理平等、有无平等，法界之中一切都是平等的。站在平等的立场来看待一切生命、种族和国家，我想和平就容易达到了。

公元前3世纪左右，印度的阿育王，南征北战，统一国家。虽然所战皆捷，四方顺服，称臣朝贡，但是所到之处，百姓的目光皆充满了仇恨。后来他笃信佛法，政风丕变（大变），改以仁道化民，又倡导教育，增加民众福祉，果然德风远播，广为人民所爱戴尊崇。阿育王于是语重心长地说："力的征服不是真的胜利，法的胜利才是真的胜利。"所以想求得世界和平，必须在法上取得胜利。

《长阿含经》卷二《游行经》记载，摩揭陀国的阿阇世王想攻打跋祇国，但不知胜负如何，便命大臣禹舍前往请教佛陀。当时，阿难站在佛陀后面，佛陀没回答禹舍的问题，而是转头问阿难有关跋祇国的政治与社会状况。了解跋祇国具有"常开会议、上下和合、尊重法治、以礼教化、孝亲敬师、护持正法、接应四方"等国家富强的"七不退法"之后，禹舍知难而退。佛陀以其智慧善巧，化解了一场血腥的战争。再如中国的西晋时期，石勒、石虎因佛图澄慈悲的感化，而放弃杀戮。16世纪，西班牙人拉斯卡沙斯为捍卫印第安人的权益而仗义执言，终于阻止查理五世出兵攻打美洲大陆。

现在大陆一些高级干部、老资格革命家，他们一生经历了很多战斗和斗争，在探讨人类的斗争史时，他们也发现人类无论在获取资源和空间，还是深化、扩大民主政治方面，都可以不用战争、暴力等手段，而是可以用和平、共赢的方式来达成。他们认为不管是社会主义还是资本主义，在走过暴动轰炸迭起、惨烈战火弥漫的 20 世纪之后，"和平演进"才是最正确、最迫切的发展道路。

战争不是维护和平唯一的手段，已是普遍的共识。我们常说："有理走遍天下，无理寸步难行。"有理就是法，即慈悲、智慧、善巧、平等、尊重、包容、三义等，能从善心、无我而产生的善行皆是法。依正法、佛法而行，才能赢得和平；用战争只能赢得战争，永远不能赢得和平。

◆大师强调"和平演进"是普遍的共识，但是人我的战争仍然到处皆有。战争的发动有其原因，有人为抵抗侵略，保护国家而战；有人为扩张势力，称霸一方而战；也有借惩凶止暴，以正义之名而发动的战争。请教大师对这些不同动机之战争的看法。另外，所谓"正义之战"须具备什么条件？美国对阿富汗、伊拉克的战争是正义之战吗？

星云大师：各位在美国住的时间比我久，应该更有切身体验。美阿、美伊战争是正义的战争吗？有一些国家专制、独裁，人民生活在水深火热中，站在某一种立场来说，确实需要有人去解救他们。没有企图心、无私、为大众的，就叫作正义之战；假如有企图心、自私的念头，依佛教的戒律而言，即是不清净。我比较挂念的是，美伊战争如果继续扩大开来，恐怕会像历史上的十字军东征，成为新的宗教战争，这是更可怕的。为什么宗教会有战争？在于双方对宗教信仰的执着，好比佛教的阿罗汉，我执已除，但法执难除；他可以放下自我，但是对于真理，却非常执着，这就是所谓的"所知障"。

一般佛教寺院，一进大门，会有一尊笑眯眯的弥勒佛在门口欢迎，表示用关爱与慈悲来摄受众生。进了大门，则有一尊韦陀天将，拿着降魔杵、宝剑，意思是关爱与慈悲无法摄受时，只有用武力来折服。好比父亲的严厉、母亲的慈爱，都是孩子成长、教育不可缺的要素，也如春风夏雨、秋霜冬雪，皆为万物滋长、成熟不可少的条件。

过去美国和阿富汗的战争，即是采用"力的折服"与"爱的摄受"双管齐下的方式。我觉得现在对伊拉克不妨也如法炮制，除了飞机大炮，也在教育、福利上帮助他们。一个国家要强盛，不能完全没有国防、没有武器。所以，求和平不能没有武力做后盾，但也不能完全靠武力。如果征服一个国家，而不能征服人心，情形就会像阿育王一样。过去美国参与朝鲜战争、越战，现在又参与阿富汗、伊拉克战争，不过许多问题并没有解决。问题无法解决，世界上的战争就永远没办法止息。我想，美国这么一个强大的国家，在科学、武器以外，今后对于民权、人道、自由、慈悲各方面，还是要再用心思考和努力。

至于说到战争动机的好坏，其实世间许多事，是对是错很难讲，而且一般人也常常没有正确的是非观念，因此，好坏、对错、是非、曲直，各有立场与坚持，这也是人类纷争的起源之一。战争有时肇因于强权侵略小国的领土，有时是因为种族歧视，有时则缘于政治利害。如果是为了伸张正义，维护公理，不得不采取"以战止战""以战逼和"的手段，那么战争也可以说是慈悲、是爱心、是降魔；此时战争就不只是杀伤，是为了救人救世，而通过慈悲的力量来降服邪恶与暴力。

有人认为佛教徒消极避世，无法善尽保卫国家的责任，尤其是上前线杀敌，更与佛教的戒律相违背。事实上，佛教并不完全反对战争，端看战争的动机为何。佛陀认为一个国家不可以为了扩张武力去侵犯他国，但是为了维护本国人民的安全、自由、平等、幸福，仍须有健全的军队来保卫国家人民的生命财产。有位耆那教的军人请示佛陀有关杀敌卫国的原则，佛陀即告诉他：一个人如果为了一己之私而争斗，那么即使战胜，甚至获得财富、名位，最终还是不能获得好的果报。

在《大萨遮尼乾子所说经》中，佛陀也指示：行仁政的王者要发起正义之战、讨伐无道时，应存三种慈悲心：（一）思维敌人无慈悲心，残害生灵百姓，我应阻止对方的恶行，来保护人民；（二）不直接与之战斗，而以智慧权巧，攻心为上，克敌取胜；（三）以权巧方便，生擒敌方恶魁而不滥杀无辜。从这里可以了解佛教对所谓的正义之战、真理之战的定义与做法。

◆**有人说战争是经济、文明的推动力，如在战争破坏以后，新的建设会更好，国家重建，经济随之发达，也促进各项文化建设。请问大师，日本在二次世界大战后，由一个战败国变成世界经济强国，这是战争的功劳吗？请大师跟我们谈谈战争的功与过。**

星云大师：第二次世界大战时，日本认为自己是强国，德国也认为自己是强国，但是到最后他们不都是因为强国而失败吗？日本不是因为战争而变成强国，我想他们是因为战败而觉悟并发愤图强，进而重新修正，才会让国家再度兴盛起来。当初日本以强势的飞机、炮弹，偷袭夏威夷珍珠港，毁坏美国的军舰，最后并没有获得胜利，更没征服美国。现在日本不用战争的方式，而是将电饭锅、汽车销往美国，这才真正征服了美国。所以，人生在世，不一定用力量降伏别人，用关爱、用服务更能让人信受。假如每一个国家能多替其他国家着想，多给他国帮助、交流、尊重、包容，相信定能让对方感动而赢得真正的和平。

综观整个世界的历史，可以说就是一本战争史。两次世界大战，欧洲各国互相残杀，后有以阿战争、两伊战争等；亚洲的则有日俄战争、泰缅战争、美越战争等，都是一部部烽火连天、死伤累累的人间惨剧！中国自古以来，最早是春秋五霸、战国七雄，让中国国土处于四分五裂的状态，好不容易秦汉一统中国，树立"秦人汉威"的形象；接下来到了三国时期，连年的战争又导致社会动荡不安，人民饱受极大的苦难，最终由三国归于晋，才恢复统一；继而是南北朝十六国的分裂，统一后有隋唐盛世的出现；五代后梁、后唐、后晋、后汉、后周的割据，也是由宋太祖赵匡胤的统一，又恢复至宋明辉煌的时代。翻开中国五千年的历史，可以说都是一页页血泪染成的战争史。由此可知，国际之间或各国内部的改朝换代，都是依循"合久必分，分久必合"的因缘法则。

至于功与过怎么算呢？战争死伤无数，又足以摧毁各项文化建设，但是战争也促进了人间的文明，有功有过，实难一言以蔽之。19世纪中叶，美国的南北战争，虽然伤亡惨重，但也解放了黑奴，让后来的黑人享有了基本人权。另外，1945年，美国在日本投下两颗原子弹，使广岛、长崎人民留下永远难以抚平的伤痛，但第二次世界大战也因此才得以提前结束。

佛教肯定并赞美维护公理、维护正义、救人救世、杀身成仁、舍生取义等行为。不过在现实世间里，也时有遭曲解、滥用、误用的情形。好坏善恶难有定论，但我们能确知在三世因果里，功过是不会有差失的。不管怎么说，战争都是残忍的，战争的破坏力所造成的国破家亡，人民流离失所、亡命伤身、妻离子散等种种悲剧，真是不胜枚举。所以战争没有绝对的胜利，往往要付出惨痛的代价，这是人类必须省思、觉醒的课题。

◆我们明白战争必须付出惨痛的代价，人人也都渴望和平。但是当今世界，国家、宗教的对立愈来愈尖锐化，在如此大环境里，大师您认为人类有希望在将来达到世界和平吗？从因果循环上来看，我们能否达到真正的和平？有没有具体方案可付诸实行？

星云大师： 大家对和平不可以失去信心，象征敌对、冷漠的东、西德"柏林围墙"不是倒了吗？基本上，战争与和平都在"人为"。如果大家的嗔恨心不止，一直想要用武力去征服别人，当然无法达到和平的目标。一个家庭里，兄弟两人为了争夺家产，造成冲突，这时候如果有外人欺负他们，两兄弟反而会合作来对付他；一个村庄里，众人经常意见不合，但当其他村庄的人攻击时，大家却会通力合作，抵抗外侮。所以，这个世界若想取得和平，可能要等到外星人来侵略我们的时候吧？那时我们就会同心协力，携手合作，一起抵抗外星人。

佛教讲"法界一家"，依《华严经》所说，宇宙一切万法都是相互融通，一法可成一切法，一切法可起一法，万事万物都是相互依存，相即相入，并存无碍而重重无尽的。如此看来，生活在地球上的我们，不是更息息相关吗？如果每一个人都有"地球村"的观念，觉得彼此皆是一家人，当外来的侵犯，或地震、海啸、台风等灾难来袭，众人就会互相关怀与帮助。

印度尼西亚与澳大利亚是比邻的大国，但数十年来，由于历史、文化、宗教信仰的差异，以及近年的国际关系问题上的不同立场，两国一直不甚友好。但是，2004 年 12 月，印度洋发生大地震和海啸，印度尼西亚是灾情最严重、死亡人数最多的国家。天灾发生后，澳大利亚却是提供人力与财物援助最多的国家之一。由于澳大利亚政府本着"人饥己饥，人溺己溺"的精神，慷慨援助印度尼西亚，这场地震海啸的天灾，竟意外化解了两国数十年的历史积怨。可见，人类只有团结友爱，才能获取和平。人的眼、耳、鼻、舌、身，好比地球上各个不同的国家、不同的民族，眼、耳、鼻、舌、身，形相虽然不同，却是要互相帮助，不管是眼瞎或耳聋，对我们都不利。同理，世界上哪个民族被消灭，哪个国家被打败、灭亡，我们也不会安全无事。

所谓团结，是我去跟别人团结，不是要别人来跟我团结；所谓和平，是我去跟别人和平，不是要别人来跟我和平。凡事要求别人先做，比较不容易，应先从自己做起，主动释出善意，有善因才有善果，如澳大利亚对印度尼西亚的人道救援，便是最好的例子。如果每个国家都能讲信、修德、慈悲喜舍、包容异己、不侵略别人、不征服别人，以无我的精神对待其他国家、民族，何愁世界无法和平共存？

《维摩诘经》的《佛国品》里记载，舍利弗看到娑婆世界有众多的污浊秽恶，于是生起佛陀因地修行时，心是否不净的疑惑。佛陀为释其疑，便以盲者不见日月为喻，告诉舍利弗，看不见佛陀成就庄严的净土，是众生自己的罪障，然后以足趾按地，一个清净庄严的世界立刻呈现在眼前。今日世界如此纷乱、动荡，不就是人心不净，贪、嗔、痴三毒炽盛，造下诸恶业而感召的果报吗？"欲得净土，当净其心，随其心净，则佛土净。"佛世时，有位外道知道佛陀要来村里说法，急着将坑坑洞洞的路填平，好让佛陀行路方便。但是直到佛陀进来村子，道路还是无法填平。佛陀对他说："心平则地平，你心未平，外界之地永不平！"因此，从因缘果报视之，只要我们心净、心平，世界就能清净、和平了！

关于具体方案，理论上说了很多，做不到或没去执行，也难以达到和平。和平必须经过一些客观的、无我的、不执着的协调，如联合国所树立的法制力量。和平也不是从打败对方来获取，是在谦虚厚道、广施仁爱中自然成就的。我认为佛教的"五戒"有助于世界和平，如《历代三宝纪》卷九里写道："百家之乡，十人持五戒，则十人淳谨；千室之邑，百人修十善，则百人和穆……夫能行一善，则去一恶；能去一恶，则息一刑。一刑息于家，万刑息于国。"奉行五戒的人，不会侵犯他人的生命、财产、身体、信誉及安全；是为淳厚的仁者，人人皆如此，哪还会有战争？若进一步实践菩萨的"六度"精神，则更能饶益有情，让世界早日趋向和平之境了！

◆大师前面所言"心净国土净""心平天下平"，真是如醍醐灌顶！但是心中的清净，谈何容易啊？我们虽没经历过战争，但是各媒体常常教育我们要记取历史的教训。如本·拉登造成的恐怖事件，及美伊战争，残杀无辜的种种，都让人激动不满。我们心中，已不知不觉延续着历史的仇恨。请问大师，这些无形中积压的不满和仇恨该如何纾解呢？

星云大师：冤冤相报何时了？因为战争而累积延续的历史仇恨，会让人间如炼狱般痛苦！这一两年，因为伊拉克的问题，美国和一些欧洲国家的关系每况愈下。为了改善彼此的恶劣关系，布什总统于2005年2月前往欧洲进行"和解之旅"。虽然有些欧洲国家质疑美国"反恐""限制核武扩散""民主外销"等美名背后隐藏着追求霸权的动机。但是，至少反映各国领袖已能坐在会议桌前谈判，理性地面对各种尖锐问题。

"和解"是走向和平必经之路。和解的前提，则是双方须敞开心胸，伸出真诚的友谊之手，或勇于认错、虚心忏悔。古往今来，无论一个国家或一个团体，主事者乃至组成的分子，能够"认错"与否，往往就是成败得失的关键所在。古时候的中国凡有灾祸，皇帝就下诏罪己，以求抚平人心。1998年，美国总统克林顿因为绯闻案而闹得满城风雨。起初克林顿不肯认错，在大法官面前做不实的证词，结果引起民众反感，险遭国会议员弹劾。后来他勇敢、公开地向全美国人民道歉，终于获得民意支持，而稳住总统的宝座。可见不管是个人、团体或国家，唯有"勇于认错"，才能获得大家的宽恕与谅解，才有机会重新站起来。

在这方面，我们还可以从最近发生的两件事来作比较。因为日本不肯对侵略中国、南京大屠杀之事认错，甚至篡改教科书，试图湮灭历史证据，中国于是纷纷掀起激烈的反日示威游行。相反的，德国在二次大战后，视纳粹为资本主义独裁政权，而与它划清界限。2005年1月27日，德国及全球匹十多个国家元首聚集波兰，纪念第二次大战奥斯维辛集中营解放60周年，并进行一连串的战争反思活动。从德日两国的心态和行为，可使我们明白：勇于认错，才能赢得别人的宽恕；宽恕别人，自己也才能获得平安平静。人，不怕犯错，就怕没有"认错的勇气"。亲子之间、师生之间、朋友之间，甚至主管和部属之间，都应具有"勇于认错"的美德，才能温馨祥和，彼此也才有进步成长的空间。国家与国家之间，牵涉层面更广，一个政策、一个指令、一个动作，就是千万人乃至上亿人的性命祸福，怎能不慎，怎能错而不改，让错误一直延续下去呢？

如何纾解仇恨？《八大人觉经》指示我们应"不念旧恶"，以宽大的度量容人，犹如大海之深广，能涵纳任何污秽之物，且不失其清净；又如虚空之宽大，能包容任何美丑之物，而不碍其自在。《出曜经·忿怒品》说："不可怨以怨，终已得休息；行忍得息怨，此名如来法。"意思是以怨报怨，永远不能息怨，唯有以德报怨，才能结束一切冤怨的纠缠。例如提婆达多虽然一再和佛陀作对，甚至三番两次设计陷害佛陀，但是，在《四分律》卷四十里，我们也看到有一次提婆达多生病，群医束手无策，佛陀还是关心地前往探视，并为他治病。

《优婆塞戒经》卷三说："少恩加己，思欲大报；于己怨者，恒生善心。"学习虚空、大海涵容万物的宽广，以善心、以因缘观来看待周围发生的一切事，就能生起悲悯心而浇熄嗔恨之火了。毕竟"冤家宜解不宜结"，过去的历史固然不容抹杀，一味的寻仇，只有加深恨意。唯有前瞻性地记取教训，防微杜渐，从根本上促进彼此了解，互助合作，才是长久相安之道。

◆宗教的慈悲、宽容，实在令人感佩！之前大师说过佛教从未发动过战争，让我们了解佛教确实是爱好和平的宗教。不过，我们好奇如果有外来的侵犯，也是"骂不还口，打不还手"吗？听说佛教在历史上也受过强权的压制、暴力的迫害，佛教徒是如何面对的？可否请大师为我们说明。

星云大师：佛教的教理告诉我们要慈悲安忍、戒贪止嗔，而治贪嗔最好的方法就是"忍辱"。《佛遗教经》言："能行忍者，乃可名为有力大人。若不能欢喜忍受恶骂之毒如饮甘露者，不名入道智慧人也。"一般而言，忍贫、忍饥、忍病、忍苦、忍劳、忍打、忍骂还算容易，唯有忍气、忍受委屈、忍恨的挣扎最难消解。其实，忍耐不是懦弱的行为。真正的菩萨行者，能忍受别人的嗔恚、辱骂、毒打，而不加以报复。他们对于世间的利、衰、毁、誉、称、讥、苦、乐等境界，心不为所动，一切烦恼皆不能染。他们以忍耐为力，以慈悲为力，难行能行，难忍能忍，所以能排除万难，饶益众生。所以，忍耐实在是天地间最尊贵的包容雅量，是宇宙中最伟大的和平动力！

当然，忍辱并非一味地"骂不还口，打不还手"，如果攸关佛教或大众安危，面对强权压制或暴力迫害，许多高僧大德也会挺身而出，运用智慧或善巧方便来化解灾难、救国济民。《折疑论》一书记载，东汉明帝永平年间，佛教初传中国的时候，遭到道教的抗拒，当时一些有法术的道士，要求和佛教公开比斗神通，较量哪一家的道行高深。代表佛教的迦叶摩腾、竺法兰二位法师，就是以神通之力击败道教，赢得汉明帝的崇敬，也让佛教在中国播下了种子。

《佛祖统纪》里写道：南北朝十六国时，高僧佛图澄见羯摩人后赵王石勒残杀无辜，心生怜悯，于是以神通、咒术等方便度化石勒，石勒自此皈依佛教。石勒死后，暴虐残忍的石虎继任为王，佛图澄又以神通救活其子，让他对佛教产生信心，使百姓免于多次的杀戮之苦。《宋高僧传》亦载，唐朝的隐峰禅师以神通化解正在交战中的军队，使一场悲惨的战争化于无形。俗话说"非常时用非常法"，在道德浇薄、人心危殆的乱世里，有时讲说佛法的道理，无法应急拯救时弊，要借由神通来解决问题，好比医治患有陈年宿疾的病患，要施用重药一样，先救急，然后再慢慢疗养。神通虽然不是究竟的解脱之道，但是有时却是弘法度众的方便法门。

也有运用智慧来折服强权的。在佛教文学史上居重要地位的《弥兰陀王问经》（汉译《那先比丘经》）是一代表。公元前2世纪的弥兰陀王博学多闻，通晓世间一切学问，他以聪明才干，英勇谋略，被当时的印度人称为"全印度最伟大的君王"。他尤其善与各家议论，往往所向无敌。他听说已证得阿罗汉果的那先比丘，修证兼具，便派人将其迎请到宫中，共同论法。那先比丘便是以其智慧，用各种善巧譬喻，解说缘起、无我、业报、轮回、涅槃等佛教基本教义，使得弥兰陀王心悦诚服，而信仰佛法。《梁高僧传》记载，南朝刘宋时的慧琳法师，学通内外，善识治国之方。宋文帝礼请他为宰相来治理国家，常常与其议论机密。慧琳法师也被称为"黑衣宰相""紫衣宰相"，意思就是以出家人的身份来辅佐国家之事。

除了智慧，也有不少高僧以胆识气魄来面对权势的压抑。据《续高僧传》所载，唐太宗贞观十一年，下诏置道家于佛家之上，智实法师向皇帝上奏，极力申论"尊道排佛"的不当。皇帝大为震怒，当廷用刑杖责打智实法师，并令他换上百姓衣服，将他流放岭南。有人讥笑智实法师自不量力，不懂进退之道。智实法师慨然叹说："吾固知势不可为，所以争者，欲后世知大唐有僧耳！"智实法师要后世的人知道，即使在佛教蒙难的时代，唐朝还是有僧格在。

再如《出三藏纪集》卷十五记载，东晋庐山慧远大师在时局混乱时，以其德望辩才破斥邪说，更著《沙门不敬王者论》言："袈裟非朝宗之服，钵盂非廊庙之器，沙门尘外之人，不应致敬王者。"他不畏王权，力争沙门的超然地位，也使佛法得以流布江南而不坠。

另外，在日本人森下大圆所著，由我翻译的《观世音菩萨普门品讲话》一书中，提到空也上人因见盗贼造恶业，流下悲悯的泪水，而感动盗贼放下屠刀，改邪归正。如此以慈悲教化的例子，更是多不胜举。从以上所举的事例，可知佛教虽然爱好和平，反对武力战斗，但是为真理、为佛教、为大众，也是当仁不让，会随机运用神通、智慧、胆识、慈悲等来面对强权暴力，来化险为夷。

◆除了国际战争、国内战争，还有种族之间、宗教之间、男女之间，各式各样的战争无日不有，是不是人际之间就潜伏着危险的引爆线？另外，我们个人也有所谓的"天人交战"，又该如何处理呢？

星云大师：世界上，国与国分，地与地分，尤其人与人分，最为危险。世界上，最难处理的问题，不是贫富，不是智愚，是种族、人际的问题。以中国来说，汉满蒙回藏是过去千百年来的情结，始终困扰着中国的政局，难以安宁。一直到孙中山先生倡导"五族共和"，这些种族情结才慢慢获得和解。

种族的纷歧，有的是地理环境使然，有的是语言和风俗习惯，也有因人种肤色不同，而相互排挤。即使是同文同种的种族里，也会有贫富贵贱之分，更形成种种不能和谐相聚的情结。现在异国通婚的情形虽然日愈普遍，但是白人妇女嫁给黑人的毕竟不多。所以，不能否认，有些种族仍有其天生的优越感，有的种族则被认定为次等的。最重要的还是，我们每个人都要有"众生平等"的观念。唯有打从心里尊重对方，才是获致和平的根本之道。

多年来我一直鼓励大家要做"地球人"。我们生存在这个地球，每个人彼此都有亲密关系，因此，能有"同体共生"的思想，就能消弭人际之间的战争；能认同"同体共生"理念者，也才有资格成为21世纪的现代人！

说到"天人交战"，佛教常说世间最可怕的敌人不在外面，而是我们自己内心的贪嗔痴等八万四千烦恼魔军。如《大智度论》所说修行人有欲、忧愁、爱、睡眠、怖畏、疑、三毒、虚妄之名闻利养、自高慢大等十种烦恼魔军。《四十二章经》言："人为道，譬如一人与万人战，被甲操兵，出门欲战。意怯胆弱，乃自退走；或半道还；或格斗而死；或得大胜，还国高迁。"形容出家修行如披盔甲上战场，与百万烦恼魔军作战，心性怯弱者，大多半途而废，唯有坚持愿力者能够达到最后的胜利。这些贪欲、嫉妒、嗔恨、懈怠等种种无明烦恼的邪魔比真正的敌人还要可怕，会扰得我们无法安心平静地过日子。如何降伏心中的魔军？这里提供几个方法：

（一）以反省为纠察。我们常言："不怕念头起，只怕觉照迟。"曾子也说："吾日三省吾身。"能时时自我反省检讨的人，不易犯错，犯了错也会即时修改，他的道德人格必然是高尚磊落的。

（二）以惭愧为明镜。《佛遗教经》言："惭耻之服，于诸庄严，最为第一。"人非圣贤，孰能无过？犯下过失，心存惭愧，至诚忏悔，就能使我们的心灵常保清净，如明镜般光洁亮丽。

（三）以正见为盔甲。战场上的盔甲可以抵御强敌，保卫自身，而正见就是我们心中的盔甲，可以抵御外境的诱惑。正见因缘果报、善恶业力、无常苦空等真理，能击退心中不正的念头，正见的盔甲可使我们远离烦恼的毒害。

（四）以智慧为刀剑。文殊菩萨手持智慧宝剑，即象征以智慧砍伐烦恼魔军。《大乘理趣六波罗蜜多经》言："以智慧剑，斩烦恼贼，破生死军，摧伏魔怨，荷负一切，令诸众生皆得解脱。"所以，有智慧才能斩断烦恼的荆棘。

（五）以精进为力量。凡事要能如上战场般精进勇猛，不生畏惧，不会退缩，才能冲锋陷阵，克服困难。

（六）以慈悲为战术。嗔恨会使人失去理智，进而不择手段地毁灭一切。所以，以嗔不能止嗔，唯有慈悲才能化解嗔恚，消除人我纷争。

（七）以六度为大军。统率布施、持戒、忍辱、精进、禅定、般若六度的大军，可以征服烦恼大敌，从生死迷界抵达涅槃解脱的彼岸。

（八）以真心为主帅。六根之贼会扰乱我们，使我们造下种种恶业，是因为无"明主"领导。如果能找回我们本自具有的清净真如佛性，以它为主帅，就能行走在光明的康庄大道上。

人的一生就如同在战场上过日子，但不是拿刀、拿枪、拿炮弹跟别人作战，而是跟自己的内心作战，所以每一个人都要经过千生万死的"死"，才能再生。当"天人交战"时，如果平时能具备以上的修行功夫：常常自我反省、忏悔，平日以真如为统帅，领导六度的大军，有正见的盔甲、智慧的炮弹、慈悲的战术，何愁不能战胜敌人？唯有降服心中的魔怨，自净其意，才能成为真正的胜利者。

◆**不管在中国还是全世界，我们听到许多人对大师的赞叹与尊敬。大师今年提到"共生吉祥"，是不是运用这四个字，就能促进大陆和台湾两岸的和平，让双方降低紧张关系？或者大师还有什么箴言可以提供给我们？**

星云大师：每年快到春节，我都会思考如何让大家生活美满，让社会和谐进步，所以总会写个字来祝福祈愿。目前台湾因为选举的关系，族群之间的冲突越来越严重，让我不胜感慨，因此就有了共生才能吉祥的想法。除了"共生"，还要"和解"。台湾"行政院"院长谢长廷先生，他今年一上任也提出"共生和解"的理念。

今年的农历新春，佛光山举办花艺展，里面布置了一个"虎豹山林区"。山林中有狮子、老虎、大象、长颈鹿、山羊、熊猫各种动物，肉食动物、草食动物都生活在一起。我在园区上方题字为"虎豹山林，共生和解"；动物都要和平，人类还不要和平吗？

公元 1851 年，美国政府欲向印地安人购买土地，当时的酋长西雅图回了一封信，信里写道："我们是大地的一部分，大地也是我们的一部分。芬芳扑鼻的花朵是我们的姐妹，鹿儿、马群和雄鹰都是我们的兄弟。严峻的山峰、晶莹的露水，以及我们人类，都是一家人……白人所射杀的千万头野牛，被弃置大草原，任其腐烂……发生在野兽身上的，很快也会发生在人类身上……所有的一切都是相互关联的……"

这篇被公认为"环保"上极重要的一份声明，感人而明确地指出天、地、人、万物是生命共同体。毛之不存，皮将焉附？大自然及所有人类、万事万物，可以说都是我们生存的载体，怎能轻易毁损、消灭？假如现在有一个好战的人，把世界上的人全部都杀光、打败了，他肚子饿了，谁来煮饭给他吃；冷了，谁来做衣服给他穿？人类的生存是彼此相互依赖的，别人存在，我才能存在呀！

最近有些台湾政客常高呼"去中国化"。我觉得不可思议，"去中国化"不就是"去自己"吗？平日我们吃的是中国菜，穿的是中国衣服，说的是中国话，住的是中国土地，祖先是中国人，亲戚朋友也都是中国人……这些全都和中国脱不了干系。如果去除了中国化，还有我们自己吗？有两个以上的人存在，就会有战争；有接触、有碰撞，就会有伤害。但是世界上各种生命的存在，又都如"我中有你，你中有我"一般亲密，因此，必须共生才能吉祥，才能促进和平。

依中国习俗，今年是鸡年，我在佛光山国际花艺展里，做了一只会念佛、能讲各种语言的大公鸡，也因今年两岸飞机直航，我在大公鸡下面又提了"机年春晓"四个字。不论科学多发达，物质文明多进步，沟通交流才是人类生存、繁衍的动力，也唯有沟通交流才是达到和平的不二法门。鸡年春节飞机直航，是两岸沟通交流的第一步，破晓的和平曙光应已在望了吧！

◆最后，请大师从佛教的立场，再详细为我们说明如何才能消弭战争，促进世界和平？

星云大师：生活在地球上的每一个人，都渴望和平，也都要求能过安定、福乐、没有战争、没有恐惧的生活。但是由于"内有不平不和之心为因，外有不和不平之事为缘，彼此互相影响，世界才永无宁日"，因此只重视限武、禁核等外在措施，不重视内心的净化，是无法达到真正究竟的和平的。

世界斗争不息的根本，源于我们内在的无明我执，以及人类贪求权力、名誉的欲望。因此，要根治世界的乱源，须从人们的心灵净化做起，从众生心中去实现人心的和平。从实践佛教的无我、慈悲、尊重、和平的教义，可以帮助我们完成世界的真正和平。

（一）以"无我观"致力和平。"我"是纷争的根源。《法华经·譬喻品》说："深着我见，增益瞋恚。"欲求世界的和平，必须无我，无我才能大公，大公才能无私，无私才能和平。佛陀曾对比丘开示："衣服不慎撕破，内心会懊丧；树叶在身旁掉落，内心毫不介意。实因衣服有我执而起爱染，树叶与己无关，不起爱染也。"

佛陀说法时，常以"缘起无我"的正见，纠正众生以自我为中心的谬见。无我，则无对待、无颠倒，以无我的精神处事待人、利益众生，才不会有纠纷、偏差。所以想要求得和平，正本清源之道，首先要消除心中的我执。

（二）以"慈悲行"实践和平。慈悲是佛法的根本，"一切法若无慈悲，皆为魔法；一切法若有慈悲，则皆佛法"。佛教所提倡的慈悲，不但要以同体的慈悲来解救众生，更要用无缘的慈悲为广大众生救苦救难；不仅要消极地不做恶事，更要积极地行善；不只是一时口号的慈悲，还须力行务实的慈悲；不唯以图利求偿而行慈悲，更要无相无偿而行慈悲。能如此，则见他人痛苦时，即能以悲心拔除其苦厄。《涅槃经》言："慈息贪欲，悲止瞋恚。"每个人能以慈悲相待，则一切众生皆能得福乐。

（三）以"尊重心"谋求和平。我们都喜欢被人尊重，却容易忽略去尊重别人。"己所不欲，勿施于人"，是尊重他人的基本原则。没有尊重，彼此猜忌，彼此轻视，怎能和平相处？没有尊重的和平，不能持久；欲图持久的和平，必须建立尊重之心。

中国战国时代，因为蔺相如与廉颇的相互尊重，赵国文武大臣得以和平相处，赵国也才能避免强邻的侵扰。这便是化戾气为祥和，中国传颂千古的"将相和"故事。

每个人在其生存空间里，都有发挥一己之长的地方，就如眉毛在人的颜面上，与眼睛、鼻子比起来，似乎没什么具体的功用，但微妙的是少了它，人的颜面就不像个人。再如我们的五个手指，也是因互相尊重，才能团结成一个拳头，拳头才有力量，有力量才能谋求和平。

（四）以"平等心"争取和平。平等与和平是一体两面的真理。当初佛陀在菩提树下金刚座上初成道时，即宣告："大地众生皆有如来智慧德相。"此一声佛平等的宣言，实为万亿众生得救的明灯。

佛陀成立僧团，标举"六和敬"，以思想、法制、经济、语言、身行、心意为民主平等的原则。佛陀常说："我不摄受众，我亦是僧数。"佛陀常为有病比丘洗涤身体，替失明弟子穿针缝衣，向初学比丘忏摩，佛陀以平等心与僧团大众相处，从未以统治者自居。另外，从"四不可轻""一切众生皆有佛性""男女皆能为僧""四姓皆可出家""不轻后学"等主张，也可以看到佛教和乐、平实、平等的风范。平等必须人我共尊，不是用强制的手段逼迫对方就范。平等更需要彼此立场互易，要设身处地为对方设想，才能建立自他平等的相处。欲求世界和平，就要建立平等心，大国小国要平等相处，各种族之间要平等相处。唯有在平等的观念之下，人人平等共尊，才能谋取世界的和平。

自由与和平是人类心灵生活的最高追求，尤其处在这个是非颠倒、战争迭起的时代里，大家对和平更是渴望不已。我认为要世界和平，必须做到下列六点：

（一）在人我嗔恨嫉妒之间，散播温和体贴的慈悲。

（二）在彼此恩怨仇视之处，付出忍耐宽恕的谅解。

（三）在利害得失怀疑之际，培养恢宏笃定的信心。

（四）在世间黑暗无光之地，点燃般若智慧的明灯。

（五）在生活潦倒困顿之时，提起乐观进取的希望。

（六）在内心忧悲苦恼之境，给予清凉喜乐的安慰。

如果每个人都自许为"和平使者"，随时实践这六点，相信世界永久和平之日很快就会来临！

图书在版编目（CIP）数据

星云大师谈当代问题.1,心宽天地宽／星云大师 著.—北京:东方出版社,2014.4
ISBN 978-7-5060-7441-4

Ⅰ.①星…　Ⅱ.①星…　Ⅲ.①佛教—人生哲学—通俗读物　Ⅳ.①B948-49

中国版本图书馆 CIP 数据核字(2014)第 083970 号

本书由上海大觉文化传播有限公司独家授权
中文简体字版专有权属东方出版社
著作权合同登记号　图字:01-2013-7493 号

心宽天地宽:星云大师谈当代问题〔壹〕
（XINKUAN TIANDI KUAN:XINGYUN DASHI TAN DANGDAI WENTI ）

作　　者:星云大师
责任编辑:贺　方　王　萌
出　　版:东方出版社
发　　行:人民东方出版传媒有限公司
地　　址:北京市西城区北三环中路 6 号
邮政编码:100120
印　　刷:北京联兴盛业印刷股份有限公司
版　　次:2015 年 1 月第 1 版
印　　次:2022 年 4 月 4 次印刷
开　　本:710 毫米×1000 毫米　1/16
印　　张:17.25
字　　数:225 千字
书　　号:ISBN 978-7-5060-7441-4
定　　价:42.00 元

发行电话:(010) 85924663　85924644　85924641